21世纪高职高专能力本位型系列规划教材·工商管理系列

连锁经营管理方向

连锁门店主管岗位操作实务

主　编　吴　哲
副主编　于天懿

内容简介

本书根据连锁门店主管岗位的设置及职责要求，以连锁门店主管岗位工作流程为导向进行编写，具有真实性、实用性和职业性的特点。本书内容分为：两大部分，即连锁门店主管岗位基本能力操作实务和连锁门店主管岗位专业能力操作实务；八大项目，即部门会议召开操作实务、部门员工管理操作实务、部门计划制订操作实务、客服主管操作实务、收银主管操作实务、收货主管操作实务、营运主管操作实务和防损主管操作实务；两个供学生自行阅读的拓展项目，即主管岗位的职业素质、门店组织结构及主管岗位职责。

本书可作为高职高专连锁经营管理及相关专业的教材，也可供从事连锁门店主管岗位工作人员参考或用于培训。

图书在版编目（CIP）数据

连锁门店主管岗位操作实务/吴哲主编．—北京：北京大学出版社，2015.12
（21世纪高职高专能力本位型系列规划教材·工商管理系列）
ISBN 978-7-301-26640-3

Ⅰ. ①连… Ⅱ. ①吴… Ⅲ. ①连锁店—经营管理—高等职业教育—教材
Ⅳ. ① F717.6

中国版本图书馆 CIP 数据核字（2015）第 304193 号

书　　名	连锁门店主管岗位操作实务
	Liansuo Mendian Zhuguan Gangwei Caozuo Shiwu
著作责任者	吴哲　主编
策划编辑	蔡华兵
责任编辑	蔡华兵
标准书号	ISBN 978-7-301-26640-3
出版发行	北京大学出版社
地　　址	北京市海淀区成府路205号　100871
网　　址	http://www.pup.cn　新浪微博：@北京大学出版社
电子信箱	pup_6@163.com
电　　话	邮购部 62752015　发行部 62750672　编辑部 62750667
印刷者	北京鑫海金澳胶印有限公司
经销者	新华书店
	787毫米×1092毫米　16开本　15.75印张　370千字
	2015年12月第1版　2015年12月第1次印刷
定　　价	35.00元

未经许可，不得以任何方式复制或抄袭本书之部分或全部内容。
版权所有，侵权必究
举报电话：010-62752024　电子信箱：fd@pup.pku.edu.cn
图书如有印装质量问题，请与出版部联系，电话：010-62756370

前　　言

连锁门店的主管指的是在大型连锁门店担任客服部、收银部、收货部、营运部及其课组、防损部等重要部门负责人的中层管理者。小型连锁门店（譬如专卖店业态）的店长也在本书内容所涉及的主管范畴之内。

随着我国经济的不断发展，连锁成为零售行业的主要业态，连锁门店对管理人员的需求不断增大。连锁行业人才的缺口不仅仅体现在数量上，更体现在质量上，根据国内多家知名连锁企业所提供的主管及以上岗位的任职条件来看，连锁门店的主管既要具备良好的职业道德和职业素质，又要掌握连锁门店多项职业岗位能力。而且就目前而言，连锁门店的人力资源仍呈现出流动性大、专业性不足的特点。合格的连锁门店主管及以上岗位的管理人才的不足已经成为制约我国连锁经营行业发展的主要瓶颈之一，培养合格的主管级管理人才成为现代连锁经营发展的当务之急。

关于本课程

"连锁门店主管岗位操作实务"是高职高专连锁经营管理专业的职业岗位技能课程，也是连锁经营管理专业创新创业教育类课程，还是培养连锁经营管理职业岗位所需的基本技能和职业素养的必修课程。

"连锁门店主管岗位操作实务"中的内容不但涉及基层岗位的实操内容，而且涉及一定的管理知识。但是与一般的实务类课程不同，该课程中涉及的管理知识不以理论为导向，而是以解决主管在工作中可能遇到的某项工作任务为导向。通过本课程学习，学生应具备连锁门店客服主管、收银主管、收货主管、营运主管、防损主管等岗位操作规范的基本知识和技能，掌握前台接待管理、顾客管理、收银管理、收货管理、盘点管理、陈列管理、促销管理、异常管理、现场管理、信息管理、安全管理、防损管理、人力资源管理等方面的作业流程和规范，初步能处理连锁门店主管岗位在门店日常工作中遇到的各种问题，并培养操作能力、思考能力和应对能力，为将来承担连锁门店主管及店长工作做好职业技能准备。

关于本书

本书根据连锁门店主管岗位设置及岗位职责要求来设计，基本的设计思路是：根据连锁门店需求和连锁经营管理的专业特色，参照实际门店内各主管岗位职责、作业流程与规范，以连锁门店主管岗位职责与工作流程为导向，以培养学生实际操作能力为主线，设计和实施课程的教学内容、教学方法和教学手段。本书的特点是：真实性和实用性相结合，讲授内容是编者根据国内大型连锁门店主管的实际操作案例进行改编和提炼而成，具有明晰的职业导向；整个实训过程强调以学生为主体，按照"教师确定任务→教师提出问题→学生分组协商→学生完成任务→教师评估任务→教师回顾要点"6个步骤完成教学过程，真正形成"教、学、做一体化"的模式。

本书编者所在的连锁经营管理专业是中央财政支持专业和浙江省省级示范建设专业，在专业建设和教学改革方面做了很多研究。本书即为浙江省教育厅 2013 年课堂教学改革项目配套建设教材之一。

如何使用本书

本书可按 48 学时安排教学，推荐学时分配为：第一部分，项目一 3 学时，项目二 6 学时，项目三 3 学时；第二部分，项目四 6 学时，项目五 9 学时，项目六 3 学时，项目七 12 学时，项目八 6 学时。教师可根据不同的专业灵活安排学时，课堂重点讲解每个项目的教学环节，设计实训项目，指导学生实训。分组讨论、模拟实训可安排在实训室进行，报告和 PPT 的写作可由学生在课后完成。

本书编写队伍

本书由浙江商业职业技术学院吴哲和于天懿编写。吴哲老师是经济贸易学院连锁经营管理专业教研室骨干教师，具有多年连锁经营管理专业教学经验，并承担多项教改课题；于天懿老师也是经济贸易学院连锁经营管理专业教研室骨干教师，对连锁企业基层岗位规范、连锁品类管理等内容有深入研究。

本书具体编写分工为：吴哲编写第一部分项目一、项目二，第二部分拓展项目、项目四、项目五、项目六、项目七和项目八；于天懿编写第一部分拓展项目、项目三；吴哲负责内容总体设计以及最后统稿。

本书在编写过程中，听取和吸收了国内连锁门店资深管理者的宝贵经验和建议，特别是得到了物美集团华东公司的大力支持。在此谨向对本书编写、出版提供过帮助的人士表示衷心的感谢！

由于编者水平有限，编写时间仓促，书中难免存在不妥之处，敬请广大读者批评指正。您的宝贵意见请反馈到电子信箱 wuzhe530@sina.com。

编　者

2015 年 6 月

目　　录

第一部分　连锁门店主管岗位基本能力操作实务

拓展项目一　主管岗位的职业素质 …… 3

项目一　部门会议召开操作实务 …… 11
　　项目简介 …… 11
　　项目内容 …… 12
　　学习目标 …… 12
　　任务一　召开部门晨会 …… 12
　　　1.1　召开晨会的意义 …… 13
　　　1.2　召开晨会的流程 …… 13
　　　1.3　主持晨会的注意事项 …… 14
　　　1.4　主持晨会的技巧 …… 17
　　任务二　召开部门一般会议 …… 17
　　　1.5　召开一般会议的流程 …… 18
　　　1.6　主持一般会议的技巧 …… 21
　　　1.7　会议失效的原因 …… 21
　　知识拓展 …… 23
　　职场指南 …… 25
　　项目实训 …… 25
　　项目小结 …… 26
　　复习自测题 …… 26

项目二　部门员工管理操作实务 …… 28
　　项目简介 …… 28
　　项目内容 …… 29
　　学习目标 …… 29
　　任务一　排班管理 …… 29
　　　2.1　排班的基础知识 …… 30
　　　2.2　排班考虑的因素 …… 32
　　　2.3　排班的步骤 …… 33
　　　2.4　排班案例展示 …… 35
　　任务二　有效沟通 …… 36
　　　2.5　有效沟通的基础知识 …… 37
　　　2.6　需要沟通的场景 …… 39
　　任务三　组织培训 …… 45
　　　2.7　培训的基础知识 …… 45
　　　2.8　培训的组织流程 …… 46
　　知识拓展 …… 48
　　职场指南 …… 51
　　项目实训 …… 52
　　项目小结 …… 53
　　复习自测题 …… 53

项目三　部门计划制订操作实务 …… 55
　　项目简介 …… 55
　　项目内容 …… 56
　　学习目标 …… 56
　　任务一　评估计划的可行性 …… 56
　　　3.1　计划可行性评估的内容 …… 57
　　任务二　制订工作计划 …… 59
　　　3.2　工作计划的内容 …… 59
　　　3.3　工作计划的一般流程 …… 60
　　　3.4　工作计划的格式 …… 61
　　知识拓展 …… 62
　　职场指南 …… 72
　　项目实训 …… 72
　　项目小结 …… 73
　　复习自测题 …… 73

第二部分　连锁门店主管岗位专业能力操作实务

拓展项目二　门店组织结构及主管岗位职责 …… 77

项目四　客服主管操作实务 …… 83
　　项目简介 …… 83
　　项目内容 …… 84
　　学习目标 …… 84

任务一　门店前台管理 ······84
4.1　前台服务工作职责 ······85
4.2　顾客咨询服务流程 ······85
4.3　赠品发放工作流程 ······86
4.4　顾客退货工作流程 ······86
4.5　开具发票工作流程 ······88
4.6　顾客投诉处理流程 ······89

任务二　门店来客数及客单价管理 ······92
4.7　门店提高利润的途径 ······92
4.8　商圈分析 ······93
4.9　门店来客数管理 ······93
4.10　门店客单价管理 ······99

任务三　门店顾客管理 ······102
4.11　顾客信息管理 ······103
4.12　大客户管理 ······107
4.13　顾客满意度调查 ······110

知识拓展 ······111
职场指南 ······112
项目实训 ······112
项目小结 ······114
复习自测题 ······114

项目五　收银主管操作实务 ······116
项目简介 ······116
项目内容 ······117
学习目标 ······117

任务一　收银主管工作流程 ······117
5.1　收银主管早班工作流程 ······118
5.2　收银主管晚班工作流程 ······118
5.3　收银主管工作内容 ······118

任务二　收银区域管控 ······122
5.4　收银差异管控 ······122
5.5　收银特殊业务管控 ······123
5.6　其他特殊业务管控 ······124
5.7　应急突发事件处理 ······124
5.8　收银线管控 ······126

任务三　收银主管作业规范 ······127
5.9　大钞提取作业规范 ······128
5.10　收银机抽查盘点作业规范 ······130

5.11　收银员短款免赔偿操作办法 ······131
知识拓展 ······135
职场指南 ······138
项目实训 ······139
项目小结 ······140
复习自测题 ······140

项目六　收货主管操作实务 ······142
项目简介 ······142
项目内容 ······143
学习目标 ······143

任务一　收货仓库及设备管理 ······143
6.1　收货的基础知识 ······144
6.2　仓库管理 ······144
6.3　收货设备管理 ······145

任务二　收验退货管理 ······147
6.4　收验货管理流程 ······148
6.5　退货管理流程 ······155

知识拓展 ······160
职场指南 ······168
项目实训 ······168
项目小结 ······169
复习自测题 ······169

项目七　营运主管操作实务 ······171
项目简介 ······171
项目内容 ······172
学习目标 ······172

任务一　商品管理 ······172
7.1　调整货架空间 ······173
7.2　商品异常控制 ······181
7.3　商品盘点管理 ······187

任务二　销售分析 ······195
7.4　销售分析的内容 ······195
7.5　销售分析案例展示 ······196

任务三　促销管理 ······198
7.6　促销管理的流程 ······198

知识拓展 ······203
职场指南 ······207

项目实训 ································· 207
　　项目小结 ································· 208
　　复习自测题 ······························ 208

项目八　防损主管操作实务 ············ 210
　　项目简介 ································· 210
　　项目内容 ································· 211
　　学习目标 ································· 211
　　任务一　商品（损耗）管理 ········· 211
　　　8.1　孤儿商品防损管理 ············ 212
　　　8.2　临保商品防损管理 ············ 213
　　　8.3　贵重商品防损管理 ············ 214
　　　8.4　生鲜商品防损管理 ············ 217

　　任务二　肃窃管理 ······················ 221
　　　8.5　防内盗管理 ····················· 221
　　　8.6　防外盗管理 ····················· 224
　　　8.7　防供应商偷盗管理 ············ 226
　　任务三　消防管理 ······················ 227
　　　8.8　消防管理的基础知识 ········· 227
　　知识拓展 ································· 233
　　职场指南 ································· 238
　　项目实训 ································· 238
　　项目小结 ································· 239
　　复习自测题 ······························ 240

参考文献 ····································· 242

第一部分

连锁门店主管岗位基本能力操作实务

拓展项目一

主管岗位的职业素质

主管岗位的职业素质如图 0.1 所示。主管就是企业的"保姆",不但拥有非常专业的企业管理知识、丰富的管理经验,更重要的是,他们对自己职业的忠诚。因此,主管应该非常重视能力的培养和职业道德的修行,注重业绩的提高和市场的评价,换句话说,主管应具备较高的个人素质和较高的专业技能和管理才能。

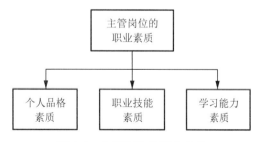

图 0.1 主管岗位的职业素质

一、个人品格素质

(1)诚实守信,以身作则。不欺上瞒下,言行不一。深刻了解自我,明确自己要干什么，并应使行动与理念保持一致，为下属树立榜样。

（2）个人操守。一个再有学识，再有能力的人，操守把持上有问题，久之必酿成大错。越是成大事者，越要拘小节。

（3）立场坚定，不人云亦云。敢作敢当，不推卸责任。

（4）生活习惯。一个生活习惯良好而有规律的人，才能做事认真讲原则。一个生活作风有问题的人，必将影响日常工作，影响企业形象。

（5）团队精神。深刻认识"大河无水，小河干"的道理，凡事以大局为重，认同企业理念，并团结下属共同为企业前景目标而奋斗。有热爱公司、热爱团队、热爱岗位、建功立业思想；有以公司为家、一心扑到工作上的职责意识。

（6）敬业精神。人与人能力上的差别，有时就在于99步与1步之间，有毅力走完最后一步的人往往是成功者。成功取决于高度负责的工作态度和锲而不舍的专业精神。一个有成就的人，一定是个乐观进取、百折不挠的人。

（7）宽容大度的胸怀。宽容大度是现代管理者健康心理的重要表现，这种品质反映在管理者身上，就可以像润滑剂一样，使人与人之间的摩擦减少，增强领导者与被领导者之间的团结，提高群体相容水平。宽容是一种心理需要。一个人不管多么高明，缺点、错误总是在所难免的，因而需要得到领导者的谅解，从而获得一个宽松安定的心理环境。管理者爱才、惜才、用才是宽容大度的突出表现。既要学习别人的长处，补己之短；又要能够宽容别人的短处，扬长避短。当然，宽容大度并不是无原则的迁就与放纵，它是建立在坚持原则的基础之上的。在这方面，管理者需要遵循4条原则：一是信任人、尊重人原则；二是反对嫉贤妒能原则；三是反对求全责备原则；四是严以律己原则。

（8）有效的时间观念。对于知识经济时代的管理者来说，没有比树立科学的时间观念更为重要的了。现代企业管理工作，应从科学地掌握和支配时间开始，时间同人、财、物一样，是管理中的重要资源。要有效地管理时间，紧张而有序地工作，这是科学运用时间的健康心理表现。要避免"时间陷阱"，在一段时间内尽可能排除一切干扰，专心致志地做好一项重要工作。心理学表明，每个人在一天中都有所谓的"高效时间"和"低效时间"，管理者要了解自己的特点，做到"高效时间"从事复杂劳动，"低效时间"从事一般性劳动。还要科学地安排下属的时间，作为高层管理者，时效观念要强，应尽力排除浪费下属时间的因素。

二、职业能力素质

（1）对企业各方面情况有个全面、及时的把握，特别是对企业最新标准、最新决策的把握。信息不对称会给企业造成诸多不便，甚至经济损失。特别是在零售行业，更应该注重完善信息沟通体系，内部人员应当随时保持畅通的信息沟通通道。

（2）具备敏锐的市场触觉，掌握市场动向，全面把握市场信息，并善于作市场分析，找准切入口，作出明智的市场决策。

（3）数据分析能力。企业要发展，就必须追求价值最大化，而价值最终要通过数字来体现。对于企业的各项任务及指标份额，必须有个明确的数字概念，并在执行过程中，做好数据跟踪与控制。

（4）掌握相关的经济学知识、管理学知识、市场营销知识。只有了解市场规律，具备一定的市场分析能力，才能最大限度地捕获市场信息，并通过分析作出市场反应。而且，只有熟悉现代企业制度及其运作规律，根据市场风向及时调整企业战略决策，才能在激烈的市场竞争中站稳脚跟。

（5）掌握《中华人民共和国劳动法》《中华人民共和国合同法》等相关知识，避免法律纠纷。

（6）掌握一定的财务知识。能看懂反映企业财政状况的各种财务报表和其他指标，牢固树立成本管理和控制的理念，严格控制支出，力争把有限的资金用于企业自身发展上。向管理要效益，很大程度上就是在管理过程中的方方面面控制成本。

（7）掌握与协调企业各项促销活动。促销是超市运营策略中最重要的一环，它能最大限度地吸引客流量，进而带动整个超市的销售，是超市业绩提升最直接、常用的策略。促销要讲究策略，把握促销时机，注重诚信，评估促销效果。

（8）牢固树立市场竞争意识和忧患意识。21世纪既是竞争的年代，又是合作的年代。要让企业成为百年老店，管理者必须树立牢固的忧患意识，特别是企业在每一阶段的发展过程中，要找准阻碍发展的症结和自身存在的问题，要永不知足，知足就是落后，落后就会被淘汰。

（9）注重企业文化。企业文化是高层次的科学管理方法，强调人的精神作用。根据企业发展现状，与时俱进果断地提出的企业文化建设目标，是优秀的企业管理者身体力行的工作指导方向。企业文化的精髓在于企业的理念，核心要素是企业共同的价值观。企业文化的理念体系包括企业愿景、使命、精神、核心价值观等核心理念和基本的经营理念、管理理念。企业间的竞争最终表现在具有强大再生力量的企业文化上，这是竞争对手无法效仿的法器。

（10）作为企业管理者，必须作出表率，以身作则，身体力行。"言必行，行必果"，只有这样员工才会心悦诚服地接受领导，跟着积极行动起来。不能单凭自己的职务、权威和形式上的地位去进行领导，要靠对员工的信任和指导去进行领导，要相信下属员工有工作积极性，有提高自己能力、承担更大责任的愿望。只有真正关心自己的下属员工，与下属打成一片，才能赢得下属，包括对比自己更优秀的下属的充分信任和支持，才能高效、高质量地完成管理工作，自己也会有更好的职业发展前景。

（11）企业管理者懂得授权的必要性，明确作为企业管理者的角色定位。一流的企业管理者能够发挥下属的聪明才智，二流的企业管理者只会凭借下属的体力，三流的企业管理者就只得事必躬亲。作为企业管理者，应该知人善任，根据员工的爱好、特长安排合适的岗位；否则，人才也要变成庸才，毫无利用价值，甚至反而成为企业发展的障碍。

（12）管理者在实施惩罚管理时，需要把握好就事不就人、惩罚要适度、一视同仁等几个原则，才能取到惩戒的作用。

（13）重实效，凭业绩说话。做企业管理工作不能夸夸其谈，要实事求是，立说力行。同时，做任何事情要符合客观规律，更要按照市场经济的运行规则开展工作，否则就会给企业带来很大的麻烦。

（14）监督和激励。最有效并持续不断的控制不是强制，而是触发个人内在的自我控制。

现代企业的员工有更强的自我意识，工作对他们来说不仅意味着"生存"，更重要的是，他们要在工作中实现自己的价值。一个企业管理者，如果不能认识到这一点，就无法赢得其下属员工的信任。企业管理者不应该经常将下属的某个错误挂在嘴上，喋喋不休地反复唠叨。在下属员工认识到自己错误后，企业管理者应该尽快结束批评。人有被赞扬、被肯定的心理需要，一般情况下，表扬、激励下属可能达到比批评更好的效果。对下属提出批评的时候，达到最佳效果是让下属感到他们确实从批评中接受了什么，学到了什么。要着力去培养下属一种好的思维方式，这对大局有利，对企业发展有利。

（15）最成功的管理者，不一定是最优秀的行业带头人，但一定是最优秀的中间协调员。在企业发展越来越依赖团队协作的知识经济时代，企业管理者不仅要重视个体能力的培养，而且要注重团队精神的培育——对个体实行动态管理，进行合理有效的组合，强调个体之间的团结协作。只有这样，才能产生协同效应，提高组织的工作效率。最佳团队，其实就是个体的最佳组合。在企业管理中，不能忽略任何一个部门、个人的价值和作用，要团结众人的力量。

（16）兼听则明，偏信则暗。企业管理者应该广泛听取多方面意见，切忌武断地表达自己的评论，草率下结论。在企业内部讲民主、开放、广开言路，鼓励员工向企业管理层提出合理化建议。

（17）强化长期目标的制订，从而规范短期目标的方向性和专一性，这样既能够简化制订目标人员因为目的不明确所做的大量的分析和归纳工作，同时也可以更加集中、优化配置资源，专业定向地为了一个共同目标而努力，从而带动短期目标更加顺利地实施，这样能更好节省资源、时间，进而提高效率。

（18）对于和企业发展相关联的所有资源进行计划配置和计划发展规划，这样可以更加统一地看出哪些地方需要重新配置资源，哪些地方出现资源过剩或者是资源不合理配置的现状，便于加以调整和重新配置。

（19）制度管理为主，人性化管理为辅。对于全体员工来说，保持团队的统一性和公平性，首先要从制度上加以规范，企业完备的制度设计已经很好地统一了员工的行为和操作，如果用人性化管理来破坏制度的话，可能会收到相反的效果。最好的管理方式是，在坚持制度管理的基础上，对于制度设置中一些很难定性的部门采用人性化管理辅助，合情合理，情理相辅。

三、学习能力素质

（1）终身学习，提高学习能力。面对瞬息万变的市场经济，置身暗潮汹涌的商海，我们没有理由安于现状，停步不前。社会在飞速发展，管理者是否能快速地反应并接受新鲜事物、更好地适应新的发展潮流，已经成为市场竞争的关键，因此管理者必须时时"充电"，并不断提升自己的学习能力。

（2）建立学习型组织。学习型组织所具有的核心的战略性组建构件：目标和远景、领导能力、实验、传递知识、团队活动和协作。学习型组织是企业未来发展的趋势，一个企业只有当它是学习型组织的时候，才能保证有源源不断的创新的出现，才能具备快速应变市场的能力，才能充分发挥员工人力资本和知识资本的作用，也才能实现企业满意、顾客满意、员工满意、投资者和社会满意的最终目标。

（3）在学习中不断提升自身素质，其中包括个人文化素质、管理文化素质。作为企业的高层管理人员，管理文化素质更要提高，必须具有较强的观察能力、思维能力、应变能力、分析判断能力、决策运筹能力、计划组织能力、协调控制能力、总结汇报能力以创新能力等。这些能力的提高，都需要丰富的文化知识作基础。因此，称职的管理者必须具备相当的学习能力，并且要养成良好的学习习惯。从某种意义上讲，管理者应该是"内行的杂家"，即应该在政治、经济、社会等学科方面具有较高的水平，更应该在市场营销方面有所专长。因此，管理者要善于学习，具有强烈的求知欲。一要学好理论和现代管理知识。一名优秀的管理者，应不失时机地应用这些基本理论指导工作实践。二要学好社会学、心理学知识。这是管理者必须掌握的，要做好管理工作，不研究和掌握社会学、心理学是不行的，掌握了这些知识，就可以正确处理人际关系，充分调动人们的积极性和创造性。三要学习好专业知识。熟练掌握专业技能，做内行的管理者，从而进行有效的管理并实现预定目标。

你是否具备了作为一名主管的职业素质了呢？可通过填写《主管职业能力素质考核表》（表0-1）来测试一下。

表0-1 主管职业能力素质考核表

部门		姓名		职位		考核类别	
考标指标		考核内容与考核度					核定
		考核内容				最高分	
工作态度（25分）	责任心（5分）	工作敷衍，缺乏责任心				1分	
		工作中责任心不强，不求有功，但求无过，满足于完成基本任务				2分	
		工作中有一定的责任心，不推卸责任				3分	
		工作积极主动，具有较强的责任心，并能承担自己的责任				4分	
		工作中开拓进取，具有很强的责任心，勇于承担各项工作责任				5分	
	原则性（5分）	无原则，常常拿原则做交易				1分	
		原则性较差，有时为了情面放弃原则				2分	
		一般能坚持原则，但不敢碰硬				3分	
		原则性较强，是非分明				4分	
		原则性强，敢于同各种违法乱纪现象作不懈的斗争				5分	
	团队精神（5分）	无团队意识，经常以个人为中心，单打独干，不讲团结				1分	
		团队意识薄弱，不能正确处理个人与团队的关系，做不好团结工作				2分	
		具备一定的团队精神，能够发挥领导作用，基本保持稳定、团结				3分	
		具备较强的团队精神，与企业保持一致，并能够教育、引导下属，团结一致				4分	
		具备很强的团队精神，不断提升整个团队的品质；团结一致、关系和谐融洽				5分	

续表

考标指标		考核内容与考核度		核定
		考核内容	最高分	
工作态度（25分）	学习提升（5分）	不思进取，以老眼光看待问题，知识严重不足	1分	
		需要他人推动学习，岗位知识不足	2分	
		能主动学习，具备岗位工作所要求的知识	3分	
		主动积极学习，不断拓展专业知识，学习能力强，能学以致用	4分	
		主动积极学习，快速学习能力强，能学以致用，并能和他人共同分享，共同提高	5分	
	特殊事件处理（5分）	遇到特殊事件，考虑自身利益，有退却，不能很好地组织资源来完成任务	1分	
		遇到特殊事件，能不推诿扯皮，能承担任务并执行任务，但是完成的效果不是很理想	3分	
		遇到特殊事件，丝毫不推诿扯皮，敢承担任务，组织资源并且完成效果很好，得到好评	5分	
工作能力（35分）	分析能力（5分）	无综合分析能力，抓不住工作的重点和要点	1分	
		综合分析能力较差，有时抓不住重点	2分	
		有一定的综合分析能力，一般能抓住工作重点	3分	
		综合分析能力较强，对工作中出现的问题能作出准确的判断	4分	
		综合分析能力强，善于全面系统分析问题，判断准确率高	5分	
	执行能力（5分）	对于既定标准，想法设法在执行中去拖延进度，降低标准，并很难保证完成	1分	
		对于既定的标准，在执行过程中遇到难度，就予以退缩，降低标准，来保证实施	2分	
		对于既定的标准，在执行过程中遇到难度，不降低标准，但可能会延期完成任务	3分	
		对于既定的标准，在执行过程中遇到难度也坚持标准，一如既往地实施以保证绝对完成	4分	
		对于既定的标准，在执行过程中遇到难度也坚持标准，完成并能够超出预期目标	5分	
	计划能力（5分）	工作无计划性，杂乱无章，影响工作的正常、有序开展	1分	
		能制订工作计划，但计划缺乏合理性	2分	
		能制订合理、可行的工作计划，以此推动工作的正常开展	3分	
		工作计划比较全面、详尽，主次分明，责任分配明确，可行性高	4分	
		工作计划全面，具有高度的目标性，并能根据实际情况及时对工作计划进行调整	5分	

续表

考标指标		考核内容与考核度		核定
		考核内容	最高分	
工作能力（35分）	组织能力（5分）	无组织管理能力，工作杂乱无章	1分	
		能安排和调度人力、物力，但往往不够合理	2分	
		有一定的组织管理能力，能较合理地安排和调度人力、物力	3分	
		组织管理能力较强，能合理安排人力、物力，使工作井然有序，团队效率较高	4分	
		组织管理能力强，能使各岗位员工分工合理，行动协调一致，团队效率很高	5分	
	沟通能力（5分）	无法和别人沟通，达不到沟通的目的	1分	
		无法有效地和对方进行沟通，达不到双方沟通的目的	2分	
		能积极倾听，并能有效地向对方传递自己的观点，并达成共识	3分	
		能够积极倾听，给予回馈，有效地向对方传递自己的观点，达成共识	4分	
		能够和对方迅速关系，积极倾听，并能深入沟通，达成共识	5分	
	指导能力（5分）	对下属工作漠不关心，极少给予检查和指导	1分	
		对待下属消极，检查、指导下属工作比较随意	2分	
		能够定期对下属工作进行检查和指导，但效果一般	3分	
		积极、主动地检查和指导下属工作，效果较好	4分	
		经常全面、系统地检查下属工作，有针对性的指导，成效显著	5分	
	持续改进（5分）	思想僵化，墨守成规，工作无改进	1分	
		思想较保守，很少有新思路，工作改进甚微	2分	
		能够接受新思维，工作有改进但不能持续，总体上满足于现状	3分	
		具备创新思维，不满足于现状，工作时常有改进	4分	
		工作中锐意进取、精益求精，对改进工作坚持不懈并成效显著	5分	
工作绩效（40分）	工作效率（15分）	办事拖沓，经常影响工作任务的完成、效率低下	3分	
		办事较拖沓，经常需要上级督促、效率不高	5分	
		工作效率一般，能完成工作任务	9分	
		能及时完成工作任务且能及时处理工作中出现的问题，效率较高	12分	
		能及时完成工作任务且能迅速、准确地处理工作中出现的问题、效率很高	15分	
	工作成绩（15分）	不能胜任主管职位，无工作成绩，KPI指标均未完成	3分	
		能做一些难度不大的工作，成绩平平，较多KPI指标未完成	5分	
		能完成主管的基本职责，但无突出成绩，基本完成KPI指标	9分	
		胜任本职工作，有较大的成绩，较好完成KPI指标	12分	
		有创新地完成本职工作，提高了绩效、成绩突出，全面完成KPI指标	15分	

考标指标		考核内容与考核度		核定
		考核内容	最高分	
工作绩效（40分）	日常管理（10分）	本部门日常管理非常混乱，工作没有目的性，工作目标达成度很差	2分	
		本部门的日常工作管理较混乱，各成员不能很好地执行，不能够有序地开展各项工作	4分	
		本部门日常工作基本能够顺利开展，各成员能够很好地按照要求进行执行，以达到要求	6分	
		本部门的日常工作管理井井有条，各项工作有序开展，能够得到各相关单位的认可	8分	
		本部门工作管理计划性强，工作能够有序开展，能够给公司经营提供非常有帮助的建议	10分	
		合计得分		

考评意见：

考评人：

考评日期：

注：KPI 是 Key Performance Indicators 的简称，即关键绩效指标，又称主要绩效指标、绩效评核指标等，是衡量一个管理工作成效最重要的指标。

项目一

部门会议召开操作实务

 项目简介

会议是人们为了解决某个共同的问题或出于不同的目的聚集在一起进行讨论、交流的活动，是沟通思想、统一认识的重要渠道和手段。团队间、人与人之间的交往需要沟通，而进行有效沟通的重要渠道和平台就是开会。据统计，在英国每天大约有400万个小时被用于团队的会议，在美国平均每天要举行1 100次团队会议。《哈佛商业评论》通过调查后发现，每个主管每天用于正式会议的时间达到3.5个小时，有的管理人员用于会议的时间甚至超过整个工作时间的一半以上。由此可见，工作的成效跟会议的效果紧密相关。

本项目将从连锁门店晨会的召开和其他会议的组织两个方面介绍连锁门店部门会议召开操作实务的内容。通过学习，要求学生掌握门店晨会和其他会议召开的流程，并通过会议召开技巧的学习，能有效地组织门店会议。

项目内容

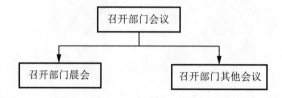

学习目标

1. 了解连锁门店常规会议和非常规会议的概念。
2. 掌握召开连锁门店晨会的流程和注意事项。
3. 熟悉召开连锁门店其他会议的流程。
4. 能运用主持召开会议的技巧。

任务一　召开部门晨会

物美超市客服部每天组织员工开晨会时，要求员工喊口号、讲心得、做体操，甚至是跑步。有些员工觉得很难为情，接受不了；有些员工不理解为什么要开晨会，为什么要这样开晨会；甚至有些员工对晨会这种形式感到反感，认为晨会是没有意义的形式主义。

那么，晨会到底有什么作用呢？作为部门主管应该如何主持召开晨会呢？而在召开晨会的过程中，又应该注意哪些问题呢？

【工作流程】

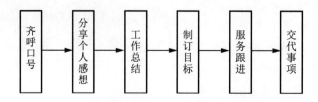

【学习要求】

培养召开晨会的能力。

【相关知识】

连锁门店的会议有很多种，有常规会议，也有非常规会议。常规会议指较为固定时间和内容的会议，如每年年初的预算制订会议、每周的销售小结会议、每天的例会等；非常规会议指由于连锁门店突发事件，如客人投诉商品质量有问题、发生火灾以及其他自然灾害等，需要通告或协调或决定而召开的会议。常规会议一般带有较强的时间紧急性，如顾客在门店买到过期食品，且造成食物中毒，主管或店长要立刻召开紧急会议，商讨解决办法。本任务中讨论的晨会属于每天要召开的常规会议。

1.1 召开晨会的意义

晨会不是单纯的喊口号、表决心，也不是所谓的形式主义，召开晨会有以下重要意义。

1. 团队精神

通过召开晨会，可以体现一个团队的精神面貌、激情、战斗力、凝聚力、互助精神以及严谨快乐的团队氛围。

2. 锻炼机会

通过召开晨会，可以锻炼主管或者主持人的会议掌控和演讲能力，也可以提高员工的自信心、口才、胆量、氛围驾驭、应变能力等综合素质。

3. 团队激励

员工高昂的士气、必胜的信念、对事业疯狂的热情都可以通过晨会的团队激励这个环节进行发掘。适时和真诚的团队激励可以让观望者投入、让散漫者自愧、让失意者警醒、让自卑者感动、让成功者更加杰出。

4. 加强荣誉感和归属感

团队的目标完成状况和可能的结果关系到每一个员工的荣誉，当员工意识到自己的归属和荣誉时，团队的每一个员工都将迸发出不可思议的力量，每一个员工都将实现自己的价值。

5. 解决问题

在晨会中，主管可以解决工作上的问题，同时对于员工在业务上、心态上、自我控制上存在的疑惑，主管能够迅速对其归类解决。

1.2 召开晨会的流程

不同的门店，晨会内容也不一样，但一般而言，晨会的流程包括以下 6 个步骤。

1. 齐呼口号

日本百货业巨人伊藤荣堂的总经理内藤佳宣说过，每天早上，呼颂口号，可以告诉每个人一天工作的开始，使全体同仁有所认知，是不可或缺的一种生活规律。口号可以振奋精神，提高士气。工作中，可以根据门店需求，由主管领呼口号。例如，沃尔玛每日晨会上，主管会先喊一声："大家早上好！"与会人员必须大声应答："Yeah！"再如，物美每日晨会上，主管喊："大家早上好！"与会员工大声回答："好！很好！非常好！"

为晨会选择体现企业文化的、能振奋人心的口号，并整齐大声地呼唱出来，是晨会的开始，更是门店一天工作的开始。

2. 分享个人感想

由部门主管或员工与大家分享个人的工作经验、心得体会、自我反省、工作建议等。要求讲话内容必须主题明确、表达完整、时间在 2～3min。让部门员工轮流主持晨会，给予部门员工总结经验、表达意见和建议的机会，这是部门民主思想的体现，有利于提高员工的工作意识、集体观念和凝聚力。

3. 工作总结

由晨会主持者请出部门主管讲话。主管首先要对前一天的工作进行总结，可以从以下几个方面进行：

（1）有没有未完成的任务。

（2）有没有未达成的目标。

（3）有没有异常情况。

（4）有哪些变化点。

（5）上述情况带来的反省和要求等。

4. 制订目标

作为主管，需要分解年度目标到月底目标，再到周目标，最后是分解到每天的目标。如果将每天的目标完成，连起来就是一个良好、复杂的完整系统，就可以化整为零地完成年度指标。每天的目标又可以落实到每位员工，对于完成或超额完成目标的员工，主管可以在晨会中予以表扬并总结经验。

5. 服务跟进

早会需要强调服务的跟进，因为如果顾客得不到他所期望的或更好的服务，就可能不会再次光临。另外，顾客会互相交流信息。服务不好不仅仅会影响当前的效益，更重要的是会影响到将来的销售。因此，部门主管要做好服务跟进工作。

6. 交代特别事项

晨会结束之前，主管不要忘记问一句："请问大家还有没有其他事项？"如果有，就请提议的员工补充说明一下，这样，可以避免该通知的没有通知、该提醒的没提醒的情况发生；如果没有，即可宣布结束晨会。

1.3　主持晨会的注意事项

部门主管在召开晨会时要注意控制晨会时间。一般来说，晨会时间控制在 10～15min

为宜，每个流程的时间通常有规定，主管要避免长篇大论。在晨会中，主管作工作总结和安排的时间只有 5～10min，这就要求主管严格控制好时间，把该讲的一定要讲清楚，不该讲的则不要讲。想要控制好晨会时间，主管要做到图 1.1 中所示的几点要求。

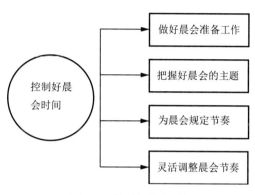

图 1.1　控制好晨会时间

1. 做好晨会准备工作

晨会时间有限，为了能够充分利用好晨会时间，主管在晨会前需要做好准备工作，具体准备工作见表 1-1。

表 1-1　主管召开晨会前的准备工作

序　号	准备工作
1	对昨天部门工作情况的了解
2	提前准备分享的员工提前准备
3	当日的晨会要有一个提纲性的文字准备
4	预先估计每个环节需要的时间，分出重点和次重点
5	预先计划每个环节中需要过渡的语言和富有感染力的语句
6	准备《晨会准备表》（详见表 1-2）

2. 把握好晨会的主题

晨会一定要有主题，千万不要漫无目的地聊天，而且聊的都是与工作、主题无关的事情。这样不但浪费了时间，而且还会使人心涣散。作为主管，一定要清楚这次晨会的主题是什么。在晨会的过程中，如果有人试图将话题引向其他方向，主管应立即阻止。

3. 为晨会规定节奏

对于晨会的程序和流程，要使之成为标准，并要让所有的部门员工都清楚。在计划晨会的时候，要把各个流程的时间都考虑进去，比如今天打算做一个培训团队精神的游戏，时间为 3min，主管在选游戏的时候就要考虑该游戏要花多少时间，花时间太长的就不能选用。

表 1-2 某连锁门店晨会准备表

日期：　　年　　月　　日　　　　　　　　主管核签：

主持人		应到人数		实到人数	
1. 昨日及月至今业绩达成、成长数据分享（详细到未达成的部门及部门并简单分析）					
2. 今日业绩目标（全店和部门）					
3. 公司重要指令、信息分享					
4. 今日和近期重点工作安排					
5. 简短培训					

4. 灵活调整晨会节奏

不管计划做得多好，还是有可能要对会议进行随机的调整。这样的情况有以下两种：

（1）某个项目（议题）提前完成。如果某个项目提前完成，则应立即结束已经达到目的的晨会项目，比如说，团队游戏提前几分钟完成了需要许久才能结束并一定要拖延到规定时间才结束的游戏。

（2）某个项目（议题）的内容有很大价值需深入讨论。当某个项目的内容出现有价值的东西时，也可以对原有计划作适当的"有计划的拖延"，以使晨会取得更好的效果。

1.4 主持晨会的技巧

1. 抓住原则

（1）推广优秀者。推广优秀员工的成功经验和良好态度，记住榜样是最响亮的声音。
（2）带头给表现突出的同事以热烈的掌声。
（3）作为团队核心人物，一切主题或分享都由主管全程掌控。
（4）善始善终，切忌开头激情万丈，结尾垂头丧气。

2. 过程掌控

（1）时时观察留意部门员工的会议状态和参与程度。
（2）时时判断员工分享时是否总结出可以进行推广与共享的成功模式。
（3）随时给予员工肯定的眼神和赞许的态度以及认可的点头动作。
（4）发现员工不在状态、分享跑题、出现负面言论或者观点，员工之间产生不必要的争执等可能影响晨会质量的情况，立即纠正并校正方向。
（5）发现晨会陷于压抑或者批斗会的状态，立即进行过渡或气氛调节。
（6）当某一个环节出现时间超时，主管可以立即给予提醒或接过话题进行简单总结并过渡到下一个环节。

任务二　召开部门一般会议

物美连锁门店的团队执行力弱，凝聚力涣散。门店主管小王不屑一顾地说："除了晨会，我们从不召开其他的会议，店里的员工只有8个人，压根儿不需要开会。"对于如何传达总部会议精神的问题，小王直言不讳地说，需要谁落实的工作单独告诉他们就是了。主管小王这种不注意运用会议管理门店的行为，在许多连锁药店的小门店中并不少见。

物美门店需要会议吗？门店如果召开高效的会议呢？会议前后需要做哪些准备呢？召开会议又有哪些流程呢？

【工作流程】

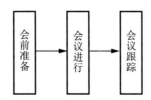

【学习要求】

掌握召开会议的流程；培养主管召开高效会议的能力。

【相关知识】

会议是人们为了了解某个共同的问题或处于不同的目的聚集在一起进行讨论、交流的活动。部门会议在提升部门工作效率、促进各层人员成长以及创造团队凝聚力方面起着特殊作用。因此，连锁门店需要召开会议，部门主管需要组织召开会议。

1.5 召开一般会议的流程

一般而言，召开一次成功、高效的会议需要会前精心的准备、会议过程中有条不紊的组织和会后的总结和跟踪3个步骤，具体如图1.2所示。

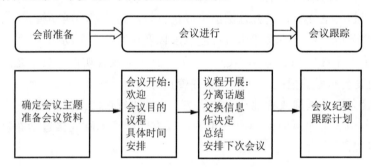

图 1.2　召开一般会议的流程

1. 会前准备

在会前，首先应该要确定本次会议的主题，其次是根据会议的主题准备好会议的资料。会前准备包括要确认会议召开的时间、地点、人员（主持人和与会人员）和财物等。在会议准备期间，可以通过表格形式（表1-3）确认各项事宜，以免出现疏漏，延误会议的正常进行。

表 1-3　会议准备表

会议名称		日　　期	
		地　　点	

类别	检查项目	完成情况	检查标准与要点	负责人
人	主持人		落实情况　○是　○否	
	参会者		通知　○电话　○传真　○邮件	
	请假者		○病假　○事假　○其他	
	会议记录		记录人 ＿＿＿＿＿＿	

续表

类别	检查项目	完成情况	检查标准与要点	负责人
时	日期		节假日 ○是 ○否	
	起止时间			
	议题时间分配	见策划案		
地	地点确认预约		落实情况 ○是 ○否	
	布置		完成时间 _____	
	交通安排			
	住宿安排		住宿人数 _____ 住宿时间 _____	
物	会议资料	材料/签到表	完成时间 _____ 数量 _____	
	设备调试	投影仪、投影布	完成时间 _____	
	相关物品			
钱	预算			
	其他	茶水餐点		

2. 会议进行

（1）会议开始后，由主持人宣布会议开始，请相关人员致辞，并明确会议目的、会议议程安排、时间安排等。

（2）会议议程开展时，由主持人带领与会人员有序进行会议内容，包括议程讨论和议程总结。在各议程结束后，如有下次会议安排，由主持人强调下次的会议时间，提醒与会人员按时参加。

3. 会议跟踪

会议议程的结束并不意味着会议的全部流程已经完成，会后应该进行及时的会议跟踪。会议的跟踪包括以下两个方面。

1）跟踪计划

会后，部门主管需要请专人负责跟踪会议决议的落实情况，并填写《会议事项情况跟踪表》（表1-4）。会议的跟踪是会议执行力的体现，没有得到落实的会议决策是毫无意义的决策，没有及时跟踪的会议同样是毫无意义的会议。

表 1-4　会议事项情况跟踪表

编号：　　　　　　　　　　　　　　　　　　跟踪人：

会议名称			记录时间		
会议讨论的问题	方　案	方案负责人	方案执行人	执行情况

2) 会议纪要

会议纪要是一种记载、传达会议情况及议定事项的纪实性公文，具有纪实性、概括性和指导性的特点。会议纪要的纪实性要求记录人要真实的记录会议情况；概括性要求记录人不能只是简单、原始地记录会议内容，而是要根据规范的公文写作格式撰写会议纪要；指导性要求会议纪要的目的是为了记载并传达会议的决策和精神，为日后工作提供指导。

会议纪要一般由首部、正文和尾部 3 个部分组成：首部指的是会议纪要的标题；正文部分由前言和主体组成（前言部分要简述会议的基本情况，包括会议名称、时间、地点、参会人、主持人、会议议程、会议形式等情况及会议主要成果等，然后用"现将会议讨论的主要问题纪要如下"等语句转入下文；主体部分主要记载会议情况和结果。写作时要紧紧围绕会议中心议题，把会议形成的决定、决议准确地表述出来）；尾部包括署名和成文时间两项内容。

为简化连锁门店会议纪要格式，提高会议效率，可以制订会议纪要的模板，具体见表 1-5。

表 1-5　会议纪要

编号：

会议名称			
时　间		地　点	
主持人		记录人	
参加者			
缺席人员及原因			
会议内容			

1.6 主持一般会议的技巧

主持一般会议的能力，是考验一个主管是否适合担任管理者的最简单方式。为了提高会议效率，让每个人能各抒己见、各得其所，主管要做到以下几点。

1. 控制时间

开会最忌讳的就是拖延时间，尤其是一些经常性的会议。所以主管要让会议顺畅地进行，就必须对每个议题的时间进行限制，如果某个议题讨论很久还没有结果，就要把这个议题记下来，放在下次会议中再讨论。此外，主管要尽量在日常上班时间开会，除非是很紧急的事情。

2. 坚持会议目的

在连锁门店，开会通常为了3个目的：沟通、管理和决策。不管哪一个目的，最重要的是以行动为焦点。例如，讨论要采取什么行动，上次行动的结果如何，或是在不同的行动方案中选择一个。避免没有讨论行动的会议，因为那很可能只会浪费时间。

3. 避免使用团体压力使议案通过

不能利用会议，使一些违法或不适当的方案通过。连锁门店必须要有一些既定的价值观，如果哪些价值观违反道德或是法律规定的，要试着改变那些价值观。

4. 避免专制

主管不要试图影响与会者作出自己想要的结论，更不要只凭自己的职权来领导他人。好的主管应该使用说明，而不是强迫的方式。如果主管已经作出了决策，只需将它发布在相关媒体上即可，不需要召集大家开会讨论。

5. 会前传阅会议议程

在开会前必须清楚会议的目的、本质和架构。要整理出清楚的议程，并在会前让与会人员传阅。这有这样，才能让与会人员有充分的时间准备相关的资料。

1.7 会议失效的原因

会议有时会出现会而不议、议而不决的情况，一般称之为会议失效。会议失效可以从会议之前、会议之中和会议之后3个层面来分析，具体见表1-6、表1-7和表1-8。

表1-6 会议失效的原因分析（会前）

目 标	会议目标欠缺
	会议目标不明
时 间	会议时间不当
	会议时间未通知到位
	会议不能准时开始
	未明确会议终止时间
	会议时间分配不当

地 点	会议地点不当
	会议场地设备欠佳
人	与会者选不当
	与会者太多或太少
	与会者无准备而来
议 程	议程欠缺
	很少开会，致使议案堆积过多，与会者感觉厌烦

表1-7 会议失效的原因分析（会中）

与会者	无关人员留在会场
	与会者不表明真正的感受或意见
	与会者欠缺热心
议 程	会议议题太难
	议题的发言或讨论偏题
气 氛	与会者之间发生争论
	与会者与主持人发生争论
	与会者交头接耳，不专心
	少数人垄断会议
决 策	决策过程犹豫不决
	贸然决策
	主持人未能总结会议结果
其他原因	视听器材故障
	会议超出预定时间
	受外界干扰
	会议资料准备不充分

表1-8 会议失效的原因分析（会后）

会议效果	与会者对会议不满
	会议决议执行不到位
会议总结	欠缺会议纪要
	不能对会议成败得失检讨

知识拓展

一、连锁门店的会议类型

1. 午间会

实行两班倒的门店人员集中的时间一般是交接班时候,所以午间会时间不宜过长,可简明扼要,有重点地完成。

2. 周会

周会一般在每周的某天早间或者午间,召集全店人员集中传达公司近期的工作重心,并动员大家有计划地完成。

3. 座谈会

座谈会是充分发扬民主,倾听店员抱怨,团队间共同管理门店的好形式。会上,大家可以针对门店近期的经营与管理,集思广益,提意见、提建议、出主意、想办法。为了激发大家参与的积极性,可以规定无论是谁,所提的建议如被采纳,就有一定的奖励和激励,并及时兑现。

4. 经验交流会

经验交流会是交流经验,共同提高的专题会。部门员工在某一个方面做得比较优秀,就可以请他加以总结后给大家介绍,并加以推广,使其他人少走弯路,共同进步。

5. 沟通会

沟通会也称通气会、碰头会,召开沟通会的原因就是在运营环节上出现了问题,需要互相之间沟通、协调,提高工作效率,保持运作通畅。

6. 聚会

聚会一般有多种形式:通过聚餐大家畅所欲言,消除隔阂,加深彼此间的了解,增强友谊;还可以组织集体外出游玩,使大家在一同游玩的过程中,放松心情,减轻压力,相互帮助,团结协作,增强团队的凝聚力;除此之外,还有年终的总结会、联欢会,年初的表决心会等。

二、门店会议纪要实例(表1-9)

表1-9 A电器企业B门店会议纪要

编号:××××

会议名称	B门店周行政例会		
时间	××××年×月×日	地点	B门店办公室
主持人	谢××	记录人	刘××
参加者	肖××、龙××、刘××、徐××、陈××、刘××、姜××、黎××		
缺席人员及原因	无		
会议内容			跟催部门
一、上周事务总结及本周事务反馈 1. 防损 (1)"五一"期间本部门员工按店办要求加强对户内、户外的安全巡视,未出现大小安全事故。			防损

续表

会议内容	跟催部门
（2）定期做好与夜班人员工作交流，现队员思想稳定。 （3）下阶段做好员工技能考核应试准备，保证技能考核达标。 2. 物业 本周工作安排： （1）消防安全、卫生检查工作。 （2）物业相关费用送审工作。 （3）为有效节约门店用电、用水开支，请各主管继续向员工宣导节能意识，合理使用门店财产，物业组在后期将对浪费行为的员工给予不同程度的经济处罚。 （4）请店办考虑物业维修员合同续签一事。 回复：请主管做好宣导工作，并在过程中给予监督、整改。 3. 客服 （1）档期活动效果分析（略）。 （2）服务管理部对卖场情况检查结果反馈：冰洗户外样机卫生差，彩电部标价签欠整齐，户外广告位喷绘已陈旧，建议更换。请以上部门及时整改到位。 （3）本周工作安排： ① 赠品清理、下账。 ② 跟催已欠顾客赠品的货源。 ③ 本周重抓卖场纪律和服务。 ④ 从周四起，利用早会时间对员工进行服务礼仪及服务用语的培训。 回复：请客服组针对服务标杆提名组给予专业指导培训，力求在短时间内员工服务质量有质的提升，以达到公司服务标杆形象要求。 4. 美工 本周工作安排： （1）对卖场多余陈旧POP、爆炸签、吊旗、立牌的清理。 （2）户外过期大喷绘的拆除与增补。 回复：加强卖场巡视次数，对不规范的现象能及时发现并整改到位。 5. 财务 （1）请客服组做好博金券退券顾客的信息核对，确保无误后再进行退款。 回复：请客服组了解顾客退券原因，做好统计。 （2）请小家电部尽快归还财务借资。 （3）国庆期间对各部门员工开具的单据进行了检查，发现仍有少数员工存在不规范的书写，财务组已对相应主管进行了经济处罚，请各部门主管在后期加强对促销员的培训、监督。 （4）黄金周后财务总部增值税票开具的时间的调整，即节后延长一周办理，请各部门员工与顾客做好解释工作。 6. 店助 （1）本月重点对C、D小区进行推广，请营运组提前做好准备。 （2）请主管重点培养自营员工单独处理售后能力。	防损 物业 客服 各部门 各部门

续表

会议内容	跟催部门
二、事务安排 （1）请营运组清理货源、送货未达单据，确保节后无投诉事件的发生。 （2）各部门卫生清扫、整理工作。 （3）节后排休，杜绝出现空柜现象。 （4）卖场管理规范化，由店助、客服负责落实。 （5）员工有效证件的清理，由店秘、客服主管负责，杜绝持假证员工上岗。 （6）7月份小区推广工作，请营运主管提前做好准备。	店办、客服
本次会议于 16:50 在无其他事项情况下结束	

注：POP 是 Point of Purchase Advertising 的简称，即购买点广告，是广告形式中的一种。

职场指南

（1）门店事务繁多，会议是增加内部沟通、上情下达、落实工作的重要工具。

（2）晨会是门店一天工作的开始，晨会的作用不容忽视。

（3）会议的过程固然重要，会后的跟踪和分析不可缺少，分析会议成功或失效的原因，为的是能够帮助部门主管更为有效地召开会议，提高部门工作效率。

项目实训

物美超市位于某高校附近。临近 9 月，新学期就要开始了，一批大一新生即将进校，老生也即将回校。物美超市计划进行新学期生活用品和文具的促销活动，上一周已经铺货完毕，打算于今日开始本次活动。

请根据上述情境，结合所学知识，进行一次模拟晨会，并形成详细会议纪要。

一、实训目的

通过实训，使学生掌握门店晨会的组织流程，练习主持晨会的技巧，并掌握会议纪要的写作要点。

二、实训任务

（1）召开一次模拟主题晨会。

（2）会议纪要写作。

三、方法步骤

（1）复习相关知识，分组并分配角色准备模拟晨会。

（2）讨论晨会流程。

（3）组织主题晨会。

（4）记录会议纪要。

四、实训效果考评

考评表

考评内容	模拟主题晨会			
	考评要素	评价标准	分值/分	评分/分
考评标准	能调动早会气氛	口号响亮 员工参与度 员工精神面貌	30	
	合理安排早会时间	早会长度合适 时间安排妥当	20	
	早会内容	内容全面 主题突出且内容符合主题	20	
	会议纪要	格式符合要求 内容全面	30	
合　计			100	

注：评分满分100分，60～70分为及格，71～80分为中等，81～90分为良好，91分以上为优秀。

项目小结

召开会议能够及时的处理信息、解决问题、作出决定、激发团队创意、提高团队凝聚力。部门主管要善于运用会议管理部门工作。晨会是门店每天开门前的第一件事，是企业文化的组成部分，也是值得推广的管理途径。

本项目主要从连锁门店主管每天都要召开的晨会和定期要召开的其他会议两个方面，介绍了晨会和其他会议的召开流程、召开技巧，并分析了会议失效的主要原因。能否利用好会议提高部门工作效率、增加部门员工的沟通、提高团队凝聚力是主管工作能力的体现，主管需要不断总结会议成败的经验，提高对会议的控制能力，这是一项需要不断修炼的技能。

复习自测题

一、判断题

1. 连锁门店中只需要召开常规性会议，不需要召开非常规会议。　　（　　）

2. 门店会议的与会者一定是全体员工。　　（　　）

3. 门店的每日例会除了在早晨召开外，也可以在午间召开。　　（　　）

4. 门店晨会可以由部门员工轮流主持。   （   ）
5. 晨会不需要后续跟踪。   （   ）

二、单选题

1. 下面（   ）流程是门店晨会独有的特点。
   A. 分享感想   B. 会议纪要   C. 齐呼口号
2. 主管在召开会议时，要注意（   ）。
   A. 学会利用团体压力使议案通过
   B. 控制好时间，不能调整议程上的时间
   C. 做好过程控制
3. 下面（   ）项不是会议跟踪的内容。
   A. 会议纪要   B. 跟踪计划   C. 议程开展
4. 晨会中必须由主管完成的环节是（   ）。
   A. 呼口号   B. 工作总结   C. 主题演讲
5. 下面（   ）项不是主持晨会的技巧。
   A. 多表扬不批评   B. 抓住主题和原则   C. 控制好会议节奏

三、多选题

1. 门店召开会议的目的是（   ）。
   A. 沟通   B. 管理   C. 放松   D. 决策
2. 门店会议失效的原因可以从（   ）几个角度分析。
   A. 会议前   B. 会议中   C. 会议后   D. 与会者
3. 控制好晨会的时间就是要（   ）。
   A. 做好晨会准备工作   B. 把握好晨会的主题
   C. 为晨会规定节奏   D. 灵活调整晨会节奏
4. 会议纪要一般由（   ）组成。
   A. 首部   B. 正文   C. 内容   D. 尾部
5. 晨会中进行工作总结时，可以从以下（   ）等方面进行。
   A. 有没有未完成的任务   B. 有没有异常情况
   C. 有哪些变化点   D. 需要反省的内容

项目二

部门员工管理操作实务

📖 项目简介

作为一个管理者,管理好自己很简单,而要管理好手下的员工却要复杂得多。连锁门店的主管,除了安排好员工的工作以外,还需要交流员工、与员工沟通,同时还承担着培训员工的责任。一个能够有效管理部门员工的主管才能成为是一个成功的管理者。

本项目将从排班管理、与员工有效沟通和专业技能培训3个方面介绍部门员工管理操作实务的内容。通过学习，要求学生掌握排班的基础知识，学会排班的步骤；了解主管需要在哪些时候需要与员工加强沟通，如何沟通；如何组织一场有效的专业技能培训。

项目内容

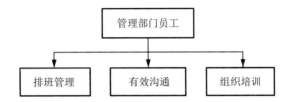

学习目标

1. 掌握与排班有关的基础知识。
2. 能够综合考虑各种因素为员工排班。
3. 掌握与员工沟通的时机与技巧。
4. 了解部门需要培训的时机与方式。
5. 运用培训技巧组织一场有效的培训。

任务一　排班管理

物美连锁门店的经理认为减少员工数量、控制人力成本能够提高门店纯利润，因此，他缩减了员工人数。结果导致每位员工每天上班的时间基本超过8h，久而久之员工抱怨增多，服务质量下降，效率降低（员工真正高效工作的时间不超过6h，其余时间都处于消极怠工状态）。

该经理应如何调节这个凸现的矛盾？在为员工排班时应该考虑哪些因素？排班应该遵循哪些步骤？

【工作流程】

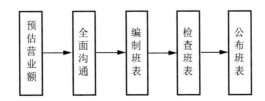

【学习要求】

学习排班必需的知识,并掌握排班的步骤;培养为部门员工合理排班的能力。

【相关知识】

2.1 排班的基础知识

1. 工时

工时是指一小时所做正常工作量的劳动计量单位,《中华人民共和国劳动法》(简称《劳动法》)规定的工时制度有 3 种,即标准工时制、综合工时制和不定时工时制。

1)标准工时制

标准工时制是在正常情况下,一般职工从事工作的时间的制度。我国目前实行的是每日工作 8h、每周工作 40h 的标准工时制,任何单位和个人都不得擅自延长职工的工作时间。连锁门店的部分职能部门,比如人力资源部、办公室等,执行的是标准工时制。

2)综合工时制

综合工时制是指分别以周、月、季、年等为周期,综合计算工作时间,但其平均工作时间和平均周工作时间应与法定标准工作时间基本相同。在综合计算周期内,某一具体日(或周)的实际工作时间可以超过 8h(或 40h),但综合计算周期内的总实际工作时间不应超过总法定标准工作时间,超过部分应视为延长工作时间并按《劳动法》的规定支付报酬,而且,延长工作时间的小时数平均每月不得超过 36h。如果在整个综合计算周期内的实际平均工作时间总数不超过该周期法定标准工作时间总数,只是该综合计算周期内的某一具体日(或周、或月、或季)超过法定标准工作时间,其不超过部分不应视为延长工作时间。

注意:连锁门店的大部分员工都应实行综合工时制。

📊 提示

工作时间如何计算?

年工作日:365 天/年 -104 天/年(休息日)-11 天/年(法定休假日)=250 天/年

季工作日:250 天/年 ÷4(季)=62.5 天

月工作日:250 天/年 ÷12(月)≈20.83 天

工作小时数的计算:以月、季、年的工作日乘以每日的 8h

3)不定时工时制

不定时工时制是一种因工作性质和工作职责的限制,劳动者的工作时间不能受固定时数限制,而直接确定职工劳动量的工作制度。对于实行不定时工作制的职工,用人单位应按劳动法的规定,参照标准工时制核定工作量并采用弹性工作时间等适当方式,确保职工的休息休假权利和生产、工作任务的完成。

2. 加班

在规定的工作时间外继续工作就叫加班。加班可以分为延时加班、休息日加班和节假日加班。员工在工作日内需要延长工作时间的，按其本人小时工资标准的150%支付加班工资；在双休日内加班的，应首先安排调休，如确实不能安排调休的，可按其本人小时工资标准的200%支付加班工资；在法定节假日加班的，按其本人假期工资的300%支付加班工资。

按照《劳动法》的规定，法定节假日用人单位应当依法支付工资，即折算日工资、小时工资时不剔除国家规定的11天法定节假日。

注意：对采用标准工时制、综合工时制和不定时工时制的员工都要按照《劳动法》的要求支付加班费。例如，对员工甲实行的是不定时工时制，如果在周末休息日加班，但没有被调休的，则需要支付200%的加班费；如果是法定节假日的，应支付300%的加班费。

提示

日工资、小时工资如何计算？

日工资：月工资收入÷月计薪天数＝日工资

小时工资：月工资收入÷（月计薪天数×8h）＝小时工资

月计薪天数：（365天－104天）÷12（月）＝21.75天

3. 班次与倒班

1）班次

班次定义了员工一天的上下班时间及规则。班次是由多个班段组成的，包括固定班段、自由班段、休息时段和用餐时段，这四者是组合一个班次的基本要素。几个班次的组合叫作班次组。

（1）固定班段是指上下班时间固定的班段。例如，指定上下班时间为8:00—12:00。

（2）自由班段是指上下班时间是由员工自由掌握的。例如，允许员工在7:00—9:00的任一时刻上班，在11:00—13:00的任一时刻下班，但要保障上满4h。

（3）休息时段是指在一个班段内部，允许存在多个休息时段。

（4）用餐时段同休息时段类似。用餐时段可分为两类，即固定用餐和自由用餐。例如，规定中午用餐11:30—12:30，叫固定用餐；允许中午11:00—13:00用餐，但规定用餐时间只能是1个小时，叫自由用餐；如果规定了员工可以自由选择给定几个用餐时段中的一个，比如11:00—12:00、11:15—12:15、11:30—12:30中的一个时段用餐，则叫浮动用餐。

注意：一个明确的班次应该规定员工的上下班时间，什么是迟到早退，什么的缺席矿工以及明确异常情况，比如用餐时间。一般所说的排班就是规定员工上哪个班次。

2）倒班

几个班次轮流更替工作称为倒班。通常所说的"五班三倒"中，"五班"就是分为5个班组；"三倒"就是一天24h的工作时间分成3个部分，分别是：

早班（有的称大夜班、后夜班、夜班）　　00:00—08:00

中班（有的称白班、正常班）　　　　　　08:00—16:00

晚班（有的称中班、前夜班、小夜班）　　16:00—24:00

也就是说，实行"五班三倒"制时，每天24h上班时间由三个班次来完成，同时有两个班次在休息，见表2-1。

表2-1　某公司"五班三倒"轮班表

一值	早班	早班	休班	休班	休班	中班	中班	晚班	晚班	休班
二值	中班	晚班	晚班	休班	早班	早班	休班	休班	休班	中班
三值	晚班	休班	早班	早班	休班	休班	休班	中班	中班	晚班
四值	休班	休班	休班	中班	中班	晚班	晚班	休班	早班	早班
五值	休班	中班	中班	晚班	晚班	休班	早班	早班	休班	休班

1月	1	2	3	4	5	6	7	8	9	10
	11	12	8	9	10	11	12	13	14	15
	21	22	18	19	20	21	22	23	24	25
	31	1	2	3	4	5	6	7	8	9
2月	10	11	12	13	14	15	16	17	18	19
	20	21	22	23	24	25	26	27	28	29
3月	1	2	3	4	5	6	7	8	9	10
	11	12	8	9	10	11	12	13	14	15
	21	22	18	19	20	21	22	23	24	25
	31	1	2	3	4	5	6	7	8	9

思考

其他常见的倒班方式还有"四班三倒""三班三倒"和"三班两倒"，你了解它们的意思吗？

2.2　排班考虑的因素

排班需要综合考虑各种因素，它是一项体现主管综合管理能力的工作。主管在排班时可以从人性、灵活性、合法性和效率4个方面考虑。

1. 人性

主管在考虑排班人性化的时候，一方面要保证员工能够有充足的休息时间，保存体力工作；另一方面要保证排班方案是大部分员工都认可的，可以接受的。

2. 灵活性

排班需要考虑门店的营业额，对于旺场、旺铺要适当的多排几个班；此外，排班还要有足够弹性应对突发时间，如冬令和夏令时的变化、突然的销售高峰等。

3. 合法性

合法性指的是工时的合法性，这部分内容在2.1节中已有详细的介绍，这里不再赘述。

4. 效率

在考虑排班的效率问题时，可以从以下几个方面入手：

（1）加班费。排班方案是否需要员工加班，加班费支出是否有必要。

（2）员工积极性。排班方案中各员工的工作时长和休息时长是否均衡，是否影响员工的工作积极性。

（3）客流量。排班方案是否符合客流量大小的趋势变化。

（4）员工分班搭配。在排班时应该考虑是否把店长与副店长分开排班，新旧员工分布均不均匀、男女搭配是否合理、师傅徒弟是否排在同一班次、销售能手是否在一起休息等。

（5）部门特点。主管需要根据本部门的特点安排排班（表 2-2）。

表 2-2 部门特点对排班的影响

部门	排班主要因素								适宜班次
	营业时间	客流量	流程	淡旺季	外部单位工作时间	上月结余工时	工作量	员工业务熟悉程度	
收银部	√	√		√		√	√	√	时段班早晚班
收货部	√		√			√	√	√	
防损部	√	√		√		√	√	√	
客服部	√	√		√	√	√	√	√	
商品部	√	√		√		√	√	√	
HR/综合	√			√	√	√	√	√	正常班

注：HR 是 Human Resource 的简称，即人力资源。

2.3 排班的步骤

主管在排班时可以遵循以下几个步骤。

1. 预估营业额百分比

根据历史数据、天气情况、节日情况、目标营业额及门店营业额走势等相关数据，预估出当天营业额，再根据预估全天营业额预估当天每小时营业额。

2. 全面沟通

排班前需要与各方面沟通，主要有以下几个方面：

（1）与人事组沟通，确定是否有要离职的员工，或是否有招聘的计划。

（2）与培训组沟通，了解熟手的比例及效率。

（3）与部门员工沟通，了解员工是否有特殊的排班要求。

3. 编制班表

根据预估的营业额和员工的需要，主管编制排班表。排班表格式可参考表 2-3。

表2-3 _____ 超市 _____ 部 _____ 年 _____ 月排班表

姓名	班别 联系电话	日期	1	2	3	4	5	6	7	8	9	10	11	12	13	14	15	16	17	18	19	20	21	22	23	24	25	26	27	28	29	30	31
			三	四	五	六	日	一	二	三	四	五	六	日	一	二	三	四	五	六	日	一	二	三	四	五	六	日	一	二	三	四	五
A班	区域																																
	联系电话																																
B班	区域																																
	联系电话																																

备注：请按排班表的班次上班，如有调班、调休或请假，必须要填写调班、调休单或请假单，经部门经理或助理签名方可调班、调休或请假。违者当旷工处理。

注：A班：（早班）8:00—16:00/B班：（晚班）15:00—23:00/C班：（行政班）8:00—12:00　14:00—18:00/休（休假）

制表人：　　　部门主管：　　　部门经理：　　　人事部：　　　店长：

4. 检查班表

在班表初步形成后,主管需要检查班表编制是否有误,内容包括以下几个方面:

(1)班表是否美观完整。

(2)工时是否可以满足优质服务的需要。

(3)员工的休息时间是否充分。

(4)排班是否会影响员工士气。

5. 公布班表

核实无误后,交给上级审核,审核通过后立即对员工公布,并严格执行。一般情况下,班表一旦公布,不允许轻易改变。

2.4 排班案例展示

某门店实行日7h、周期42h工作制,该门店为员工排班,具体步骤如下介绍。

1. 预估营业额百分比

该门店营业额统计表见表2-4。

表2-4 某门店营业额统计表

一天	闲日销售比重					旺日销售比重				
	11-25	12-2	12-9	12-16	预估值	11-30	12-7	12-14	12-21	预估值
09:00	1.06	0.14	0.72	0.63	0.64	1.42	1.01	0.67	2.04	1.29
10:00	4.48	5.12	3.39	2.91	3.97	4.42	2.85	2.73	2.97	3.24
11:00	8.84	3.65	4.62	6.26	5.84	10.16	8.84	10.64	8.41	9.5
12:00	7.24	7.22	5.35	6.29	6.53	10.32	8.99	7.99	7.85	8.79
13:00	8.26	7.13	7.24	7.52	7.63	11.69	8.31	10.23	8.54	9.69
14:00	8.91	11.09	7.82	9.13	9.24	10.84	14.39	10.55	12.08	11.97
15:00	13.29	11.36	10.77	9.44	11.22	11.7	13.49	14.24	16.43	13.97
16:00	13.34	15.65	12.63	12.81	13.61	14.26	12.8	15.55	13.99	14.15
17:00	5.93	9.5	13.43	11.67	10.13	5.94	10.52	10.95	8.35	8.94
18:00	6.74	7.5	8.1	7.38	7.43	6.72	5.49	4.2	5.00	5.35
19:00	8.84	5.48	7.96	7.12	7.35	5.75	4.96	3.63	4.92	4.82
20:00	7.28	8.95	8.89	9.15	8.57	3.78	4.39	4.98	4.91	4.52
21:00	4.53	6.41	7.61	4.00	5.64	2.94	3.16	3.34	3.62	3.27
22:00	0.9	0.8	1.47	0.15	0.83	0.07	0.8	0.3	0.89	0.52

根据表2-4,将经营时间分成闲日与旺日,并对各个时段的销售比重进行加权平均,计算出一个预估值,发现有两个时段销售百分比处于保持上升趋势,这两个时间段为10:00—17:00和19:00—20:00。

2. 确定班次时间及交班衔接

该门店根据营业额预估值，确定各个班次的时间为：

A 班	09:00—16:30
B 班	14:30—22:00
C1 班	10:00—17:30
C2 班	11:00—18:30
C3 班	12:00—19:30
D 班	09:00—12:30　18:30—22:00

其中，C 班的时间安排主要取决于门店营运高峰开始时间，D 班的时间主要是夏季特别热的时候用到。C 班和 D 班的班次体现了排班的灵活性。

3. 沟通及确定各个班次的人数

先与员工沟通，了解员工排班时有无特殊要求，然后确定各个班次的人数。在确定人数时，依次执行以下 3 个步骤。

第一步，需要先计算出每天应安排休息的人员。由于员工需要享受每周一天的休假时间，而旺日又尽量不安排员工休假，所以为避免欠休发生，需要首先排出每天休息人数。

第二步，安排员工分班。安排员工分班时，需考虑到以下因素：

（1）店长与领班应分开排班，每人负责一个班次的营业管理工作。

（2）销售见长的同事不能安排一起休息，保证每班有一个优秀的卖手。

（3）新旧员工分布均匀，男女搭配合理，负责带教的教员与徒弟需编排在同一班次。

第三步，做好排班紧急方案。包括如遇突发的人手短缺，应安排员工代班或延长工作时间；在人手充裕时，合理安排或批核员工的假期申请；等等。

4. 检查、审核并公布班表

班表核实无误后，上传到上级审核；审核通过后立即对员工公布；班表一旦公布，门店内部所有人员必须，包括店长、领班在内，都应严格按照班表执行；已编定的班表不能随意改动，若需改动须经店长/区域店长批准。

任务二　有效沟通

物美门店招聘了一名新员工，但是一个月以后，这名员工就提出了离职。与该员工交流后，门店主管发现导致其离职的原因有：① 没有为新员工的到来准备任何培训资料；② 新员工到了门店，直接指定一名老员工做教练，却还没有与这个教练做沟通，就告诉他要带新员工了；③ 没有带新人去熟悉环境，他连食堂、洗手间在哪儿都不知道，也没带新员工熟悉新同事；④ 15 天后，他还没有领到工装；⑤ 主管经常叫不出他的名字。可见，主管作为一名管理者，需要在适当的时候与员工保持有效沟通，这是非常重要的。当然，除了员工，主管还需要和很多人沟通。

那么，主管需要与谁沟通？在哪些时候与他们沟通？该如何沟通？沟通时又有哪些技巧呢？

【工作流程】

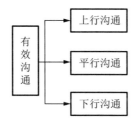

【学习要求】

培养主管及时与部门员工有效沟通的能力。

【相关知识】

2.5 有效沟通的基础知识

1. 沟通的概念

所谓沟通，就是为了设定的目标，把信息、思想和情感在个人和群体间传递，并达成协议的过程。有效的沟通能够控制员工的行为、能够激励员工，提供了一种释放情感的情绪表达机制并提供了决策所需要的信息。有效的沟通有三大因素，包括要有一个明确的目标，要有沟通的信息、思想或情感，以及要有达成的共识的协议。

沟通过程常常涉及几个方面：发送者、信息、编码、通道、解码、接收者、反馈、噪声，如图 2.1 所示。

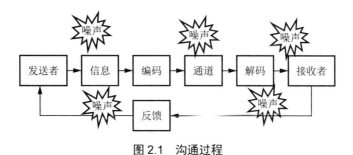

图 2.1 沟通过程

2. 沟通方式

（1）根据沟通的渠道划分，沟通的方式有语口头沟通、电话沟通和书面沟通。

口头沟通就是面对面地、以口头传递信息的沟通方式，它具有全面、直接、互动、立即反馈的特点，如下所述：

① 全面。沟通者在口头沟通中传递了包含文字语言、声音语言、肢体语言的全面信息，而这些全面信息又被沟通对方接收到。

② 直接。沟通双方不需要借助其他信息渠道，双方通过自己的视觉器官、听觉器官以及心灵直接接收感知到对方发出的信息。

③ 互动。双方在沟通中进行信息发送、接收、发送的传递过程，即双方是互动的。

④ 立即。双方的信息发送、接收、发送过程是立即开展的。这就要求沟通者在口头沟通中尤其要遵守沟通规律，以达成沟通效果。

与其他沟通方式相比，在口头沟通中，肢体语言能够发挥很大的作用。肢体语言信息是潜意识的外在表现，最接近真实内心。肢体语言信息在沟通中具有重要作用，据研究，沟通中 55% 的含义受肢体语言的影响，而不是文字语言信息本身。

口头沟通中肢体语言信息包括形象与仪态、表情与行为礼仪、眼神、手势、小动作等，具体见表 2-5。

表 2-5 肢体语言的沟通渠道

肢体语言表述	行为含义
手　　势	柔和的手势表示友好、商量，强硬的手势则意味着："我是对的，你必须听我的！"
脸部表情	微笑表示友善礼貌，皱眉表示怀疑和不满意
姿　　态	双臂环抱表示防御，开会时独坐一隅意味着傲慢或不感兴趣
声　　音	演说时抑扬顿挫表明热情，突然停顿是为了造成悬念，吸引注意力
眼　　神	盯着看意味着不礼貌，但也可能表示兴趣，寻求支持

电话沟通是人际沟通中借助电话媒介来传递文字语言信息与声音语言信息的一种沟通方式，它是在沟通者双方不能见面的情况下使用的最多一种沟通方式。

电话沟通有以下几个特点：

① 信息不全面。相比口头沟通不够全面，电话沟通传递与接收的信息只含有文字信息、语音语调信息，没有肢体语言信息。

② 即时。沟通者双方的信息发送、接收、发送过程是立即开展的，信息反馈是即时的。

③ 间接。沟通双方需要借助其他信息渠道，双方通过自己的听觉器官以及心灵，借助于电话接收感知到对方发出的信息。

④ 互动。双方在沟通中进行信息发送、接收、发送的传递过程，即双方是互动的。

由于电话沟通时，沟通双方收到的干扰很多，所以常常会因为声音缺乏热情、有气无力、缺乏礼貌、对对方情况不了解、不聆听急着插话、在电话中长篇宏论、表述缺乏条理等问题，出现信息接收出现偏差的情况。

书面沟通是在工作与生活中，除了口头沟通、电话沟通之外，还有一种比较正式的、以纸质载体留存信息的沟通方式。书面沟通的主要形式有文章、信件、便笺等。

书面沟通有以下几个特点：

① 保存信息。文字信息存于纸质载体，可留存信息。

② 信息单一。只有文字信息。

③ 互动慢。不是即时反馈，反馈速度慢。
④ 正式。作为正规信息资料，内容严谨、有条理，内容组织格式清晰。

文字语言信息相对缺乏吸引力，但书面文章表面的视觉观感（如纸质、字体、干净、清楚）、段落格式的规范性、礼貌用语、内容组织的逻辑性与有效性、组合运用图表与数字材料信息等又增强了沟通的效果。

（2）根据沟通的场合，沟通可以分为正式沟通和非正式沟通。

正式沟通是指按照规定的指挥链或者作为工作的一部分而进行的沟通。任何发生于组织中的工作安排场合的沟通，都可以称为正式沟通。

非正式沟通是指不由组织的层级结构限定的沟通，其主要功能是传播雇员所关心的和他们有关的信息，这取决于雇员的个人兴趣、利益。

非正式沟通有以下几个特点：
① 信息交流速度较快。
② 信息比较准确。
③ 沟通效率较高。
④ 可以满足职工的需要。
⑤ 有一定的片面性，信息常常被夸大、曲解。

（3）根据沟通信息的流向，沟通可以分为上行沟通、平行沟通和下行沟通。相关内容将会在 2.6 节作详细的介绍。

3. 沟通的障碍

沟通的主要障碍见表 2-6。

表 2-6　沟通的主要障碍

障碍来源	主要障碍	
信息发送者	① 沟通的态度不正确 ③ 抓不住重点 ⑤ 过于强势	② 表达不正确 ④ 不善言辞 ⑥ 对接收方反应不灵敏
沟通的渠道与环境	① 渠道选择不当 ③ 环境选择不当 ⑤ 有人破坏	② 信息传递出错 ④ 沟通时机不当
信息接受者	① 沟通的态度出问题 ③ 有选择的听 ⑤ 情绪不佳	② 听不清楚 ④ 有偏见 ⑥ 不能正确理解

2.6　需要沟通的场景

1. 与上司进行有效沟通（上行沟通）

和自己的上司打交道，是部门主管日常工作的重点。沟通的效果如何，既关系到主管的沟通能力的表现，又影响到主管发展的前途。因此，恰当地与上级沟通应该引起足够的重视。

1）倾听上级的命令

当上级向你下达命令时，倾听是你需要做的第一步。

（1）仔细倾听。当上级决定把某项工作交给你去执行时，首先需要明确这项任务到底是什么，而且要尽可能地多了解一些具体信息。仔细倾听能帮助你获取这些信息。利用传统的"5W2H"的方法可以使你快速、准确地明确上级的意图，记录任务要点。"5W2H"即任务的时间（When）、任务的地点（Where）、任务的执行者（Who）、任务要达到什么目的（Why）、完成任务需要做什么工作（What）、怎样去完成任务（How）、完成任务需要多少工作量（How many）。

（2）及时确认。当准确把握住信息要点以后，要及时整理，并简明扼要地向上级确认。这是一个良好的沟通习惯，可以提高主管获取信息的准确度。

（3）及时探讨。对沟通过程中的疑问要及时与上级探讨。如果主管预见到工作中可能碰到的困难，应提前告知上司，能争取到更多的支援和帮助。

（4）制订详细计划。上级下达完命令之后，往往会关注下属的解决方案。这时主管需要开动脑筋，向领导简单陈述，然后制订详细的工作计划，以争取上级的建议，尤其要让上级明确你的时间进度，以便对工作进行监控。

2）请示和汇报工作

向上司请示和汇报工作时要注意以下问题：

（1）随时汇报与阶段汇报密切结合。在工作开展过程中，将随时汇报与阶段汇报相结合。要让上级清楚你的工作进展情况，取得了哪些成效，遇到了哪些困难，并及时征求上级的意见。这样既有利于克服工作中的一些障碍，又有利于你与上级的感情联络。

（2）要及时提交工作总结。每项工作完成后，主管都要及时总结工作的经验教训，首先要肯定工作中团队的表现，然后要恰当的提及上级的正确指导，最后总结一些不足之处。这是工作总结的基本内容，也可以依据自己的工作特点和个人喜好适当调整。

（3）保持汇报的基本态度。向上级请示和汇报工作的基本态度是"尊重但不吹捧，请示但不依赖，主动但不越权"。

3）处理与上级的矛盾冲突

上级的工作权限决定了他对你的重要影响。一旦出现矛盾，需要谨慎对待。

（1）尊重上级。无论是出于基本的礼节，还是对上司的基本尊重，都不能放肆言论。要把握好自己说话的分寸，给领导留够足够的情面。对于一个明智的领导，他会很欣赏你的气度。

（2）学会说服上级。当你获得的信息支持了你的决策，而和上级的决策相冲突时，就要尝试着说服上级。在说服的过程中，要注意沟通技巧的使用，如把握好说话的时机、说话的方式等。

（3）学会拒绝上级。如果领导的命令确实难以实现，或者纯属刁难，可以言辞拒绝，也可以委婉避开。具体方式和选择要依据具体的场合、领导的风格等各种因素来综合考虑。

4）面对上级的批评

当一个主管面对上级的批评时，应注意以下几个方面：

（1）正确面对批评。批评时上级在履行职责，不管批评是否合理，面对批评时，要理解上级，要进行换位思考，并且不能过于计较上级的批评方式。

（2）勇于接受批评。作为一个主管，在面对来自上级的批评时，切记不能推卸责任，更不能把责任推卸给部门中的负责落实工作的某位员工。主管作为部门的负责人，一定是权力和责任共存的。

（3）积极面对批评。接受批评之后，主管要力戒消沉，有则改之，无则加勉，积极面对批评。

2. 与其他职能部门进行有效沟通（平行沟通）

平行沟通是指双方地位和身份相同者之间的沟通，包括组织与组织、部门于部门、员工与员工之间的各种信息交流。连锁门店很多的工作需要各职能部门间的通力合作，部门主管经常需要与其他职能部门进行沟通，协调工作。

主管在做平行沟通时，要注意以下几点：

（1）不能过于看重本部门利益，而忽视其他部门的利益。

（2）要设身处地地对待其他部门的工作，不要认为其他部门理所当然为本部门服务。

（3）要及时明确权责，避免出现责任不清的情况。

3. 与下属进行有效沟通（下行沟通）

1）布置任务和下达命令

主管与下属沟通时，总体上应该把握的原则有以下几点：

（1）了解任务或命令的缘由。当主管接受了上级的命令之后，就需要对此命令深入研究，然后结合所拥有的资源来妥善安排命令的执行情况。要让下属清楚你的命令，自己必须对命令了如指掌，不但知其然，还要知其所以然。

（2）保持任务或命令的一致性。任务或命令一旦确定下来，一般不得随意变更；否则，会让下属产生反感，不但失去对主管的信任，也失去了工作的热情。

（3）使命任务或令具体化。向下属传达命令时，表述要尽量具体，避免用一些抽象的说法，否则会让下属摸不着头脑，从而耽误了整个命令的执行。同样，可以用"5W2H"方法来表述任务或命令。

（4）注意任务或命令的可接受性。布置任务或下达命令时，态度要和善，用词要恰当。首先，要让下属清楚命令的重要性，引起其思想上的重视；其次，应明确下属的自主权，充分调动其积极性和主观能动性；最后，对下属的疑问要有充分准备，并且能够耐心的解答。

2）处理下属的意见

成功的主管应该是广纳言论的领导，而非武断自傲的上司，所以经常倾听下属的意见对评判主管决策、指导下属工作、弥补工作损失都是大有裨益的。而且，善于倾听下属的意见，就表示你拥有宽广的心胸，从而容易得到下属的爱戴，进而激发他们的创造性和工作热情。

在处理下属意见时，要注意以下几点：

（1）不需要就拒绝。

（2）不要暗示员工回答你想要的答案。

（3）说明你需要何种具体建议。

（4）问该问的员工。

（5）多问比少问好。

（6）告诉员工你问过许多人。

（7）评估建议的可靠性。

3）处理下属绩效问题

主管要了解下属业绩欠佳的原因，而不能一味地指责下属工作能力或者态度有问题，主要原因有以下几点：

（1）存在认知问题。员工业绩不佳，有可能是因为不知道为什么要做这项工作，对于这类员工，主管应该着重向员工解释工作的重要性；也有可能是因为员工不知道应该怎么去完成这项工作，此时，主管应该教导员工如果去做；当然，还有可能是因为员工不知道要怎么做，主管应该告知员工工作的内容。

（2）存在工作限制。导致员工工作绩效不佳的工作限制有两类，一类是任务完成过程中存在的障碍超过了员工的控制范围，如任务完成需要部门和部门间的协调，而这些协调需要主管去交涉；另一类是工作太难，超过员工目前的能力范围，或者是该员工本身能力有限。

（3）存在想法问题。员工的想法会导致其工作业绩不佳，他们的想法多种多样。

① 觉得自己的想法比较好。

② 觉得主管的做法行不通。

③ 觉得自己正照着主管指示做事。

④ 觉得做对事却招致负面结果。

⑤ 觉得其他工作更重要。

（4）奖惩。奖惩不得当会影响员工的工作积极性，进而影响员工的工作业绩。以下情况都属于影响员工业绩的奖惩。

① 努力得不到回报。

② 没有做该做的事情，却得到奖励。

③ 做了该做的事，却得到惩罚。

④ 即使没有表现也不得有负面结果。

⑤ 没有得到肯定。

4）处理下属离职

连锁门店员工流动性较大，主管遇到员工离职的情况时，首先应该分析员工离职的原因，然后寻找适当的机会与离职员工谈一谈，最后是填写离职意见。

（1）分析下属离职的原因。导致员工离职的原因有很多，但是不外乎以下几种情况，主管可以参考分析员工离职的原因。

① 工作条件及环境不好。

② 未尊重员工的权益和给予公平待遇。

③ 员工感到在本企业没有前途。

④ 找到新工作或自主创业。

⑤ 个人及家庭原因。

（2）进行挽留面谈。无论何种原因，员工提出辞职请求，主管都应在适当时候进行挽留面谈。挽留面谈不单单是人力资源的工作，同时也是主管的责任。面谈最好采用面对面的方式，不建议在电话或电脑前完成面谈；在于员工进行面谈时，应始终保持客观态度；如果员工在面谈时提出要求，如果主管没有权限或未得到上级授权，不要轻易作出承诺；对去意已决的员工，应该借此机会多了解他对门店的真正看法，听取他的建议。主管应该选择合适的时间和地点进行挽留面谈，当然，员工并没有义务一定要接受挽留面谈。

（3）填写离职意见。主管要为确定离职的员工填写《员工离职申请表》（表2-7）上的离职意见。在填写离职意见时，主管要实事求是的填写，不能夸大或隐瞒事实，也不能掺杂个人情感。员工的离职申请表应交由人力资源部统一处理。

表2-7 员工离职申请表

申请人		部门		岗位	
入职日期	年　月　日	申请离职时间		年　月　日	
合同时间	年　月　日至　　年　月　日				
手机/电话					
离职原因	□辞职　　□辞退　　□自动离职　　□合同期满终止　　　　　　　　　　　　　　　　　　　　　　　　　　　　　　　　　　　　　　　申请人：　　　　　　　　日期：				
部门意见（请注明允许离职最后日期）：　　　　　　　　　　　　　　　　　　　　　　　　　　　　　　　　　　　　　签名：　　　　　　　　日期：					
人力资源部意见：　　　　　　　　　　　　　　　　　　离职原因情况了解：　　　　　　　　　　　　　　　　　　实际离职日期：　　年　月　日　　　　　　　　　　签名：　　　　　　　　日期：					
店经理意见：　　签名：　　　　　　　　日期：					

5）善于赞扬和恰当批评下属

（1）善于赞扬下属。赞扬是人们的一种心理需要，是对他人肯定的一种表现，更是一种激励下属的工作技巧，是一种最廉价的激励方式。

主管赞扬员工的技巧有以下几种：

① 善于发现下属的优点。每个人都或多或少的有一些优点，有人的工作效率很高，有人的工作非常细致认真等。在工作中要善于发现他们，并要储存在你的脑海里。

② 赞扬的态度要诚恳。人人都希望听到赞扬的话语，下属也不例外，尤其是主管对他们由衷的赞扬更会引起他们的高度重视。如果只是毫无内容的虚伪赞扬，那么不但起不到任何激励的作用，而且会让下属产生反感，不利于进一步沟通。

③ 赞扬的内容要具体。发现了下属的优点就要把它说出来，而不是简单的称赞"你真棒！""你做得好极了！"之类的空话，赞扬下属一定要做到言之有据。

④ 选择恰当的赞扬场合。如果下属的某项工作得到了大家的一致认可，这时最好选择部门会议等公开场合来表示赞扬，这是对下属的最大鼓励，也不会引起其他下属的猜忌；如果只是你发现的一些优点或者成效，可以私下表扬，这样既可以起到激励作用，又可以密切人际关系。

⑤ 除了直接赞扬外，间接赞扬也往往能起到很好的效果。例如，借第三者的话来赞扬对方，或者在当事人不在场的时候来赞扬。这些方式可以和直接赞扬结合使用，你可以依据具体的情况来灵活应用。

（2）恰当批评下属。"金无足赤，人无完人"，当下属有过失时，作为他的领导，需要适当地批评指正。由于传达的是负面消息，所以在批评时一定要掌握相应的技巧。

① 以真诚的赞扬作为导入语。由于批评容易引起下属的抵触情绪，所以在开始谈话时，最好以赞扬下属的某些优点或者成绩为开端，这样可以使下属感觉到自己得到了比较客观的定位，从而对你的批评也更容易接受些。

② 批评要有理有据。批评下属要拿出真凭实据，而不能信口开河。同时，要尊重客观事实，不缩小，不夸大。这样可以进一步加深下属对自我失误的认识。

③ 注意语言技巧。恰当的批评要以不伤害下属的自尊、自信为前提，所以表述要引起对方足够的重视。依据不同的批评对象采取不同的批评方式。例如，对一些性格比较内向的下属，要尽量采用委婉一些的语气来表达；对一些性格开朗、直来直去的下属则可以直接表达你的态度，但是语言不可过激；而对一些敏感多疑的下属则可以采用旁敲侧击的方式。

④ 选择恰当的批评场合。如要公开批评，由于公开批评对下属的打击比较大，所以最好在公开批评前能和下属私下进行一次面谈，使其事先有一定的心理准备。一般对不太严重的错误，可以对下属进行私下批评。

掌握了与下属沟通的恰当技巧，有利于主管驾御自己的团队，充分发挥团队的整体优势。

任务三　组织培训

小王是一名优秀的收银员，由于表现出色，她最近刚升职成为了一名收银科长。然而在认真学习了收银科长的岗位职责后，她了解到该职位需要每个月对员工进行两次专业技能培训。小王犯愁了，作为收银员，她对自己的专业技能非常熟悉，但是作为主管，却不知道要如何开展专业技能的培训工作，她面临的问题主要有：什么时候需要培训、需要给谁培训、如何开展培训、如何掌控培训现场、如何考核培训是否有效。

【工作流程】

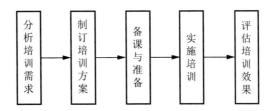

【学习要求】

培养主管组织、控制和考核专业技能培训的能力。

【相关知识】

2.7　培训的基础知识

1. 开展培训的时机

主管需要在适当的时间对员工开展培训，一般而言，开展培训的时机主要有：

（1）新员工入职时。
（2）添置新设备时。
（3）员工达不到既定标准时。
（4）员工流动量大时。
（5）客人投诉增加时。

2. 培训者基本素质

作为培训者的主管，应该具备相应的知识、技能和态度。

1）知识

合格的培训者应具备相关专业领域的专业知识、培训方面的专门理论知识、相关领域的实践经历，以及一定的知识面。

2）技能

培训技能包括对课程和情绪的控制能力、对培训突发事件的处理能力、理论联系实际的能力、诊断问题找出解决方法的能力、组织和团队建设能力等。此外，培训者还应该具备良好的口头表达能力、沟通能力、对受训者的激励能力及良好的观察力、概括力等。

3）态度

优秀的培训者首先应该是具有敬业精神和职业道德的；其次，培训者应该是有包容性的，要善于听取各方面的意见，对受训者有足够的耐心；再次，培训者应该是充满自信的，有不怕困难、勇挑重担的决心；最后，培训者应该要有甘为人梯、为人服务的愿望。

3. 常见的培训方法

1）授课式

授课式培训的特点是在培训者讲授的过程中允许学习者提问或进行短时间的讨论，一般适合于对内容有一定了解的员工培训，人数以 30～50 人为宜。授课式培训由于培训人数较多，受训者不能充分参与。

2）研讨式

在研讨式培训中，受训者可通过讨论自由地交换观点和意见，如果学员对培训的主题有比较丰富的经验或者是带有一些疑难问题时可以采用这种方式。研讨式培训要求培训的时间比较宽裕，学员之间比较熟悉，其优点是有利于学习者理解知识，运用技能，改变态度；缺点是讨论可能偏离主题，组内可能参与不均衡。

3）实操演示式

实操演示式培训可以采用角色扮演的方式，即受训者通过扮演某个角色，面对面地与其他角色交流。其优点是在真实情境中体验角色的思想和情感感受，能够从不同角度看问题；缺点是受训者可能不好意思参加，活动可能流于形式。如果培训主题涉及实际操作，操作者的主观态度和操作方法易于影响结果，且培训时间应较宽裕时可以采用这种方式。

此外，实操演示式培训也可以采用练习或实习的方式，如果培训内容是需要反复实际操作熟悉的技巧性训练，则在培训者介绍完新知识和技能之后，可以要求受训者独立或者以小组合作的形式按要求完成某项任务。这种方式的优点是能够加强和巩固学习者对新知识和新技能的理解和运用；缺点是理论有可能脱离实际，任务有可能不在受训者力所能及的范围之内。

4）非正式辅导

非正式辅导每天都出现在各种不同的场景中，但由于其中大多数是匿名和隐性的，人们便认为它的重要性不及正式辅导，所以很少给予它同等的热情、重视与支持。非正式辅导关系的范围包括闲聊和根据需要进行的快速辅导，主管或者可以通过与员工闲聊，发现员工的需求和问题，并及时传送解决方法，或者是在工作现场，对员工操作不规范的地方进行及时修正和指导。非正式辅导是主管最常用到的培训方式。

2.8 培训的组织流程

1. 分析培训需求

培训是一种投资，而投资收益的好坏很大程度上将取决于投资前的投资分析，即培训需求分析。注意：需要培训的时间点参见 2.7 节第 1 点内容。

2. 制订培训方案

在实施培训前,主管需要制订详细的培训方案。在培训方案中,需要明确培训师、受训人员、培训目的、培训内容、培训方式、培训效果和注意事项。培训的实施过程要严格遵循制订的培训方案开展。

3. 备课与准备

主管在培训前需要精心准备,即备课。培训者备课分为两个方面,包括了解受训者的基本情况和准备培训内容。

1)了解受训者的基本情况

主管在培训前需要了解受训者的基本情况,比如接受培训的是谁,他们的工作年限、工作经验、学历、技能掌握的基础情况等,再比如有多少人参加培训。

2)准备培训内容

主管除了准备所要讲授的专业技能知识之外,还要做好以下准备:

(1)时间。根据培训技巧的应用类型设计每门课程时间的长短。
(2)日程表。使参与者了解本次培训的主题和内容,并可以预做准备。
(3)地点。使培训者可以有施展培训技巧的空间;实习地点的准备工作。
(4)设备。多媒体或电教设备、激光笔、黑板、笔、纸等。
(5)座位安排。根据所授内容、受训对象和培训方法安排座位。
(6)培训资料。准备培训所需的书面资料和视听资料(表2-8)。
(7)培训方法。根据内容事先确定培训方法。

表2-8 培训资料的类型

书面资料	培训外资料	阅读材料
		复习资料及作业
	培训中资料	活动卡
		演示板
		案 例
		图 表
		卡 片
视听资料		挂 图
		多媒体或幻灯
		投影胶片
		录音录像
		照 片
		模 型

4. 实施培训

培训的实施过程中,需要主管对培训现场有良好的控制能力,比如如何调节培训的气氛,如何保持受训者的注意力等。

主管可以运用讲故事、玩游戏、提问、案例展示等方法调动培训的气氛和保持受训者的注意力。在游戏和提问环节,可以适当的奖励参与者;在提问环节,主管要注意利用有专长者,要学会聆听、鼓励和引导,不要责备和评判受训对象的回答;在案例展示环节,要精简幻灯页面上的字,尽量用图片展示,文字部分应用关键字,必要的时候用其他颜色标出,此外,要避免频繁地翻页,每页幻灯应讲 2～3min。

5. 评估培训效果

一次成功的培训一定是目的明确且被认可的,培训内容一定是符合培训目的的,培训程度一定是符合受训群体特征的,培训形式一定是活泼的,培训的结果一定是个人、企业和顾客共同受益的。

主管在培训结束之后必须要对培训效果进行评估,可以根据培训的对象,内容和实际需求选择合适的评估层级对培训进行考核(表 2-9)。

表 2-9 培训考核评估的层级

评估层级	评估内容	评估方法	评估时间	评估单位
反应	学员对培训课程、培训师与培训组织的满意度	问卷、访谈、观察、综合座谈	课程结束时	培训单位
学习	对培训内容、技巧、概念的吸收与掌握程度	提问、角色扮演、笔试、演讲、模拟练习、心得报告与文章发表	课程进行时、课程结束时	培训单位
行为	学员培训后行为改变是否因培训所致	问卷、观察、访谈、绩效评估、管理能力评鉴、任务项目法、360°评估	3个月或半年后	学员的直接主管上级
结果	培训对公司业绩的影响	满意度调查、客户与市场调查、成本效益分析、离职率、个人与组织绩效指标、生产率	半年或一两年后	学员的单位主管

培训座位安排

一、秧田式

秧田式排座如图 2.2 所示。

 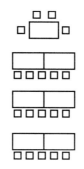

图2.2　秧田式排座

1. 秧田式座位安排的长处
   (1) 充分利用空间，坐的人比较多。
   (2) 大家都面朝前方，可以看见说话的人。
2. 秧田式座位安排的短处
   (1) 参与者之间彼此没有目光接触。
   (2) 培训者与坐在后排的人无法进行交流。
   (3) 培训者不能在参与者之间走动。
   (4) 移动桌椅才能进行小组活动。
   (5) 参与者易选择后排就坐。
   (6) 过于严肃、正规。
3. 秧田式座位安排适用范围
讲座或讲授。

二、宴会或鱼骨形

宴会和鱼骨形排座如图2.3所示。

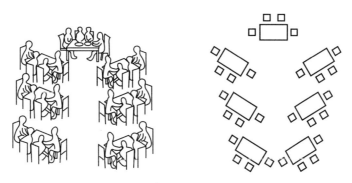

图2.3　宴会和鱼骨形排座

1. 宴会或鱼骨形的长处
   (1) 有利于在讲座和小组活动之间来回变换。
   (2) 培训者很容易在小组之间走动。
2. 宴会或鱼骨形的短处
   (1) 参与的人数较少。

（2）不同桌之间的参与者不能进行充分的交流。

3．宴会或鱼骨形适用范围

小组讨论。

三、空心U形

空心U形排座如图2.4所示。

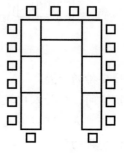

图2.4　空心U形排座

1．空心U形座位安排的长处

（1）培训者可以在参与者之间走动。

（2）培训者可以与所有参与者进行交流。

2．空心U形座位安排的短处

（1）U形每一边的参与者彼此无法进行交流。

（2）空间利用率低，参与的人数较少。

（3）移动桌椅才能进行小组讨论。

3．空心U形座位安排适用范围

少量人的讲授。

四、圆桌式

圆桌式排座如图2.5所示。

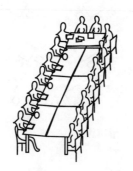

图2.5　圆桌式排座

1．圆桌式座位安排的长处

大部分参与者彼此能够有目光接触。

2．圆桌式座位安排的短处
（1）不容易分成小组。
（2）参与的人较少。
（3）大会讨论时，坐在邻近的参与者可能形成小团体，他们的讨论可能会干扰大会议程。
3．圆桌式座位安排适用范围
多用于全体大会讨论，培训中较少被采用。

五、椅子圈

椅子圈排座如图2.6所示。

图2.6　椅子圈排座

1．椅子圈座位安排的长处
（1）参与者和培训者都很平等。
（2）参与者感到比较放松，互动比较容易。
（3）容易进入各种活动。
（4）避免参与者始终待在某一个位置。
2．椅子圈座位安排的短处
（1）没有桌子放书，不利于参与者记录。
（2）人与人之间没有距离，需要参与者比较熟悉或开放。
（3）人数过多时，参与者与对面的人相隔过远。
3．椅子圈座位安排适用范围
角色扮演或游戏。

职场指南

（1）员工管理不仅仅是人力资源部的职责，部门主管更需要进行员工管理。
（2）部门主管的员工管理工作与人力资源部的员工管理工作不同，部门主管在员工管理方面的工作重点在于部门员工的人力资源分析（供求分析和人岗匹配分析）、参加招聘会、员工的专业技能培训、为员工考核提供基础依据、为员工排忧解难、为员工合理排班等。

（3）主管在进行员工管理时，需要端正自己的态度、选择合适的时机、运用适当的技巧。

项目实训

假设你是一家 24h 便利店的主管，现在需要你为属下员工排班。目前门店共有 3 名正式员工，还有 3 名勤工俭学的学生。在排班工作开始之前，你征求了 6 名员工的排班需求，但是一名正式员工因为家庭原因，不能上晚班；勤工俭学的实习生因为要上课，只能周末和晚上工作。

根据上述情境，结合所学知识，请你为门店制订一个月的排班表。

一、实训目的

通过实训，使学生掌握排班的流程、排班时需要考虑的因素，并能够综合考虑排版的合理性。

二、实训任务

1. 编制合理的排班表。
2. 可以借助排班软件进行排班，也可以手工排班。

三、方法步骤

1. 复习相关知识，分组进行排班作业。
2. 讨论实训排班的考虑因素。
3. 初步制作排班表。
4. 检查班表的合理性以及是否符合场景中提到的要求。
5. 确定排班表。

四、实训效果考评

考评表

考评内容	员工排班管理			
	考评要素	评价标准	分值/分	评分/分
考评标准	排班的人性化	是否符合员工排班需求 是否合法	40	
	排班的合理性	是否能激发工作积极性 是否符合常理	30	
	班表的完整性	格式是否准确 内容是否齐全	30	
	合　计		100	

注：评分满分 100 分，60～70 分为及格，71～80 分为中等，81～90 分为良好，91 分以上为优秀。

项目小结

连锁门店主管肩负着对部门员工进行管理的重任,需要分析部门岗位的人岗匹配度,需要及时与员工沟通,需要与为员工排班,并在合适的时候对员工进行技能专业培训。部门主管员工管理能力的高低直接关系着部门工作绩效的好坏。

本项目主要从连锁门店主管排班管理、有效沟通和组织培训3个角度介绍了主管在员工管理方面的工作。不管是哪个部门的主管,都会在工作中涉及这些问题,员工管理工作是一项任重而道远的工作,需要主管在工作中不断学习相关知识、积累相关经验,只有这样才能提高员工管理的能力。

复习自测题

一、判断题

1. 综合工时制是指分别以周、月、季、年等为周期,综合计算的工作时间。（　　）
2. 主管在向下属布置任务是要尽量的抽象。（　　）
3. 实操演示式培训方式最大的有点是方便受训者开展小组讨论。（　　）
4. 培训的终点是培训效果的评估。（　　）
5. 主管在对待上级的命令时要做到百分之百服从。（　　）

二、单选题

1. 几个班次轮流更替工作是指（　　）。
   A. 倒班　　　　　B. 班次　　　　　C. 班次组
2. 在面对业绩不佳的员工时,如果是不知道要做什么的员工,主管应该（　　）。
   A. 解释　　　　　B. 教导　　　　　C. 告知
3. 主管最常用到的培训方式是（　　）。
   A. 授课式　　　　B. 实操演练式　　C. 非正式辅导
4. 正式沟通的特点有（　　）。
   A. 信息交流速度较快　　　　B. 可靠性强　　　　C. 有片面性
5. 属于主管开展培训的合适时机有（　　）。
   A. 新员工入职时　　　　　　B. 员工空闲时
   C. 员工工作绩效不佳时　　　D. 员工情绪不佳时

三、多选题

1. 一个班次的基本要素包括（　　）。
   A. 固定班段　　　B. 自由班段　　　C. 用餐时段　　　D. 休息时段
2. 常见的工时计算方法包括了（　　）。
   A. 标准工时　　　B. 综合工时　　　C. 不定时工时　　D. 自由工时

3. 培训效果评估的层级包括（　　）。
   A. 反应　　　　　　B. 学习　　　　　　C. 行为　　　　　　D. 结果
4. 作为优秀培训者的主管必须具备的素质有（　　）。
   A. 扎实的专业技能　　　　　　　　　B. 乐于倾听的态度
   C. 适当的幽默感　　　　　　　　　　D. 培训的相关知识
5. 评估培训效果的方法有（　　）。
   A. 访谈　　　　　　B. 演讲　　　　　　C. 笔试　　　　　　D. 模拟练习

项目三

部门计划制订操作实务

 项目简介

计划是对未来活动所作的事前安排、预测和应变处理。计划管理是部门内部管理的主要手段。每个部门在制订计划的时候都要注意制订要点,遵循计划制订的流程。同时,针对计划中可能出现的问题要做好提前备案,在计划实施后应及时回顾计划的成效。

本项目将从工作计划的机会估量及工作计划的主要内容等方面介绍部门计划制订的操作实务内容。通过学习，要求学生掌握部门计划制订的要点及流程。

项目内容

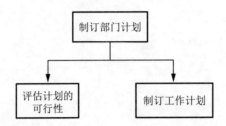

学习目标

1. 了解工作计划的重要性。
2. 掌握工作计划的机会估量。
3. 掌握制订工作计划的主要内容。

任务一　评估计划的可行性

物美超市计划于下半年举行一次大型促销活动，在制订促销计划之前，店长向营运主管讲述了活动的大致设想后，向其询问这次促销活动能否进行。营运主管认为应该先对该项目进行可行性分析。

那么，应从哪些方向着手评估这次促销活动的可行性呢？

【工作流程】

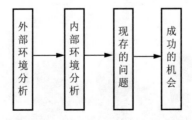

【学习要求】

培养进行工作计划机会估量分析的能力。

【相关知识】

在一个组织中，计划工作是管理的首要职能，其他工作只有在确定了目标、制订了计划以后才能开展，并围绕着计划的变化而变化。计划工作的核心内容是目标的明确和计划的制订。有效的计划是一切成功的首要条件。通过清楚地确定目标和如何实现这些目标，可为行动提供一幅路线图或行动图，从而减少不确定性和模糊性，并对有限资源作出合理的分配；通过清楚地说明任务与目标之间的关系，可以制订出指导日常决策的原则，并培养计划执行者的主人翁精神和责任心；由于目标、任务和责任的明确，可使计划得以较快和较顺利地实施，并提高经营效率；借助计划可克服由于资源的短缺和未来情况的不确定性所带来的困难，使一些本来无法或难以有效实现的目标得以实现。

在重大的活动开展之前需要对活动进行可行性分析。所谓可行性分析，就是从事一种经济活动（投资）之前，要从经济、技术、生产、功销直到社会各种环境、法律等各种因素进行具体调查、研究、分析，确定有利不利因素、项目是否可行，估计成功率大小、经济效益和社会效益程度。

3.1 计划可行性评估的内容

评估计划的可行性可以从计划的必要性、计划的可行性、计划的实施条件、计划的不确定因素几个方面着手。

1. 计划的必要性

分析计划的必要性时，可以从计划的收益方位、是否符合政策、是否符合门店发展需求、是否符合社会需求等几个方面分析。

2. 计划的可行性

在实际的制订计划工作开始之前，作为部门主管应该对环境中的各种机会作一个全面扫描，确定能够取得成功的机会。主管应该考虑的内容包括外部环境分析、内部环境分析、现存的问题分析和成功的机会分析等。

1）外部环境分析

部门外部环境的变化可能给部门的经营活动带来机遇，同时也可能带来威胁和挑战。作为主管，要主动地认识和把握环境的变化特点及发展趋势，审时度势，趋利避害，这样才可以抓住一切机会以求得部门的生存和发展。

部门外部环境可以分为宏观和微观两个层面。宏观环境包括那些影响公司经营活动的较大的社会力量，具体包括经济环境、政治法律环境、科技环境、社会文化环境、自然环境；微观环境包括环境中那些直接影响公司经营的因素，如竞争对手、供应商、消费者、政府、相关社会团体及合作伙伴等。

2）内部环境分析

部门内部环境主要是指部门的资源。部门的资源可以从资产和能力两种形态加以评估。资产指部门内的人、财、物，资产大多是可以量化的，是具体存在的，如厂房、设备、自有资金、人力等；能力指部门如何适应外部环境及战胜竞争对手的诀窍，它是抽象的，并且多半不能量化，如部门家精神、部门创新能力、信誉、技术开发能力等。

部门的经营就是充分利用资产和能力，以达到预定的部门目标。部门的优势建立在资源的基础上，但资源本身不会带来利润，除非部门经营人员采取一些正确的行动。在进行部门内部环境分析时，为能得到一个客观的分析和评价，这时外部咨询顾问公司的介入是很有益的。

3）现存的问题分析

虽然工作计划是面向未来的，但必须立足于现在，所以在进行机会估量时要立足于现在，切不可好高骛远。要对部门现存的问题进行逐一分析，充分总结过去的经验教训，并面向部门的长远发展，找到成功的机会和解决问题的思路。

4）成功的机会分析

在一定意义上来说，机会对于每个人都是平等的，但并非每个人都能抓住机会，即使是抓住了机会的人，也不一定能利用好机会。部门只有不断增强自身实力，才能有效把握稍纵即逝的市场机会。在捕捉和辨别市场机会时，SWOT分析法是一个很有用的工具。其中：S——Strength（优势）；W——Weakness（劣势）；O——Opportunity（机会）；T——Threats（威胁）。

部门的任何一项决策都会有4个"影子"相伴，主管要根据不同的区域采取不同的决策态度：（优势+机会）——这是任何部门都在追求的最佳状态；（优势+威胁）——要果断出击，将威胁转化为机会；（劣势+机会）——要珍惜机会，努力增强实力，扭转劣势；（劣势+威胁）——处在这种状态下，部门要学会韬光养晦，休养生息，回避威胁，抓住机会，努力改变现状。

在使用SWOT方法时，要注意S、W、O、T这4个因素的界定要简单明了，最好能用一个句子表达；各个因素的描述一定要真实可靠；在罗列时要注意内容上的关联性和逻辑性，要做到条理清晰。

在进行机会估量时，既不要过分乐观，也不要过分悲观；既不要以忧盖喜，也不要以喜掩忧。古人有云："祸兮福所倚，福兮祸所伏。"作为一名主管，要学会换位思考和逆向思考，要记住：在某些情况下，部门面临的问题和威胁，也可能是绝佳的商业机会；在表面繁荣的背后，也往往隐藏着衰败的征兆。

3. 计划的实施条件

（1）人员条件。负责人组织管理能力；参加人员的姓名、性别、职务、专业、对项目熟悉情况等。

（2）资金条件。需要的投入总额、对资金的最低需求额、资金的来源及其落实情况等。

（3）基础条件。计划实施具备的各种基础条件。

（4）其他相关条件

4. 计划的不确定因素

（1）实施过程中可能会存在的不确定性分析，包括天气因素、人为因素、资金因素等。

（2）对应措施分析。为应对计划中不确定因素的发生，在制订计划时需要全面考虑上述不确定因素，尽可能做好相对应的后补计划。比如在制订户外促销计划时，需要考虑天气因素，制订室内促销的 B 计划；在遇到不适合户外活动的天气时，能够临危不乱，有条不紊地完成促销计划。

任务二　制订工作计划

小王刚刚晋升为物美连锁超市生鲜蔬果科的主管，该科是卖场的重要工作部门，主要工作有 3 个方面：采购、销售、卫生。部门经理要求他制作一份有关生鲜蔬果科的工作计划。

那么，小王在做好部门工作计划的机会估量后，在制订工作计划的过程中，应如何掌握工作计划制订过程中的要点及格式？

【工作流程】

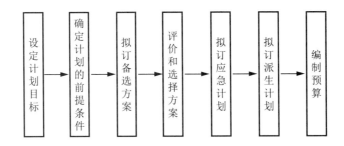

【学习要求】

掌握工作计划制订过程中的要点及格式。

【相关知识】

3.2　工作计划的内容

部门经营活动的多样性决定了工作计划内容和类型的多样性。主管通过全面掌握工作计划的内容与类型，并摸清其中的规律，可以提升部门计划工作的质量，进而提升整个部门经营的绩效。

在行动前如果能对整个行动有一个周密的计划，对要去做什么和如何去做都能了然于胸，就能以更大的信心和把握投入到行动中去，这样，行动的成功率就会大大提高。要提高部门的经济效益，就必须做好部门的计划工作，并准确定位工作计划的内容。

工作计划内容可用"5W1H"来概括：

（1）做什么？（What to do it？）。即明确所要进行的工作活动的内容及其要求。例如，部门的人才招聘计划要确定部门所要招聘的职位、需求人数及对应聘人员基本素质与技能方面的要求等，只有在开始举行招聘前对这些内容进行准确的界定，才不至于在人才的筛选工作上投入不必要的时间和精力。

（2）为什么做？（Why to do it？）。即明确工作计划的原因和目的，并论证其可行性，只有把"要我做"转变为"我要做"，才能变被动为主动，才能充分发挥员工的积极性和创造性，为实现预期目标而努力。

（3）何时做？（When to do it？）。即规定工作计划中各项任务的开始和完成时间，以便进行有效的控制和对能力及资源进行平衡。

（4）何地做？（Where to do it？）。即规定工作计划的实施地点或场所，了解工作计划实施的环境条件和限制，以便合理安排工作计划实施的空间。

（5）谁去做？（Who to do it？）。即规定由哪些部门和人员去组织实施工作计划。例如，出版公司要进行图书出版工作，从前期选题到后期发行，这项工作可粗略地划分为选题策划阶段、书稿组织阶段、稿件加工阶段、设计制作阶段、生产和服务阶段、销售和发行阶段。在工作计划中，不仅要明确规定每个阶段的责任部门和协助配合部门、责任人和协作人，还要规定由何部门和哪些人员参加鉴定和审核等。

（6）如何做？（How to do it？）。即规定工作计划的措施、流程以及相应的政策支持来对部门资源进行合理调配，对部门能力进行平衡，对各种派生计划进行综合平衡等。

实际上，一个完整的工作计划还应该包括各项控制标准及考核指标等内容，也就是说，要告诉计划执行部门和人员，做成什么样，达到什么水平才算是成功完成了工作计划。

3.3　工作计划的一般流程

虽然工作计划的类型和表现形式多种多样，但科学地编制工作计划遵循的步骤却有一定的普遍性。主管在制订工作计划时，可遵循以下步骤：机会估量（3.1节已介绍）→设定目标→确定计划的前提条件→拟订备选方案→评价与选择方案→拟订备用或应急计划→拟订派生计划→编制预算。这些步骤不仅适用于各类部门工作计划的制订，而且也适用于事业机关单位等工作计划的制订。

（1）设定目标。这一步骤就是为整个部门及其所属的下级单位确定工作的目标，要说明预期的成果是什么，指明要完成哪些工作，重点应放在哪里，用战略、政策、程序、预算和规则所形成的方案去完成什么任务。

（2）确定计划的前提条件。这一步骤是确定一些关键性的计划前提，并使有关人员同意使用和加以宣传。这些前提条件包括说明事实性质的预测资料、适用的基本政策和现行的公司计划。

（3）拟订备选方案。这一步骤就是要寻找并检查可供选择的行动计划方案，对于那些不是很容易就能看清的行动方案更要给予特别关注。通常的情况是，一个并不太显眼的方案，其结果往往证明是最好的。

（4）评价和选择方案。在找出可供选择的方案并分析了它们各自的优、缺点之后，这一步骤就是根据计划前提和目标通过考察各种因素对方案进行评价，并确定最终要付诸实施的基本工作计划。

（5）拟订备用或应急计划。事物的发展有可能超出正式计划的预期，为保证部门经营活动的万无一失，通常要针对一些不确定因素制订备用或应急计划，使部门的计划工作更加完善。

（6）拟订派生计划。为支持基本工作计划，还需要制订不同的派生计划。

（7）编制预算。把工作计划转化为预算，可以对工作计划进行有效控制，也可以作为衡量工作计划质量的一个重要标准。

总之，全面掌握工作计划的制订流程对计划制订者提高计划工作的效率和质量是十分重要的。

3.4 工作计划的格式

工作计划的格式应包括标题、正文和落款3个部分。

1）标题

计划的标题，有4种成分：计划单位的名称、计划时限、计划内容摘要、计划名称。计划标题一般有以下3种写法：

（1）4种成分完整的标题，如《××门店2015年规划要点》。其中，"××门店"是计划单位；"2015年"是计划时限；"规划"是计划内容摘要；"要点"是计划名称。

（2）省略计划时限的标题，如《××商业公司实行经营××计划》。

（3）公文式标题，如《××集团关于2015年工作的部署》。计划单位名称要用规范的称呼；计划时限要具体写明，一般时限不明显的，可以省略；计划内容要标明计划所针对的问题；计划名称要根据计划的实际，确切地使用名称。如所订计划还需要讨论定稿或经上级批准，就应该在标题的后面或下方用括号加注"草案""初稿"或"讨论稿"字样；如果是个人计划，则不必在标题中写上名字，而需在正文右下方的日期之上具名。

2）正文

除写清指导思想外，正文大体上应包含以下3个方面的事项：

（1）目标。这是计划的灵魂，计划就是为了完成一定任务而制订的。目标是计划产生的导因，也是计划奋斗方向。因此，计划应根据需要与可能，规定出在一定时间内所完成的任务和应达到的要求。任务和要求应该具体明确，有的还要定出数量、质量和时间要求。

（2）措施。要明确何时实现目标和完成任务，就必须制订出相应的措施和办法，这是实现计划的保证。措施和方法主要指达到既定目标需要采取什么手段，动员哪些力量，创造什么件，排除哪些困难等。因此，要根据客观条件，统筹安排，将"怎么做"写得明确具体，切实可行。

（3）步骤。这是指执行计划的工作程序和时间安排。每项任务，在完成过程中都有阶段性，而每个阶段又有许多环节，它们之间常常是互相交错的。因此，制订计划必须胸有全局，妥善安排，哪些先干，哪些后干，应合理安排；而在实施当中，又有轻重缓急之分，哪些是重点，哪些是一般，也应该明确；在时间安排上，要有总的时限，又要有每个阶段的时间要求。

3）落款

在正文结束的后下方，要注明制订计划的日期。如标题没有写作者名称，这里应一并注明；此外，如果计划有表格或其他附件的，或需要抄送其他部门的，也可以一并注明。

知识拓展

一、某门店一年促销计划表

月份	期次	商厦SP主活动	节日	各周特性 PR活动	节庆促销	DM档期	费用预算	营业单位 楼别活动	营业单位 商业街活动	发报时间	业绩目标/万元
一月	1	新年新气象 购物也疯狂 百货全场6折（1月1日—24日）大家电清仓出货全场6～7折	1/1 元旦	①毛绒狗大换购 ②金钱掷礼 ③幸运双色球，非常6+1（抽奖活动）	①羽绒服新年大酬宾 ②毛绒玩具大特卖 ③羊绒衫低价酬宾	新年新气象 购物也疯狂 百货全场6折（1月1日—24日）大家电清仓出货全场6～7折	礼品 15000元 宣传 9000元 制作 8000元	①女鞋特卖 ②男士棉衣特卖	①礼品礼盒特卖（1#、4#中空） ②新年贺卡展卖（2#、3#中空）	1月22日《××新报》	业绩200
一月	2	迎春乐 乐迎春 百货满200元送300元礼券。大家电满100元送50元礼券，满500元用50元礼券（仅此2天）（百货各楼层1月25—26日）	1/28 春节	春联现场演绎		迎春乐 乐迎春 百货满200元送300元礼券（仅此2天）（1月25—26日）	礼品 10000元 宣传 9000元 制作 8000元	①羽绒服季末狂甩 ②女靴特卖：特价150～200元	①甜蜜蜜 糖果、巧克力惊爆卖（商业街1层）（1月7—20日） ②毛绒玩具特惠展卖（商业街3层）（1月7—20日） ③春联——书写新春——书法大师现场展卖（精品春联）	1月24日《××新报》	冲刺400
二月	3	百货全场6折（2月1—9日）特别的礼送给特别的你 把心献给爱人（百货全场1.8折起）（2月10—23日）	2/12 元宵节 2/14 情人节	①观灯猜谜 ②舞龙舞狮 ③情侣爱情大比拼	①文胸内衣 ②情人节礼品2月11日—14日 ③巧克力特卖 ④男士用品	百货全场6折（百货各楼层）（2月1—9日）特别的礼送给特别的你 把心献给爱人 百货全场1.8折起（2月10—23日）	礼品 5000元 宣传 9000元 制作 8000元	①大家电特价 ②3F：童装玩具 ③迷中迷 礼上礼（正月十五猜灯迷可乐和元宵）（商业街1层）（2月11—12日）	①元宵特卖（1#中空） ②服装服饰（2#、4#中空） ③女士内衣 ④化妆品特卖	2月9日《××新报》	业绩300

续表

月份	期次	商厦SP主活动	节日	各周特性		DM档期	费用预算	营业单位		发报时间	业绩目标/万元
				PR活动	节庆促销			楼别活动	商业街活动		
二月	4	喜迎新春福临门季末出清百货全场1.8折起(2月24日—3月2日)(百货1～3层)				喜迎新春福临门季末出清百货全场1.8折起(2月24日—3月2日)(百货1～5层)	礼品3 000元 宣传9 000元 制作8 000元		影城捷报讯初一十五看大片(商业街3层)(2月8—23日)	2月25日《××新报》	冲刺500
三月	5	季末出清大减价 春装上市踏青末 男装女装满100元送100元礼券,各楼层超低价打折活动(百货1～3层)(3月3—16日)	3/8 妇女节	色彩搭配及彩妆讲座 3/8		无	礼品5 000元 宣传24 000元 制作8 770元	①休闲全场特价30元起 ②家居商品超低特价部分商品100均一价 ③"三·八"节会员双倍积分再续 ④内衣、文胸肉衣特惠价买赠,保暖内衣,靓装女裤60元起,惊爆100元	①爱慕献真情 有独钟"三·八"节大型促销活动(独有活动)全场正品7.5折,特价3～6折(商业街1层)(3月4—8日) ②"三·八"节有礼相送 饰品大让利	3月2日《××新报》	业绩344
	6	春色舞蝶满园梦回缤纷 冬品2～5折,3月新款8.8折(3月17—30日)(百货1～3层)	3/12 植树节 3/15 消费者权益日	①真皮的真假介绍 3/15 ②化妆品真假介绍			礼品5 000元 宣传18 000元 制作2 000元	①千款女鞋100均一价 买新款女鞋一双送精品女袜(百货5层末品区)(3月12—24日) ②彩蝶飞扬百货购物满100送精品风筝(花色风筝)(百货2层)(3月12—24日)	没消费者权益保护站(4#中空)	3月16日《××新报》	冲刺400

续表

月份	期次	商厦SP主活动	节日	各周特性 PR活动	各周特性 节庆促销	DM档期	费用预算	营业单位 楼别活动	营业单位 商业街活动	发报时间	业绩目标/万元
四月	7	春色依人 百"衣"百"顺"百货全场满98元送88元礼券 3月31日—4月13日（百货1～3层）	4/1 愚人节 4/4 清明节 4/7 世界卫生日	笑话大赛 4/1		无	礼品10 000元 宣传18 000元 制作2 000元	窈窕淑女 靓装迷情 买女装满200元送圣大保罗女式皮带一条	"花"样年华 购物百货满园送盆花（商业街1层）（3月25日—4月7日）	3月30日《××新游报》	业绩300
四月	8	桃花映春色 衣妆炫彩虹 百货128元送108元礼券 4月14日（五）—27日	4/22 世界地球日			无	礼品5 000元 宣传9 000元 制作2 000元	① 1F：防晒霜展销会 ② 3F：内衣风暴	绿色健康环保商品大展（2#、4#中空）	无	冲刺250
五月	9	"五一"黄金周 海水价—3万种商品3折起清出，百货满150元送150元礼券 4月28日（五）—5月7日（四）中间穿插百货满150元送180元礼券 5月1—2日	5/1 劳动节 5/4 青年节 5/6 母亲节	① 为了光荣的劳动者晚会 5/1 ② 老年模特表演	① 购物抽大奖（现金券）4月28日 5月6日 ② 送康乃馨 5月6日	"五一"黄金周 海水价—3万种商品3折起清出，百货满150元礼券 4月28日（五）—5月7日（四）中间穿插百货满150元送180元礼券 5月1—2日	礼品30 000元 宣传35 000元 制作5 000元 演出10 000元	① 2F、5F：休闲装、运动装、旅行装大型特卖活动，靓丽女裙惊爆价 ② 1F：防晒霜展销会 ③ 5F：泳装系列展卖	① 在商业街购物送餐券（餐厅） ② 购影票买一赠一 ③ 在百货购物满150元送攀岩 ④ 大型厂家促销活动（统一／康师傅）	4月27日和4月29日《××新报》、4月29日《××晚报》	业绩400
五月	10	夏日逍遥乐清爽乐开怀 百货全场6折起 5月12日（五）—25日（四）	5/12 护士节 5/17 电信日			无	礼品5 000元 宣传18 000元 制作2 000元		消费积分送话费（3#中空）	5月11日《××新游报》	冲刺300

续表

月份	期次	商厦SP主活动	节日	各周特性 PR活动	各周特性 节庆促销	DM档期	费用预算	营业单位 楼别活动	营业单位 商业街活动	发报时间	业绩目标/万元
六月	11	骄阳夏日——全场满150元送120元礼券,一切为了孩子——童品大联展5月26日(五)—6月8日(四)	5/31 端午节、世界无烟日 6/1 儿童节	第三届少儿书画赛 5/30～6/2 小小童星模特表演,小超人手工制作比赛 包粽子大赛 6/21	儿童书籍大联卖 父亲节礼品 6月5日—12日	一切为了孩子——童品大联展 5月20日(五)—6月2日(四)	礼品15 000元 宣传27 000元 制作6 000元	①百货购物满150元送10元童装购物券 ②3F：童装满100元送毛绒玩具	①玩具大联展(4#中空) ②婴儿用品展卖 ③儿童爱国主义教育图片展	5月25日《××新报》	业绩100
六月	12	仲夏大行动 全场8折起再满100元返50元礼券 6月8日(五)—22日(四)	6/5 环境日 6/6 爱眼日 6/10 父亲节			无	礼品10 000元 宣传18 000元 制作2 000元	①2F：休闲夏款大联展 ②爱慕、曼尼芬、欧迪芬等十大品牌领衔——文胸满100元减20元现金,内衣满60元减15元现金,羊毛衫满100元减30元现金	①热爱大自然图片展(4#中空) ②名牌冰衣联卖	6月7日《××新报》	冲刺200
七月	13	狂喜狂乐狂庆4周年——店庆购物满100元送80元礼券 7月1日(五)—23日(四)店庆狂购3天,满100元送150元礼券 7月21—23日	7/1 建党节 7/21 店庆日	周年庆晚会 7/22	纪念品 7月1日—21日	狂喜乐狂庆3周年——店庆购物满100元送80元 7月1日(五)—21日(四)店庆狂购6天,满100元送100元礼券 7月16—21日	礼品30 000元 宣传60 000元 制作15 000元 演出15 000元	①3F：内衣羊绒系列 ②4F：绅士系列 ③2F：休闲特价20元起 ④1F：化妆品买赠出新招 ⑤5F：夏被、凉席、凉枕楼跳楼价爆卖	①粽子展卖(1#中空) ②华联啤酒节(广场) ③大型厂家促销活动(统一/康师傅) ④空调、电视、空调厨楼跳楼价爆卖	6月30日《××新报》 7月8日《××晚报》 7月17日《××电视报》	业绩300
七月	14	第4届旅游购物节 百货满100元减50元现金 7月28日—8月11日				第4届旅游购物节 百货满100元减50元现金 7月28日—8月11日	礼品10 000元 宣传18 000元 制作2 000元	①家电：家电特价狂享 ②5F：床品狂享	①游戏与餐厅互动 ②影城与全馆互动 ③美食节(广场)	7月27日《××新报》	冲刺200

续表

月份	期次	商厦SP主活动	节日	各周特性 PR活动	各周特性 节庆促销	DM档期	费用预算	营业单位 楼别活动	营业单位 商业街活动	发报时间	业绩目标/万元
八月	15	第4届旅游购物节 百货满100元减50元现金 7月28日—8月10日（四）建功勋，感军情	8/1 建军节		感军情有礼 7月28日—8月10日	第4届旅游购物节 百货满100元减50元现金 7月28日—8月10日（四）建功勋，感军情	礼品 10 000元 宣传 24 000元 制作 2 000元	①5F：运动系列 ②5F：泳装系列	餐厅消费送泳票	7月28日《××新报》	业绩200
八月	16	落叶舞秋风，疯狂购物周——百货8折起再满150元送100元礼券 8月11日（五）—24日（四）	8/22 中国情人节			落叶舞秋风，疯狂购物周——百货8折起再满150元送100元礼券 8月11日（五）—24日（四）	礼品 10 000元 宣传 24 000元 制作 8 000元	①5F：文化用品特价 ②5F：运动系列	学习图书、音像用品特卖（4#中空）	8月10日《××新报》	冲刺200
八月	17	喜迎新学期——学生用品助学"优生有礼重感恩师"——8折+换购 8月25日（五）—9月7日（四）	9/10 教师节		凭教师证送精美化妆品	喜迎新学期——学生用品助学"优生有礼重感恩师"——8折+换购 8月25日（五）—9月7日（四）	礼品 10 000元 宣传 18 000元 制作 8 000元	①5F：文化用品特价 ②5F：运动系列	学习图书、音像用品特卖（4#中空）	8月24日《××新报》	业绩300
九月	18	金秋新品隆重上市百货全场6.8折起 9月8日（五）—28日（四）				金秋新品隆重上市百货全场6.8折起 9月8日（五）—28日（四）	礼品 15 000元 宣传 25 000元 制作 8 000元	①1F：化妆品礼盒 ②5F：健身器具	教师凭证就餐优惠（餐厅）	9月7日《××新报》和9月22日《××新报》	冲刺300

续表

月份	期次	各周特性				DM档期	费用预算	营业单位		发报时间	业绩目标/万元
		商夏SP主活动	节日	PR活动	节庆促销			楼别活动	商业街活动		
十月	19	双节同庆连环礼——满120元返150元礼券 9月29日(五)—10月12日(四) 10月1日—5日追加满120元送180元礼券	9/27旅游日 10/1国庆节 10/4住房日	音乐会10/6 品茶赏月月饼 国庆节广场大型文艺促演	中秋礼盒 10月1日—6日	双节同庆连环礼——满120元返150元礼券 9月29日(五)—10月12日(四) 10月1日—5日追加满120元送180元礼券	礼品20000元 宣传55000元 制作10000元 演出10000元	①4F:绅士正装系列 ②5F:运动系列 ③5F:泳装系列 ④2F:休闲系列	①中秋礼盒(1#、2#中空) ②烟酒礼盒(4#中空)	9月29日《××新报》和9月30日《××晚报》	业绩400
十月	20	节后再续礼,秋日最后的疯狂,男装/女装/鞋/家居,满200元送150元礼券 10月13日(五)—26日(四)	10/11重阳节		免费品尝月饼	节后华联再续礼,秋日最后的疯狂,男装/女装/家居/鞋/满200元送100元礼券 10月13日(五)—26日(四)	礼品10000元 宣传25000元 制作2000元	①2F:冬品展 ②5F:运动装展 ③心心向"绒"深秋羊绒、羊毛展示会全场6折起酬宾 ④运动休闲抽奖连环送	①重阳节礼盒(3#中空) ②照出动人身姿照完美丽生活照相器材展卖 ③阳光美人羊绒大衣惊爆特卖	10月12日《××新报》	冲刺500
十一月	21	冬装新品展卖会——百货全场5折 10月27日(五)—11月9日(四)	11/8记者日		凭记者证购物优惠 运动商品 书籍/学生餐	冬冬装新品展卖会——百货全场5折 10月27日(五)—11月9日(四)	礼品10000元 宣传25000元 制作2000元	①2F、3F、4F:冬装新品上柜 ②丝线恋曲羊毛全场8折再送礼(围巾或拖鞋或毛裤或内衣) ③男装新派买男装新派送精品(衬衣/领带/皮带/皮包)	①高档礼盒(2#、3#中空) ②好舒服火热在里面保暖内衣暴风特卖 ③名牌床被今冬献温情全场夏被特价40元起,冬被特价80元起	10月26日《××新报》	业绩300

续表

月份	期次	商厦SP主活动	节日	各周特性 PR活动	各周特性 节庆促销	DM档期	费用预算	营业单位 楼别活动	营业单位 商业街活动	发报时间	业绩目标/万元
十一月	22	购物有惊喜送大礼，抽扑克牌积分送大礼 11月10日（五）—11月23日（四）	11/17 世界大学生节 11/12 祭祖节		凭记者证购物优惠 运动商品 书籍/学生餐	购物有惊喜送大礼，抽扑克牌积分送大礼 11月10日（五）—11月23日（四）	礼品 20 000元 宣传 25 000元 制作 2 000元	① 1F：防冻系列化妆品 ② 2F：防寒用品 ③ 3F：羽绒服、棉服特卖 ④ 穿新冬装美腿新姿 性感冬靴5 秀美 ⑤ 丝绒恋曲羊绒、羊毛全场8折起再送礼	① 火热冬季精品棉服特卖场 特价棉服100～200元 ② 高档礼盒（2#、3#中空） ③ 好舒服火热在里面保暖内衣暴风特卖	11月9日《××晚报》	冲刺400
十二月	23	岁末大优惠 全场3折起 11月24日（五）—12月7日（四）	12/3 世界残疾人日 12/9 足球日	今冬街舞也疯狂	圣诞节礼品 12月10日—25日	岁末大优惠 全场3折起 11月24日（五）—12月7日（四）	礼品 5 000元 宣传 18 000元 制作 2 000元	① 2F：防寒用品 ② 3F：羽绒服、棉服特卖 ③ 绒心似火羊绒、羊毛全场4.8折起	① 1F：高档礼盒（2#、3#中空） ② 糖果	11月23日《××新报》	业绩400
十二月	24	双喜临门福双至——满220元返200元 12月8日（五）—28日（四）	12/20 澳门回归日 12/25 圣诞节 1/1 元旦	圣诞狂欢化妆舞会 12/24	名牌床被令冬献温情全场40元起，冬被特价80元起	双喜临门福双至——满220元返200元 12月8日（五）—28日（四）	礼品 20 000元 宣传 27 000元 制作 8 000元 演出 5 000元	① 1F：化妆品礼盒 ② 2F：休闲配饰 ③ 3F：羊绒、内衣	① 礼品礼盒特卖（1#、4#中空） ② 圣诞节礼品（2#、3#中空）	12月8日《××新报》	冲刺400

注：SP 是 Sales Promotion 的简称，即销售促进；PR 是 Public Relation 的简称，即公关活动；DM 是 Direct Mail 的简称，即快讯商品广告。

二、某超市端午节促销方案

方案名称	××超市端午节促销方案		受控状态	
			编　　号	
执行部门		监督部门	考证部门	

一、活动背景分析

经过"五·一"和"六·一"两大节日促销活动的开展，××超市各门店的日均销售额得到了极大提升。农历五月初五是中国的传统节日——端午节，也是春节之后的一个重大节日，为抓住这一节日的促销契机，××超市特别策划了本次促销活动。

二、活动时间

20××年6月××日—6月××日，为期10天。

三、活动主题

"粽"情端午，三重好礼等你拿！

四、活动目的

（1）为庆祝端午佳节，以低价让利、情感诉说、活动互动等活动来营造节日氛围，提高××超市美誉度。

（2）扩大顾客活动参与度，让顾客尽情参与到活动中来，引起情感共鸣，拉近商场与顾客之间的距离。

（3）通过各项活动，吸引人气，提升超市的来客数，拉动销售，提高超市的经营效益。

五、活动地点

××超市在××地区的所有门店。

六、促销活动内容

1．特价商品，助你"粽"情端午！

1）特价商品范围

本项活动创意以"'粽'情端午"为活动主题，符合端午吃粽子的传统思想，准备30种左右的特价节日商品，主要包括以下四大类别：

（1）各品牌的粽子。促销形式包括免费品尝、特价、买一赠一、搭配销售等。

（2）节日商品。包括红枣、葡萄干、莲子、红豆、花生米、果脯、红小豆、黄米、江米等包粽子要用的物料。

（3）节日礼品。包括生肉、腊肉、熟食、主食、水果、蔬菜等。

（4）节日饮品。包括可乐、果汁、红绿茶等。

2）特价幅度

本期特价商品数量达30种左右，降价力度达到原销售价格的30%～50%。

3）注意事项

本期特价商品的准备要"高要求、严标准"，禁止出现"特价不特"的情况。

2．端午当天，三重好礼等你拿！

1）第一重好礼

（1）活动内容。凡于端午节当天来××超市各门店购物的前100名（按结账时间的先后计）顾客，每人可获赠端午节大礼包（含粽子1个、皮蛋1个、价值55元的购物卡1张）一份，数量有限，送完即止。

（2）活动地点。××超市总服务台。

2）第二重好礼

（1）活动对象。凡于端午节当天来××超市购物的顾客，单张小票满55元，即可到××超市指定的活动中心参与本活动。

（2）活动时间。端午节全天 9:00—10:00，随到随抽。

（3）活动规则。顾客凭结账的电脑小票参与抽奖活动，在预先准备好的抽奖箱内放置了代表不同礼品的乒乓球，球上印有不同的数字，不同数字可以兑换相应金额的奖品。具体奖品设置如下表所示。

续表

抽奖奖品设置表

球的编号	价值	数量/份	费用金额/元
15 号球	价值 1 元奖品一份	200	200
25 号球	价值 2 元奖品一份	100	200
35 号球	价值 5 元奖品一份	50	250
45 号球	价值 10 元奖品一份	25	250
55 号球	价值 20 元奖品一份	15	300
合　计		390	1 200

备注：所有礼品均由各门店配备。

（4）活动流程。顾客购物满额→工作人员确认小票金额满额→顾客抓取乒乓球→按乒乓球的号数发放相应价值的礼品→工作人员盖"已兑奖"的章。

3）第三重好礼

（1）活动目的。为突出传统端午的节日特色，融洽家庭亲情关系，促进家庭和谐，××超市各大门店都于端午节晚上举行"亲子陆地龙舟赛"。

（2）活动时间。6 月 ×× 日（农历五月初五）18：00—20：00（视参赛家庭数量可将活动的开始时间提前至 17：00）。

（3）活动规则。将两人捆在一起（两人关系为亲情关系），比比哪队家庭组合最先到达终点，最先到达者即获胜。比赛共分预赛和决赛，预赛共选出 8 组家庭进行决赛，最终产生冠、亚、季军。

（4）奖项设置。冠军奖励为价值 199 元的压力锅，亚军奖励为价值 99 元的电饭锅，季军奖励为价值 55 元的购物卡。

（5）报名时间。6 月 ×× 日、×× 日、×× 日 13：00—17：00。

（6）报名地点。×× 超市总服务台。

七、活动宣传形式

1. 端午节快讯（6 000 份）

2. 店内广播

1）节日广播

主要包括以下三大部分内容：

（1）节日问候。

（2）公告特价商品信息。

（3）端午当天促销活动介绍。

2）穿插广播的内容

主要是介绍端午节及其由来。

3）背景音乐

活动期间，超市内播放传统古典的曲目，烘托浓浓的端午节的节日气氛，在消费者心目中树立良好的品牌形象。

3. 店内展示板、POP 海报

4. 门店广场的彩旗、条幅

5. 班车车身广告

续表

八、促销活动操作

1. 时间进程

促销活动的时间进程及任务进度安排如下表所示。

促销活动时间进程及任务进度安排表

时间进度	需完成的任务	负责人
T-7～T-6	特价商品的准备	采购人员
T-5	特价商品的拍照	营销部企划人员
T-4～T-3	端午节快讯、店内展示板、POP、店外彩旗、条幅、班车车身广告以及超市气氛的创意设计，店内广播稿的撰写	营销部企划人员
T-2	端午节快讯的印刷，店内展示板、POP、店外彩旗、条幅、班车车身广告的制作	营销部企划人员
T-1	端午节快讯的发放及店内广播到位	营销部企划人员
T-0	促销活动正式执行	所有相关人员

备注：表中的T表示端午节当天的公历日期。

2. 责任分工

（1）各店店长负责本次促销活动中涉及礼品、奖品的落实，店内广播稿、超市气氛创意的审批等工作。

（2）各部门部长负责特价商品的准备及促销活动的落实。

（3）营销中心负责本次促销活动各项执行工作的指导、活动宣传材料及广告的设计制作、超市节日氛围的营造等。

（4）端午节当天，开展活动较多，为了避免因人多造成混乱，现将当天总服务台、抽奖活动中心、龙舟赛的人员安排如下表所示。

端午节三重好礼活动人员安排表

地　点	总负责人	上　午	下　午	晚上5:00—10:00
总服务台	×××	×××、×××	×××、×××	×××、×××
抽奖活动中心	×××	×××、×××	×××、×××	×××、×××
龙舟赛	×××	—	—	×××、×××、×××

九、费用预算

本次促销活动所需费用的总预算为××××元，其分配情况如下表所示。

续表

促销预算明细表

项　　目	数量/规格	费用额度/元
1．端午节快讯印刷费用	6 000 份	×××
2．店内展示板、POP 制作费用		×××
3．店外彩旗、条幅制作费用		×××
4．班车车身广告制作费用		×××
5．粽子、皮蛋		×××
6．抽奖所设的礼品		×××
7．压力锅、电饭锅	各 1 个	×××
8．购物卡		×××
9．其他		×××
合　　计		××××

编制日期		审核日期		批准日期	
修改标记		修改处数		修改日期	

职场指南

（1）部门工作计划的制订需要主管具备全面考虑问题的能力，主管不仅要考虑到计划正常施行的情况，而且要考虑到计划的不确定因素，并在事前制订好应急方案。

（2）计划制订之后，如果需要其他部门或单位配合的，主管需要及时与这些部门或单位沟通，落实计划实行情况。

（3）为了增加部门制订工作计划的效率，可以制作工作计划的模板，规范工作计划的书写。

项目实训

年底到了，小李作为某高档商业区内的大型连锁超市的百货部主管，经理要求他制订一份下一年度的培训工作计划。

请根据上述情境，结合所学知识，用规范的格式制订一份年度培训工作计划。

一、实训目的

通过实训，使学生掌握制订工作计划必须的内容和格式。

二、实训任务

1．召开一次模拟讨论会。

2. 撰写一份工作计划书。

三、方法步骤

1. 复习相关知识，分组准备进行工作计划的撰写。
2. 召开一次模拟讨论会，讨论百货部可能需要的培训内容。
3. 根据一定的格式撰写年度培训工作计划。

四、实训效果考评

考评表

考评内容	部门计划考评表			
	考评要素	评价标准	分值/分	评分/分
考评标准	参与程度	小组成员是否积极参与实训	20	
	内容	是否涵盖计划所必需的内容	40	
	格式	计划书的格式是否规范	40	
合计			100	

注：评分满分100分，60～70分为及格，71～80分为中等，81～90分为良好，91分以上为优秀。

项目小结

部门经营活动的多样性决定了工作计划内容和类型的多样性。主管通过全面掌握工作计划的内容与类型，并摸清其中的规律，可以提升部门计划工作的质量，进而提升整个部门经营的绩效。部门工作计划规定的各项任务常常通过一定的指标来表示，如产量指标、质量指标、利润指标等。工作计划指标就是部门在计划期间内生产、技术、经营等各方面活动应该达到的目标和水平。工作计划指标设计的合理与否，直接影响到工作计划在部门中的执行效果。主管在制订工作计划时，可遵循以下步骤：机会估量→设定目标→确定计划的前提条件→拟订备选方案→评价与选择方案→拟订备用或应急计划→拟订派生计划→编制预算。工作计划书的格式应包括标题、正文和落款3项。

本项目从部门工作计划的内容和类型、指标、流程及格式等方面介绍部门计划制订操作实务的内容。全面掌握工作计划的相关内容对计划制订者提高计划工作的效率和质量是十分重要的。

复习自测题

一、判断题

1. SWOT中的"W"指的是机会。　　　　　　　　　　　　　　　　　　（　　）
2. 制订计划时不需要设计备选方案的设计。　　　　　　　　　　　　　（　　）

3. 制订计划需要规范化。( )
4. 在可行性分析时，主管需要考虑的就是计划成功的机会。( )
5. 计划的制订应该体现出工作的轻重缓急。( )

二、单选题
1. 微观环境分析不包括（　　）。
　　A. 竞争对手分析　　B. 供应商分析　　C. 行业环境分析
2. 计划书的格式不包括（　　）。
　　A. 标题　　B. 正文　　C. 预算
3. 在 SWOT 分析时，对于"优势＋威胁"的现状可以采取的策略是（　　）。
　　A. 要果断出击，将威胁转化为机会
　　B. 要珍惜机会，努力增强实力，扭转劣势
　　C. 要学会韬光养晦，休养生息，回避威胁，抓住机会，努力改变现状
4. 计划的内容中，可以简要描述的是（　　）。
　　A. 计划的步骤　　B. 计划的措施　　C. 计划的目标
5. 明确计划原因和目的的重要性在于（　　）。
　　A. 发挥员工积极性　　B. 界定活动内容　　C. 明确活动步骤

三、多选题
1. 可行性分析中的外部环境分析包括（　　）。
　　A. 宏观环境分析　　B. 微观环境分析　　C. 部门资源分析　　D. 机会分析
2. 工作计划的制作流程包括（　　）。
　　A. 设定计划目标　　B. 拟订备选方案　　C. 评价和选择方案　　D. 编制预算
3. 工作计划的内容包括（　　）。
　　A. 做什么　　B. 为什么做　　C. 什么时候做
　　D. 什么地方做　　E. 谁来做
4. 计划标题的成分包括（　　）。
　　A. 计划单位的名称　　B. 计划时限　　C. 计划内容摘要　　D. 计划名称
5. 计划标题的写法有（　　）。
　　A. 成分完整的标题　　B. 省略计划时限的标题
　　C. 公文式标题　　D. 省略计划内容的标题

第二部分
连锁门店主管岗位专业能力操作实务

拓展项目二

门店组织结构及主管岗位职责

某大卖场组织架构图如图 0.2 所示。

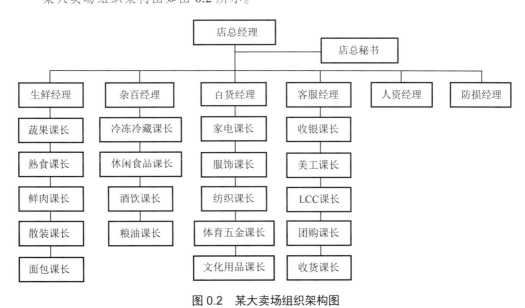

图 0.2　某大卖场组织架构图

一、连锁门店的基本组织结构

门店的组织机构随着门店的大小的不同、门店类型的不同、门店经营品种的不同而改变，没有完全不变的组织结构。但是，一般而言，门店都会有这几个部门：客服部门、收银部门、收货部门、各营运部门和防损部门等。

二、各部门主管岗位职责及工作内容

1. 门店主管岗位总体岗位职责

（1）商品管理。
（2）财务管理。
（3）资产管理。
（4）人员管理。
（5）树立主管威信。
（6）管理和发展团队。
（7）自我管理和发展。

2. 客服主管岗位职责及工作内容

1）岗位职责

（1）注重部门礼仪礼貌，提供公司良好的外部形象。
（2）维持良好的服务秩序，提供优质的顾客服务。
（3）提供信息，做好顾客与公司沟通的桥梁。

2）主要工作

（1）每日检查员工礼仪服饰。
（2）检查员工的客服工作流程，确保服务质量。
（3）做好顾客投诉和接待工作。
（4）以身作则，倡导"顾客至上"的经营理念，杜绝员工与顾客争执现象。
（5）与政府职能部门协调、联系，保证商场良好的外部环境。
（6）安排好会员的吸纳和大宗顾客的拜访。
（7）严格手推车的管理以及购物袋的售卖。
（8）指导赠品发放、顾客存包和退/换货工作标准化作业。
（9）制订员工排班表，严格控管人事成本。
（10）负责安排员工专业知识的训练及员工的业绩考核。
（11）负责安排超市快讯的发放与追踪，确保执行商场的各种促销活动。
（12）指导提货处工作按公司规范执行。

3）辅助工作

（1）负责责任区域的环境卫生，为顾客提供良好的购物环境。
（2）协助做好出/入口处的客流疏导和保安工作。
（3）协助前区促销商品的理货、补货。

3. 收银主管岗位职责及工作内容

1）岗位职责

（1）确保所有人员为顾客提供良好的顾客服务，树立本店的良好形象。

（2）合理调度人力，控制人事成本和营运成本。

（3）解决好每一单的顾客投诉事件，保持较高的顾客满意度。

（4）执行所有公司有关的收银程序，保证资金的安全收回。

（5）负责现金室的规范操作。

（6）控制现金差异。

（7）做好本部门的损耗防止工作。

（8）负责收银台的商品促销。

（9）负责所有人员的培训、评估、升迁、业绩考核等。

（10）负责本部门自用品的申购。

（11）负责收银区域的清洁卫生，配合安全员做好安全防卫工作。

（12）熟悉收银设备的基本运作，能解决简单的故障。

（13）负责与其他部门保持沟通和协调。

2）主要工作

（1）组织每日晨会，阅读工作日志，传达、执行公司政策，解决工作中的难题，表扬优秀的顾客服务人员，分析超市的经营业绩等。

（2）检查收银员的出勤、着装、微笑、消磁、损耗防止、畅收畅付等。

（3）为所有收银机设置零用金。

（4）确保非开放的收银通道无顾客通过。

（5）保障收银的快速、顺畅、准确，合理安排收银机开放，既节省人力，又没有顾客排队。

（6）协助解决收银员在收银中遇到的问题，如无条码问题、价格错误等。

（7）负责所有收银员的排班、排岗、工作餐、专业知识的训练、绩效考核等。

（8）为收银员兑换零钞。

（9）营业期间，进行大额提取。

（10）为每一位收银员做班结工作。

（11）分析先进差异，提出解决方案。

（12）负责将收银区域内的零星散货收集到散货区域。

（13）营业前检查收银机及其辅助设备是否正常运行，及时排除故障。

（14）做好大宗顾客的结账工作，为有需要的顾客提供帮助。

（15）检查收银机钥匙是否正确保管，收银发票纸带是否正确保管。

（16）协助安全员解决好收银出口处的安全门警报问题。

3）辅助工作

（1）将收银时发现的条码问题、价格问题、包装问题等反馈给楼面。

（2）每台收银机的用具是否收回。

（3）将收回的衣架、CD架、磁带架、防盗标签送回楼面部门。

（4）本部门营运办公用品的申购。

（5）审批各种假单、申购单、考勤表等。
（6）处理突发事件。
（7）维持收银区的环境整洁。
（8）协助做好防火、防盗工作。

4. 收货主管岗位职责及工作内容

1）岗位职责

（1）负责正确收货程序的执行、退货/换货程序的执行，确保每一单位收/退货正确无误。
（2）负责维持收货口正确的收货程序，与供应商保持良好的合作关系。
（3）负责调配收货员的各个岗位的收货工作。
（4）严把商品质量关，特别是生鲜品的收货，按公司的规范执行质检程序，检验地磅是否准确。
（5）负责所有叉车司机的培训管理和各种电动、手动叉车的保管使用。
（6）负责对收货周转仓库的管理，确保所有商品的码放安全，收货、退货区域的清楚划分。
（7）保持诚实作风，严格遵守公司有关接受供应商赠品的规定。
（8）负责所有本部门员工的培训、评估、升迁等工作。
（9）负责归档管理所有的收退货资料及单据。
（10）负责所有收货口门控的管理。
（11）负责本部门区域内的清洁卫生、安全消防、安全作业，避免工伤事故和商品损坏事故的发生。
（12）负责与其他部门的协调工作。
（13）协同配合安全员的检查工作。
（14）协助进行年度大盘点。

2）主要工作

（1）支持晨会，阅读工作日志，传达公司的政策和解决工作中的问题。
（2）接受供应商、楼面、财务的查单，签发收货凭证给供应商。
（3）协同安全部人员控制人员的进出，执行货物的收退程序。
（4）检查地磅是否正确无误。
（5）严格执行扫描程序收货，对无条形码的商品，必须在收货部区域内粘贴完毕才可以收货，收货部有职责指导供应商正确地粘贴条形码。
（6）严格执行质量检查程序，对商品的品质、保质期等进行检查。
（7）加强与楼面营运部门的沟通合作，保障所收的货物及时运送到楼面。
（8）检查退货办公室的情况，统计今日的报损金额。
（9）管理周转库，保证仓库货物的合理摆放和安全码放。
（10）负责收货用具的正常维护和报修保养。
（11）档案管理整齐、有序、完整，便于查档。
（12）当天必须完成核对收货报表的工作，解决遗留问题不能超过两天。
（13）负责本部门员工的培训工作，包括员工业绩考核、评估、升迁等。
（14）保障所有收货区域，包括办公区、收货区、周转仓干净整洁。

（15）负责本部门员工的安全操作和预防工伤的发生。

3）辅助工作

（1）协助做好顾客服务工作。

（2）协助做好安全防火、防盗工作。

（3）进行月度营运标准的检查。

（4）审批各种假单、申购单、考勤表等。

（5）处理突发事件。

（6）月度优秀员工的评选。

5．营运主管岗位职责及工作内容

1）岗位职责

（1）对经理负责，对所属区域的所有人员／设备／部门库存进行管理。

（2）全面负责本柜组的销售计划和计划执行情况，全面负责本柜组的人事调动和工作安排，直接向主管负责。

2）主要工作

（1）协调本区域与各职能部门间的关系。

（2）组识指导本区域完成公司下达的各项经营指标和任务。

（3）执行公司下达的促销计划，检查特价商品椎垛，牌面的到期时间，检查促销海报的到位情况。

（4）及时解决当班期间部门出现的问题、属权限范围内的应及时答复、报损等基本工作。

（5）督促检查本区域的盘点工作进度。

（6）组织实施本区域的盘点工作。

（7）切实保证公司的各项规章制度及经营计划在本区域内得到贯彻落实。

（8）审阅本区域各类报告，单据、文稿、主持区域例会、领班例会。

（9）对员工进行管理和培训，并指导领班的日常工作。

（10）经常性地对柜组人员进行商品知识、三防知识、安全知识的现场指导和培训。

（11）对本部门发生的重大违纪，违规事故负领导责任。及时向经理反馈分管区域的运行情况。

（12）完成经理交办的其他事宜。

3）辅助工作

（1）协助店长工作，努力完成门店的销售指标。

（2）协助店长进行门店各项促销计划的组织、落实工作。

（3）合理安排员工的班次，合理控制部组自用品及耗材的使用，配合店长进行费用成本的控制。

（4）负责与其他部门的沟通，及时解决问题。

（5）计划和组织所辖区域新进员工、在（转）岗员工的培训工作。

6．防损主管岗位职责及工作内容

1）岗位职责

（1）负责超市商品、人员、财物的安全，维持正常的营业秩序，最大限度地减少和预防商场的损失。

（2）负责超市的消防、安全，落实国家的有关消防安全法规，实施公司制订的消防管理规定，随时保持超市消防、安全设备（喷淋、烟感、通风阀、自动监控）的运转良好，负责员工、促销人员的安全培训，定期进行消防知识考核和消防演习。

（3）负责整个超市的消防基层组织的建立，负责与驻场厂商、营运部门签订消防安全合同，负责义务消防小组的建立、管理和培训。

（4）负责紧急方案的制订、实施，处理紧急突发事件。

（5）负责超市的防盗工作，接受员工举报，实施内部员工诚实行为的调查，对于盗窃的顾客、员工依公门店规范予以处置。

（6）负责超市各个进出口的控管，检查营运各个环节，减少各种损耗的产生。

（7）负责超市收货区域、收银区域、广场等处的正常秩序。

（8）指导部门档案资料整理、保存。

（9）协助进行门店的年度盘点。

（10）负责本部门员工的培训、业绩考核、评估、升迁等事宜。

（11）协助与政府消防部门、治安部门之间的关系，取得他们的支持帮助，确保超市正常的营业秩序与办公秩序。

2）主要工作

（1）组织部门每周会议，传达、落实公司的政策，总结工作业绩，解决工作中遇到的难题。

（2）每日进行巡店，重点检查现金室、电脑中心、财务室、提货处有无异常，进行消防、安全隐患的检查和整改后结果的反馈等。

（3）检查超市的商品陈列是否存在不安全因素，食品加工部门存在的安全、卫生隐患因素。

（4）负责处理、调查超市有关内部人员、促销人员的诚实事件、处理较大的顾客偷窃案件。

（5）制订损耗防止计划，通过阅读超市的各种系统报告，重点跟进较大的库存更正、损耗更正等，堵塞管理漏洞，降低损耗。

（6）督导安全教育、安全宣传、安全培训、安全活动的进行。

（7）指挥季度的消防演习活动。

（8）确保整个商场的消防、监控、防盗设施的正常运转。

3）辅助工作

（1）做好与其他营运部门的配合、协调工作。

（2）处理好政府部门的公共关系。

（3）进行月度营运标准的检查。

（4）审批各种假单、申购单、考勤表等。

（5）处理突发事件。

（6）月度优秀员工的评选。

（7）安排本部门管理层的排班、排岗。

项目四

客服主管操作实务

 **项目简介**

客服工作是一项与人打交道的工作，不同的顾客对服务有着不同的理解和看法。服务的宗旨是令顾客满意，而令顾客满意的最终目的是为了能够培养忠诚顾客，扩大门店销售，增加门店利润。因此，作为一名客服主管，所要做的不仅仅是帮顾客解决问题，更重要的是能够为客服人员制订操作规范，引领客服人员与顾客保持良好关系，并找出提高门店来客数的应对方法。

本项目将从连锁门店前台管理、来客数管理和顾客管理3个方面介绍连锁门店客服主管岗位操作实务的内容。通过学习，要求学生掌握门店前台工作的各项服务流程、门店顾客管理的流程和途径，以及门店提高来客数的方法。

项目内容

学习目标

1. 掌握门店前台管理的各项服务流程。
2. 掌握门店提高来客数的途径。
3. 熟悉门店发放 DM 海报的流程。
4. 掌握门店顾客管理的流程和途径。

任务一　门店前台管理

有位四十多岁的中年妇女到物美超市前台要求退一个水壶，原因是水壶不过电，无法使用，但水壶看上去已经使用半年左右了，不属于退货范围。总台员工向客服主管报告了情况，主管立刻把百货员工叫到总台看能不能退货，后发现是壶内炉丝烧断所致，于是请顾客将水壶放下维修，明天来取。顾客对物美超市的顾客服务非常满意。

那么，主管在前台管理中的工作职责是什么呢？前台管理的工作流程又是怎样的呢？

【工作流程】

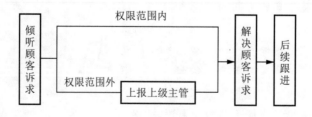

【学习要求】

培养提高前台工作效率的能力。

【相关知识】

前台又叫总台、服务中心，在超市、酒店、餐饮等各类连锁门店中都有设置，提供包括会员卡办理、兑换硬币、提供封箱带等物、提供大件物品寄存、开具发票、退换货、提供咨询服务、提供医药箱、赠品领用、免费班车时刻表发放、大件商品免费托运、失物招领、广播寻人和客诉处理在内的服务。

4.1 前台服务工作职责

（1）组织安排与监察服务中心员工工作，处理协调服务中心、退（换）货中心运作情况。
（2）协调处理顾客投诉，暂时无法处理的上报上级主管。
（3）管理门店入口、同人出入。
（4）监察门店卫生。
（5）管理手推车、购物篮。
（6）监察门店环境（如总机背景音乐、广播等）。
（7）来客数和客单价分析与管理。

4.2 顾客咨询服务流程

顾客咨询服务是指前台员工运用对产品的专业知识、技术资料和使用经验等，来解决顾客提出的各种问题的一项服务工作。

顾客咨询服务的基本要求主要包括以下几个方面：

（1）负责顾客咨询服务的员工，要具备较高的产品知识，能够充分胜任顾客咨询服务的工作。
（2）顾客咨询服务人员在解答顾客提出各种问题时，一定要满腔热情，耐心细致，正确无误，以消除顾客疑虑为准则。
（3）需要建立完善的各项顾客服务的规章制度。

顾客咨询服务的具体工作流程如图 4.1 所示。

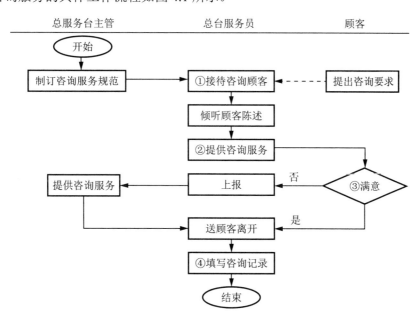

图 4.1 顾客咨询服务流程

4.3 赠品发放工作流程

赠品是经营者或供应商为了促进商品销售，当顾客购买某项商品达到一定数量或金额时，而给予顾客赠送性质的商品。赠品必须是质量合格的商品。服务台在活动开始前接受赠品，在发放赠品时要详细填写赠品进出店登记明细表，并根据厂家活动要求赠送。

赠品发放工作流程如图 4.2 所示。

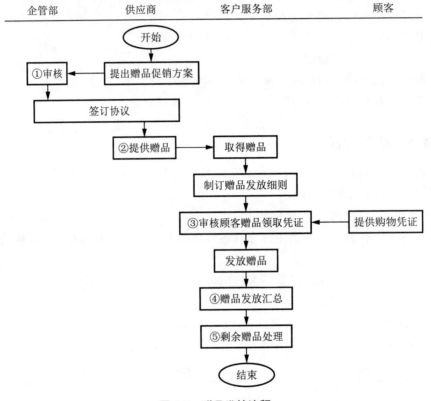

图 4.2 赠品发放流程

4.4 顾客退货工作流程

顾客要求退、换货是门店经常会遇到的事情，也是很正常的事情。如果此类问题解决不及时，会影响门店信誉，门店应该按照退货工作流程办理。顾客退货的工作流程如图 4.3 所示。

门店需要制订退、换货原则，以供前台人员参考。在制订退、换货原则时，主管应该注意以下问题：

（1）退、换货原则必须符合相关法律、法规的规定，如《中华人民共和国消费者权益保护法》规定的 7 天无理由退货及其例外、举证责任倒置等。

（2）在制订退、换货原则时，可以按照商品的类型进行划分，如普通商品退换货原则、特殊商品退换货原则等。

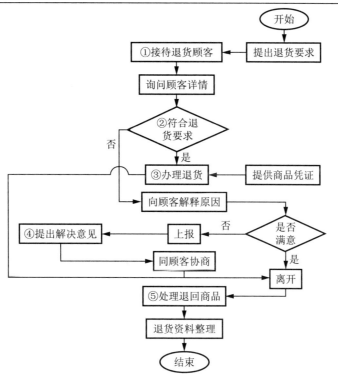

图 4.3 顾客退货工作流程

例如,国内某大型超市按照普通商品、特殊商品和不可退换商品制订了以下退换货原则:

一、普通商品

顾客在购买普通商品后,可凭小票或发票在 60 天以内在服务台免费办理退换货。

二、特殊商品

1. 数码产品、手机、电脑类

(1) 如有质量问题,可凭小票或发票自购买之日起 7 天内退货,15 天内换货。

(2) 如果国家、当地或厂商对此类商品有相关"三包"规定的,则按照相关规定办理。

2. 家用电器类

(1) 如有质量问题,可凭小票或发票自购买之日起 7 天内退货,15 天内换货,保修一年,保修由厂商售后服务负责。如果国家、当地或厂商对此类商品有相关"三包"规定的,则按照相关规定办理。

(2) 在保修期内因同一质量问题维修两次后,仍不能正常使用的,按照国家和当地规定应当免费退、换货的,则按有关规定执行。如果国家或当地对此类商品没有相关的退、换货规定的,自购买之日起 30 天内,也免费为顾客退货或更换相同型号、相同规格或相同价值的商品。

(3) 在保修期内到指定维修点维修一次后,维修点盖章确认,修不好或在保修期内被指定维修点盖章确认无法维修的（一次都没修），由授权人员审核决定是否给予退、换货，相关审核资料必须存档并传送复印件到采购部跟进。

3. 钟表类

（1）若出现功能性故障，可凭小票或发票自购买之日起7天内退货，15天内换货。

（2）在保修期内维修两次后仍不能正常使用的，可免费退货或调换。

4. 鞋类

按照商品包装上鞋类质量"三包"规定办理，如无相关规定，可在30天内办理退换货。

三、不可退换商品

（1）烟、酒、药品类。

（2）音像制品、图书、软件类。

（3）电池、胶卷、油漆、电动工具类。

（4）内衣类。

以上商品在售出后如无质量问题不予以退换货，但授权员工可以根据实际情况（如商品未出店且包装完好）作出处理以使顾客满意。如办理退换货，商品需包装完好、标签齐全且有小票或发票。

其他已明确告知顾客的出清处理商品、已修改服饰类商品不予以退换货。

注："三包"是零售商业企业对所售商品实行"包修、包换、包退"的简称。

（3）规范退、换货权限。所有类型的顾客投诉都必须由客服部门负责接待和处理，客服部门需要事前制订退、换货权限，并有权在自己的权限范围内，对顾客投诉给出最终的处理结果。

例如，某超市对退、换货权限的设定见表4-1。

表4-1 某超市退、换货权限设定

授权金额	授权人
50元以下（含50元）	需接待课两名员工同时确认
50～100元（含100元）	接待课长或客服值班
100～500元（含500元）	客服经理或店值班
500～2 000元（含2000元）	店长
2 000元以上	必须要听取总部品类的意见，根据总部的操作指引进行后续的操作

4.5 开具发票工作流程

发票是指在购销商品、提供或者接受服务以及从事其他经营活动中，开具、收取的收付款凭证。它是消费者的购物凭证，是纳税人经济活动的重要商事凭证，也是财政、税收、审计等部门进行财务税收检查的重要依据。前台负责门店开具发票的职责，需要严格按照《中华人民共和国发票管理办法》办理发票开具事宜。

（1）开具发票时，项目填写齐全、字迹清楚、书写规范，不得缺联填写，加盖发票专用章。

（2）不得开漏底发票（发票的发票联和存根联金额不一样）、购物单位栏不得简化或空白，品名、数量、大小写金额如实，不准开具品名金额与购物不相符的发票。

（3）开错的发票不得撕毁，应在全部联次上注明"作废"字样，并保留在原本发票上。

（4）团体购物需退货时，应持原发票、如因已报账不能提供原发票的，应有购货部门证明和发票复印件才能开具红字发票，证明信及发票复印件附在发票存根联后。

（5）购货人要求开具发票时，收回购物小票在发票存根联后。

（6）开发票的内容要与购物小票的商品一致，不得开具超市没有出售的商品。

开具发票的工作流程如图 4.4 所示。

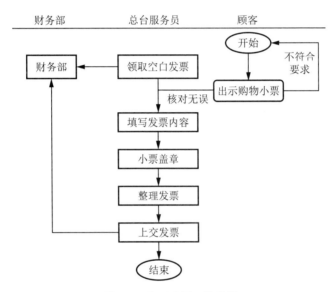

图 4.4　开具发票工作流程

4.6　顾客投诉处理流程

1. 顾客投诉的原因

顾客对产品质量、销售服务、维修品质、服务质量或价格产生不满或抱怨，要求门店处理或提出相应补偿要求的，称为顾客投诉。

产生顾客投诉的原因主要有以下 3 点：

（1）产品原因。包括产品质量不合格、安全与环境问题严重、价格不合理、标示不符等。

（2）服务原因。包括工作人员态度不佳、收银作业不当、服务项目不足、现有服务项目不当、服务设施落后、推卸责任等。

（3）其他原因。如零售商自身的管理因素、消费者自身的使用因素、广告误导致使顾客投诉或其他情况导致的原因。

2. 客服主管在顾客投诉中的职责

主管在顾客投诉中的职责不应该是正面解决投诉,而是应该制订制度、组织协调、人员培训和支持工作。

(1)制度制订主要是指客服部门主管编制客户投诉管理制度、客户投诉处理流程,以及设计客服人员执行细化标准(表4-2)等。

表4-2 客服人员接听电话投诉设计执行细化标准(部分)

序 号	检查项目	检查标准	确认达标	备 注
1	接听礼仪	应在电话铃响3声内立即接起电话	□是 □否	
		接听电话时应面带微笑,态度热情	□是 □否	
		使用规范的接待用语	□是 □否	
		结束时应向客户说明具体的处理时间	□是 □否	
		每位接听时长不超过10min	□是 □否	
2	接听记录	……		
3	……	……		

(2)组织协调主要是指客服部门主管组织相关人员对客户投诉进行统计分析[可以编制并利用《顾客投诉记录表》(又称《客诉单》)和《投诉管理周报表》],并协调客户投诉处理相关事宜。

(3)人员培训主要是指客服部门主管对客户投诉处理人员进行技能辅导,帮助其提高客户投诉处理质量。

(4)支持工作主要是指客服部门主管对于突发大事件或员工难以处理的事件提供有力的协助。

3. 顾客投诉的处理流程

当门店出现顾客投诉时,可按照图4.5所示的顾客投诉处理流程办理。

(1)客服部门员工接待顾客投诉,第一时间给予快速处理。若超出自己权限范围内,应逐级上报。

(2)顾客投诉处理完成后,门店填写《客诉单》。《客诉单》上需有店长签字,按照现行流程申请报销该笔顾客投诉产生的费用。店长因特殊情况无法签字的,可在客诉单上注明原因,由值班店长或其他代理人代签。以下涉及店长签名的要求与此相同,不再作说明。

(3)门店处理完顾客投诉后,对于门店认为涉及需要由供应商承担顾客投诉费用的,需将客诉内容描述清楚,并在规定时间内将店长签名的《客诉单》抄送给总部相关部门(如设有品类管理部门,可抄送给此部门)。总部在初步的判断后,如判断认为不应该由供应商承担,则直接回复门店,该笔费用则由门店自行承担;如判断认为可以由供应商承担,则按照现行的操作跟进后续的工作,并反馈给采购部门,由采购联系供应商,要求供应商支付该笔费用。

(4)如供应商同意支付,则按照正常流程,由采购或财务负责将该费用补给门店,而采购按照合同约定，跟进后续对供应商的处理。

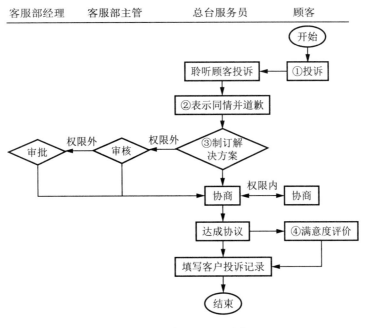

图 4.5　顾客投诉处理流程

（5）如供应商不同意支付或同意支付部分费用，则同意支付的部分按照第（4）条的形式补给门店，其余费用由门店承担，而采购按照合同约定，跟进后续对供应商的处理。

（6）供应商费用的补偿有可能跨月或跨多个月份，门店金融室或财务部门需做好台账登记，总部每月会统计一次当月到账的供应商赔付费用明细发给门店，门店做好统计和登记。

（7）对于超过一定时间，供应商费用仍旧未补给门店的，门店需主动联系总部跟进解决。

4. 在处理顾客投诉时注意事项

（1）门店内，可以接触顾客，解决客诉的人员有客服员工、客服主管、收银主管、客服值班等。除以上人员外，其他人员没有权利解决客诉，营运部门的课长、员工不能解决客诉，但是可以为客服员工提供专业的商品知识，方便客服员工解决客诉。

（2）当在处理顾客投诉的过程中，如果顾客的要求超出了客服部门的权限，客服部员工应先与顾客进行耐心的沟通；如仍旧无法解决，则客服部员工应立即上报到客服值班，客服值班如仍旧无法解决，要立即上报到店值班，寻求帮助和解决。店内相应干部在接到客服部寻求帮助的电话时，必须在第一时间赶到现场处理，避免顾客等候时间过长，产生二次投诉。

（3）对于特殊顾客，如职业客，或要求赔付较高的顾客在处理客诉过程中，可根据需要致电专业部门（如品类部），听取其专业意见作为参考。如客服部和值班店长无法解决该顾客投诉，最终是否赔付及赔付金额可由店长决定，并从客诉备用金中支付。

（4）原则上，所有的顾客投诉到值班店长这里要终结，如值班店长最终也无法处理，或超过了值班店长的处理权限，则由值班店长亲自向店长请示，听取店长意见。一般情况下，不允许客服员工直接向店长请示。

任务二　门店来客数及客单价管理

物美超市有一个成功秘诀，那就是"提升来客数，造就傲人业绩"。物美总部对某地区首家门店店长的考核指标并非销售业绩，而是顾客服务，而顾客服务量化之后的体现，就是来客数。为实现考核指标，该店长通过商品陈列、动线设计、营销手段等提高来客数和客单价，并成功创造了高额销售业绩。

为什么来客数和客单价那么重要呢？客服主管在提高来客数和客单价方面能做哪些工作呢？

【工作流程】

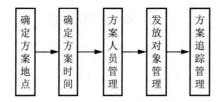

【学习要求】

培养提高门店提高来客数和提升客单价的能力。

【相关知识】

但凡伟大的零售商，没有不把顾客需求放在第一位的：沃尔玛规定了员工面对消费者3m远就要面带笑容，从而有了著名的"沃尔玛微笑"；日本伊藤洋华堂考核门店的第一指标不是销售额和利润，而是来客数……由此可见，零售业的本质就是要以顾客为核心。门店顾客服务质量如何，有没有把顾客的需求和习惯放在首要位置，这些都体现在门店的来客数和客单价，进而体现在门店的利润上。客服主管肩负着分析管理门店来客数和客单价的重任。

4.7　门店提高利润的途径

门店提高利润的途径包括增加人流量、提升客单数和提高客单价等，具体如图4.6所示。其中，增加人流量指的就是要提高门店的来客数，提升客单数指的是提高交易客数，即真正实现交易的客数。例如，来客数是100人，其中50人买了东西，那么来客数就是100人，交易客数就是50人，可见提高来客数最重要的是要提高交易客数。交易客数和来客数之比称为交易达成率，是门店重要的销售管理参考指标；客单价指的是每一个顾客平均购买商品的金额。

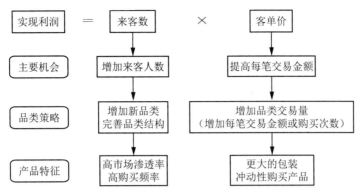

图 4.6 门店增加利润的思路

4.8 商圈分析

商圈是指消费者决定购买商品时，优先选择到该超市购物的消费者所分布的地区范围，即门店吸引消费者的地理区域。它是由消费者的购买行为和超市门店的经营能力所决定的。

1. 商圈的分类

按照地理区域中顾客百分比分类，可以将商圈划分为核心商圈、次要商圈、边际商圈。核心商圈顾客占超市顾客总数的 55%～70%，每个顾客平均购货额也最高，并且很少与其他商圈产生重叠；次要商圈顾客较为分散，占超市顾客总数的 15%～25%；边际商圈是最外围的区域，顾客住的最为分散，只占超市顾客总数的 5% 左右。

按照同心圆半径长短划分，可以将商圈划分为为中小商圈、大商圈、超大商圈。中小商圈以 500～1 500m 为半径的地理区域，顾客徒步或自行车可达到，以购买便利商品、生活必需品为主；大商圈是以 5 000m 为半径的地理区域，顾客以坐车为主，以购物为目的，以选购日常用品为主；超大商圈半径范围大于 5 000m，是以高速、地铁、公交系统形成的广大商圈。

2. 商圈调查的内容和流程

（1）调查内容。包括商圈内人口数、年龄层次以及职业结构、流动人口的调查，以及消费者生活习惯调查、基础设施调查、竞争门店调查、未来发展性调查等。

（2）调查流程。首先，收集并获取宏观上的各种资料，考虑人口规模、地域的将来性和商业报的对等来选定区域；其次，对特定或圈定区域进行调差，包括门店环境、商业环境、市场特点、竞争店等方面；再次，从上述调查中选择地区对具体门店进行详细调查，对优劣、适合性作出评价；最后，对用地的基础性条件进行确认。

（3）商圈调查结果分析。包括城市经济发展情况分析、潜在顾客规模及特性分析、政策法规分析、劳动力保障分析、供货来源分析、门店区位的可获得性分析、竞争状况分析等。

4.9 门店来客数管理

提升门店来客数有几个途径，包括 DM 海报宣传、购物班车设计与管理、舒适的购物环境、广告媒体支持、有效会员管理和消费者访谈。其中，本节中将着重介绍前4种途径，有效会员管理和消费者访谈将在任务三中介绍。

1. DM 海报宣传

DM 就是指快讯商品广告，它的作用是有效地吸引消费者入店消费，以及打击竞争者。

1）DM 海报发放地点的选择

DM 发放有4种可供选择的地点，即人潮汇集点、社区居民区、内部附送和竞争对手附近，不同的发放地点有不同的发放目的。例如，在人潮汇集点发放 DM 海报的目的是为了提升冲动型消费客群；在社区居民区发放 DM 海报的目的是为了提高社区客群；内部附送 DM 海报的目的是为了提高现有顾客的消费频率；在竞争对手附近发放 DM 海报的目的是为了分类竞争对手客群。下面重点介绍人潮汇集点和社区居民区的 DM 海报发放的管理要点。

（1）人潮汇集点 DM 发放（图4.7）。

图 4.7 适合在人潮汇集点发放的 DM 海报

① 地点管理。进行商圈分析，选择门店所在的 100～300m 的核心商圈为初步地点（依据各店具体商圈状况而定），并在商圈图上标注出人潮较大的地点；选定地点后，分别在各点进行 DM 发放回收率的测定，并进行回收数量和回收率的计算；依据各区的回收率进行分析评估，选择回收率较为理想合理的地点作为 DM 发放点。

② 时间管理。人潮汇集点的 DM 发放主要集中在平日的高峰时段，以及假日的人潮较大的时段进行发放，以提高 DM 的回收率。依据时段营业额的预估，将每个时段的营业额占比计算出来。例如，

OPEN—11:00　　　　10%

11:00—14:00　　　　30%

14:00—17:00　　　　15%

17:00—19:00　　　　30%

19:00—CLOSE　　　　15%

依据时段营业额的占比,进行 DM 的分时段管理。例如,本日的 DM 发放数量为 5 000 张,则依据时段营业额的占比分配,原则上两个用餐时段(11:00—14:00 和 17:00—19:00)所发放的 DM 不应低于 3 000 张(60%)。

③ 人员管理。DM 发放人员要求身着标准制服,既醒目,又起到宣传的作用;可编制 DM 发放人员仪容仪表的规范;为 DM 发放人员制订简明、清晰、易懂的标准用语。

④ 对象管理。为提高 DM 的回收率,可在发放前需设定一些年龄层、消费层的条件,通过目标人群管理和人潮流动方向管理,以达到 DM 的功效,将信息传达到集中、特定的客群中。

- 目标消费者的管理。通过年龄、外貌、衣着等分析门店的目标消费者。
- 人潮流向的管理。人潮流动的方向应作重点管理,一般 DM 发放给直接流向门店方向的客流为佳。

(2) 社区居民区 DM 发放。

① 地点管理。绘制一张餐厅的商圈(200～500m,依据各店具体商圈状定),在商圈图上将各居民区进行区;选择发放或全部发放;选择发放叮进行回收率测定和评估。

② 时间管理。要确定各区发放及发放次数,一般而言,要求在活动开始前 3 天至活动后 5 天内发放完毕,如还需要第二次发放的,应安排在活动中期附近完成。

③ 人员管理。参照人潮汇集点 DM 发放的人员管理要求。

④ 对象管理。按回收率高低排序的方法,优先进行 DM 的分区发放。

2) DM 发放数量的确定

(1) 店内随餐附送型 DM。

$$数量 = \frac{活动期间预估的TC数}{平均每月的到店频率} \times \frac{发放的天数}{活动期间的总天数} + 安全存量$$

式中:TC——客单数(交易笔数)。

(2) 人潮汇集点发放的优惠券。

$$数量 = 每天在各点放的数量 \times 发放的天数$$

依平日、假日及高峰和非高峰的不同时段进行统计。

(3) 社区(居民区)发放的优惠券。

$$数量 = 要进行DM发放的每个分区的居民数之和 \times 活动期间发放的次数$$

3) DM 发放的激励

DM 发放激励方案的执行时间可以是每月、每周,也可以是某个节假日过后;可以通过设置奖项的方式达到激励目的。常见的激励奖项有以下几种:

(1) 执行最佳奖。奖励给在 DM 发放工作中,执行发放相关规范最佳的人员,通常由管理组及 DM 发放小组成员投票选出。

(2) 工作贡献奖。通常由回收率或是订餐金额来决定。

(3) 团体鼓励奖。奖励给 DM 发放执行小组员,通常在整体的 DM 发放执行工作中完成预期的目标时,才进行颁发。

4）DM 发放执行追踪表

DM 海报发放方案制订之后，到底落实情况如何呢？客服主管可以利用表格工具，实现落实目的，示例具体见表 4-3 和表 4-4。

表 4-3　××餐厅 DM 发放计划现场追踪表

日期：

时　段	追踪项目					需改进项目	DM 执行人	值班经理
	地　点	数　量	口　语	仪　容	其　他			
08:00—09:00								
09:00—10:00								
10:00—11:00								
11:00—12:00								
12:00—13:00								
13:00—14:00								
14:00—15:00								
15:00—16:00								
16:00—17:00								
17:00—18:00								
18:00—19:00								
19:00—20:00								
20:00—21:00								
21:00—22:00								

表 4-4 ××门店 DM 发放计划追踪表

月份：

日 期	发放计划		实际发放			需改进项目	企划经理
	地 点	数 量	地 点	数 量	执行人		
1							
2							
3							
4							
5							
6							
7							
8							
9							
10							
11							
12							
13							
14							
15							
16							
17							
18							
19							
20							
21							
22							
23							
24							
25							
26							
27							
28							
29							
30							
31							

2. 购物班车设计与管理

1）购物班车的作用

（1）方便顾客的购买行为。

（2）能有效扩大卖场的商圈。

（3）能有效开辟新的商圈。

（4）可以有效的对竞争店的客源进行抢夺。

（5）可以流动宣传广告。

2）购物班车路线的选择

（1）路线必须经过一定范围内（这个范围必须大于3km）的所有大型居民点。

（2）路线不能重复。

（3）班车往返一次路线所需时间和行程最短。

3）购物班车管理与路线设计注意事项

（1）超市免费班车不能免责。根据消费者权益保护的相关法律、法规，经营者提供的商品、服务、设施、场所等应当符合要求，能够保障消费者的人身、财产安全。如果有可能危及消费者的人身、财产安全，经营者需要作出说明和警示，尽量防止意外情况的发生。

（2）怎样对待"蹭车一族"。超市虽明文规定凭购物小票搭乘，但实际实施起来很困难，通常对待"蹭车一族"，工作人员会给出暗示或提醒，对于不配合者，只能将其作为隐形消费人群看待。

（3）免费班车营运成本、管理成本与乘客数的制衡关系。

3. 舒适的购物环境

营造舒适的购物环境也是提高来客数的有效手段，主要包括整齐的商品陈列、清洁的环境卫生、明亮的卖场灯光、精致的卖场布局和美观的卖场装饰。就卖场布局而言，一般有以下一些要求。

1）设计理想的卖场出入口

好的出入口设计原则就是合理推动顾客从入口到出口，让顾客可以有序地浏览全场，不留死角。

（1）卖场入口设计要点。

① 门店入口应该要宽。

② 在入口处可以配置提篮、推车。

③ 应标注营业时间。

④ 做到人流、物流分离。

⑤ 设置人性化设施，比如残疾人通道等。

（2）卖场出口设计要点。

① 门店出口要窄。

② 出口与入口需分离。

③ 出口配备收银机。

④ 出口配备低单价的小商品。

2）科学设计卖场通道

科学的通道设计的目的是为了让顾客在店内停留得更久。卖场通道设计要点如下：

（1）足够的宽度。

（2）笔直通畅。

（3）地面平坦。

（4）少拐角。

（5）灯光明亮。

（6）无障碍物。

4. 广告媒体支持

门店可以选择合适的媒体进行宣传，可供选择的媒体主要有灯箱广告、报纸杂志、电视广告、公汽广告、定期的 DM 海报等。

门店在选择媒体时应该要实现评估宣传的投入产出比，选择最经济有效的宣传方式。

4.10 门店客单价管理

1. 购物篮分析

购物篮指的是超级市场内供顾客购物时使用的装商品的篮子，当顾客付款时这些购物篮内的商品被营业人员通过收款机一一登记结算并记录。所谓的购物篮分析，就是通过这些购物篮子（一张购物小票）所显示的信息来研究顾客的购买行为，其主要目的在于找出什么样的东西应该放在一起。门店借由顾客的购买行为来了解是什么样的顾客以及这些顾客为什么买这些产品，找出相关的联想规则，可通过这些规则的挖掘获得利益与建立竞争优势。购物篮的表现形式就是"客单价"，购物篮分析是门店设计提高客单价方案的基础。

通过购物篮分析，门店可以了解到：什么人买、为什么买、怎么样买、有何关联。

例如，啤酒和尿布同时出现在购物篮中的概率大于35%，这是沃尔玛进行购物篮分析的经典案例。同样，客服主管在分析客单价时，可以通过《商品关联关系表》（表4-5）寻找商品购买的关联性，并根据概率的大小判断两种商品之间关联性的强弱。

表4-5 某门店商品关联关系表

商品名称	鸡蛋	豆干上汤鸡汁	中号袋	特价商品	精粉馒头	400g 盐
鸡蛋	无	40%	28%	25.6%	35.6%	42.9%
豆干上汤鸡汁	40%	无	9.3%	9.0%	8.9%	14.3%
中号袋	28%	9.3%	无	9.0%	20%	8.6%
特价商品	25.6%	9.0%	9.0%	无	31.1%	17.7%
精粉馒头	35.6%	8.9%	20%	31.1%	无	2.9%
400g 盐	42.9%	14.3%	8.6%	17.1%	2.9%	无

在表 4-5 中可以发现，"豆干上汤鸡汁—鸡蛋"（购买豆干上汤鸡汁的人同时也购买了鸡蛋）的关联性很强，概率为 40%；而"精粉馒头—400g 盐"之间的关联性较弱，仅为 2.9%。

2. 提高客单价的途径

1) 调整品类结构

可以从以下途径调整品类结构：

（1）保证完善的商品框架，保证品种齐全。

（2）科学合理的价格带调整。

（3）引进适宜的高端品牌和高单价商品。

（4）增加大包装和整件商品的促销和售卖机会。

（5）门店经营重点围绕一线品牌。

（6）加强生鲜的集客功能。

其中，加强生鲜的集客功能是超市业态的连锁企业品类结构调整的趋势，因为生鲜商品的良好经营对与卖场人气的拉动具有不可替代的作用，生鲜速冻冷藏、新鲜食品和功能性商品可以有效提高顾客的进店频率。

2) 延长购物时间

延长购物时间也是提高客单价的途径之一，消费者在门店逗留期间会引起更多的冲动性消费。因此，在门店卖场动线设计和商品配置陈列时，需要充分考虑顾客的消费习惯和需求。顾客流动线模式图如图 4.8 所示。

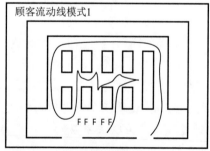

先绕生鲜食品主要通路一圈，再进入中央陈列架

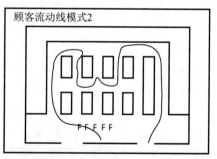

先绕生鲜食品主要通路，中途进入陈列架选购，再回到主要通路，最后到收银台

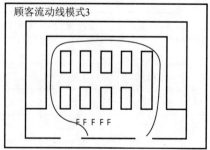

只围绕生鲜食品主要通路一圈，然后直接往收银台

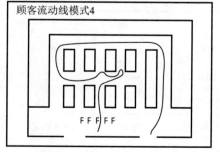

沿与蔬菜水果相反方向的主要通路，中途进入中央陈列架进行选购

图 4.8　顾客流动线模式（一）

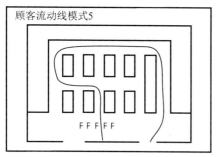

没有全部绕完生鲜食品一圈,而是从与蔬菜水果相反方向的主要通路走向收银台

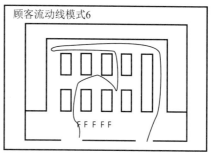

沿生鲜食品主要通路,再原路返回而入中央陈列架选购

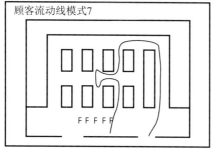

在生鲜食品选购通道中途进入中央陈列架选购

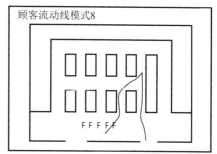

其他(匆忙选购所要买的产品,然后往收银台)

图 4.8　顾客流动线模式(二)

(1)流动线设计。从顾客流动线模式图中可以看出,模式1顾客购物时间最长,其次是模式2,顾客购物时间最短的是模式8。

(2)商品配置。超市卖场中最能吸引顾客注意力的地方称为磁石点。磁石点是顾客的注意点,在卖场中最能吸引顾客注意力的地方配置合适的商品以促进销售,并且这种配置能引导顾客逛完整个卖场,增加顾客的冲动性购买率,相关理论应用见表4-6。

表 4-6　某大卖场磁石理论的应用

磁石点	门店位置	配置要点	配置商品
第一磁石点 主力商品	位于卖场主通道两侧,是顾客必经之地,商品销售最主要的位置	由于特殊位置优势,不必特意装饰即可达到很好的销售效果	主力商品、购买频率高的商品、采购力强的商品
第二磁石点 观感强商品	穿插在第一磁石点中间	有引导消费者走到卖场各个角落的任务,需要突出照明度及陈列装饰	流行商品、色泽鲜艳且容易抓住人们眼球的商品、季节性很强的商品
第三磁石点 端架商品	位于超市中央成列货架两头位置	卖场中顾客接触频率最高的位置,盈利机会大,应该重点配置,商品摆放三门朝外	特价商品、高利润商品、厂家促销商品
第四磁石点 单项商品	卖场中副通道两侧	重点以单项商品来吸引消费者,需要在陈列方法和促销方式上刻意体现	热销商品、有意大量陈列商品、广告宣传商品

续表

磁石点	门店位置	配置要点	配置商品
第五磁石点卖场堆头	位于收银台前的中间卖场,是非固定卖场	能够吸引一定程度的顾客集中,烘托门店气氛,展销主体商品需要不断变化	用于大型展销、特卖活动或者假日促销

3）提供购物篮、购物车

提供整洁、方便、人性的购物车和购物篮，顾客会不由自主地提高购买量。

（1）根据门店的大小提供购物车和购物篮。

（2）购物车的不断变革。

（3）入口处需配备购物篮和购物车，门店的重点区域放置购物篮。

（4）每 10 位顾客配置 1 辆车或者 3 个篮。

（5）及时回收购物车和购物篮。

（6）购物车和购物篮需定期清洗和维护。

4）进行有效促销

门店通过形式多样的促销活动，吸引顾客，提高客单价，可供选择的促销活动有价格优惠、购物满就送、买二送一、购物抽奖、以旧换新、交叉陈列、换购等。

其中，换购促销时要特别注意换购门槛的设定。一般而言，换购门槛以高出客单价 10%～20% 为宜；大型促销以高出客单价 30%～40% 为宜。

5）加强团购

团购一般占全年 30%～40% 的销售量，可见团购对提高客单价有很重要的作用。

（1）加强团购力量，设置团购专员或团购部门。

（2）加强重点顾客的服务和开发。

（3）加强重点顾客的有效管理。

（4）重视重大年节的团购份额。

任务三　门店顾客管理

物美超市了解到顾客管理对提升门店销售的重要性，新来的客服经理小王一上任就着重了解了物美超市的顾客现状。他主要调研了以下几个问题：

（1）超市多久做一次目标顾客满意度调研？

（2）超市目标顾客的特点是什么？

（3）超市如何维持充忠实顾客？

（4）超市是否整理了顾客信息？

【工作流程】

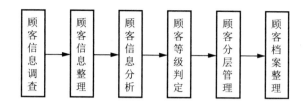

【学习要求】

培养提高门店顾客信息管理和顾客满意度调查的能力。

【相关知识】

4.11 顾客信息管理

1. 顾客信息管理的流程

1）顾客信息调查

可以通过表 4-7 所示的几种来源调查顾客信息。

表 4-7 顾客信息调查细项

细项内容	处理时间	督导人
收集客户基本信息和需求信息	产品销售过程中	销售主管
核实基本信息，收集客户需求特征方面的信息	提供技术支持之前、之后	客服主管
收集客户爱好方面的信息	客户关系维护过程中	
发现客户对产品要求的关注点	听取、处理客户投诉信息后	

2）顾客信息整理

可以通过表 4-8 所示的几项来整理顾客信息。

表 4-8 顾客信息整理细项

细项内容	处理时间	督导人
核实信息真伪	信息收集完毕后	客服主管
将信息分门别类		
设置关键词引索		
……		
定期进行客户信息归档		

3）顾客信息分析

可以通过表 4-9 所示的几项来分析顾客信息。

表 4-9　顾客信息分析细项

细项内容	处理时间	督导人
客户消费规律和特点分析	信息整理完毕后	销售主管 客户主管
客户需求预测		
客户资信 ABC 分级		

4）顾客等级判定

顾客等级可以以下标准进行判定，即客单价、购买频率、创造的利润、忠诚度、财务信息、职业等。

5）顾客分层管理

根据顾客资质的不同，将顾客分为普通顾客、核心顾客和 VIP 大客户。对于不同层级的顾客分别给予差别化的服务，差别化主要体现在：产品差别化、流程差别化、价格差别化和资源差别化。

对于大客户如何管理将在 4.12 节大客户管理中详细介绍。

6）顾客档案整理

顾客建档有以下 3 种方式：

（1）客户名册。又称交易伙伴名册。

（2）客户资料卡。分为潜在客户调查卡、现有客户调查卡和旧客户调查卡 3 类。

（3）客户数据库。即客户关系管理软件，简称 CRM，详见下文介绍。

2. 顾客信息管理的工具

1）顾客卡制度

越来越多的企业开始建立和实施顾客卡制度，并采用不同类型的顾客卡，见表 4-10。

表 4-10　不同类型的顾客卡

序　号	顾客卡类型	顾客卡的内容
1	潜在顾客调查卡	内容重点是了解客户的需求特征、可能购买时间、地点和方式等
2	现有顾客卡	用于正在进行交易顾客的基本信息
3	旧顾客卡	一个顾客终止了购买行为，就要将其转入旧顾客卡，并增加停止购买原因跟踪记录

顾客卡设计时可以采用 5W2H 法：

（1）Why——为什么喜欢？为什么不喜欢？为什么不满？为什么满意？为什么生气？……

（2）What——包括年龄层、性别、性格、职业、喜好等基本信息。

（3）Who——产品购买由谁负责？谁有购买决策权？使用权在哪里？……

（4）When——喜欢去哪？常去谁？住哪里？家乡在哪？工作地址？常去的购物场所？……

（5）Where——工作、休假、娱乐休闲是什么时间？重要纪念日什么时候？生日什么时候？……

（6）How——如何让客户最满意？怎样提高服务效率？如何建立关系？……

（7）How much——收入情况？亲朋好友有多少？每月使用的数量多少？……

2）各类表单

可供整理顾客档案时使用的各类表单见表 4-11 ～表 4-17。

表 4-11　客户地址分类表

序号	客户名称	编号	地址	与门店相距距离	不宜拜访时间	备注

表 4-12　客户总体分类表

分类标准	客户比例					
性别	男性比例			女性比例		
年龄	18 岁以下所占比例	18～45 岁所占比例		45～60 岁所占比例	60 岁以上所占比例	
地域	乡村比例	城市比例	东部比例	西部比例	南部比例	北部比例
消费额	高额比例		中额比例		低额比例	
工薪水平	1 000 元以下所占比例		1 000～3 000 元所占比例		3 000 元以上所占比例	
偏好的购物方式	摊点零售比例		市场批发比例		厂家批发比例	

表 4-13　客户分级表

客户等级分类							
客户等级分类	A 级 （销售额所占比例 90% 以上）	业　种					
客户等级分类	A 级 （销售额所占比例 90% 以上）	客户名称					
客户等级分类	A 级 （销售额所占比例 90% 以上）	客户代码					
客户等级分类	B 级 （销售额所占比例 80%～90%）	业　种					
客户等级分类	B 级 （销售额所占比例 80%～90%）	客户名称					
客户等级分类	B 级 （销售额所占比例 80%～90%）	客户代码					
客户等级分类	C 级 （销售额所占比例 70%～80%）	业　种					
客户等级分类	C 级 （销售额所占比例 70%～80%）	客户名称					
客户等级分类	C 级 （销售额所占比例 70%～80%）	客户代码					
客户等级分类	D 级 （销售额所占比例 60%～70%）	业　种					
客户等级分类	D 级 （销售额所占比例 60%～70%）	客户名称					
客户等级分类	D 级 （销售额所占比例 60%～70%）	客户代码					
客户等级分类	E 级 （销售额所占比例 60% 以下）	业　种					
客户等级分类	E 级 （销售额所占比例 60% 以下）	客户名称					
客户等级分类	E 级 （销售额所占比例 60% 以下）	客户代码					

表 4-14　重点客户管理表

序　号	销售额前 10 名		销售增长率前 10 名		销售利润率前 10 名	
序　号	客户名称	销售额	客户名称	增长率	客户名称	利润率
重点管理客户	销售额目标		将其设为重点客户的原因		实现目标的行动措施	
客户服务部经理建议						
经理建议						

表 4-15 重要客户对策表

序 号	客户名称	负责人	销售情况	问题所在	应对策略
1					
2					
3					
4					
扩大重要客户数量的基本方针					
备 注					

表 4-16 问题客户对策表

序 号	客户名称	负责人	销售范围	所在位置	恶化趋势	问题表现	应对策略
1							
2							
3							
4							
备 注							

表 4-17 客户关系评估表

客户名称： 编号：

评估指标	指标权重	得 分	等 级	得分依据	备 注
合 计			标准分		
评估结果及建议		□发展关系	□维持关系	□终止关系	

3）客户关系管理软件（CRM）

客户关系管理是企业利用相应的信息技术以及互联网技术来协调企业与顾客间在销售、营销和服务上的交互，从而提升其管理方式，向客户提供创新式的个性化的客户交互和服务的过程。其最终目标是吸引新客户、保留老客户以及将已有客户转为忠实客户。它不仅是一个软件，也是方法论、软件和 IT 能力的综合，更是一种商业策略。

4.12 大客户管理

对企业利润贡献率最大、市场信誉度较好或是具有战略意义的客户，一般称为大客户。

1. 大客户的判别

以下特征可用于判别大客户：

（1）一次性购买数量多的客户。
（2）购买次数多的客户。
（3）购买价值高的客户。
（4）对高利润产品需求高的客户。
（5）冲动性购买倾向的客户。
（6）购买对象是企事业单位，其决策者、采购者等。

2. 大客户关系维护的途径

1）大客户拜访

（1）拜访前准备。

① 了解客户现状。

企业客户。包括客户公司的行业背景、行业地位、最近公司的动向，主要客户是谁，竞争对手是谁，年销售额大概是多少等。

个人客户。包括年龄、爱好、家庭情况、工作情况等基本信息。

② 物料准备。包括个人名片、笔记簿、电脑、项目手册、户型资料、PPT、影视宣传片等。在有条件的时候，拜访者还可以随身携带一些小礼物，赠送给客户。

（2）安排拜访时间。拜访客户的时间也很有讲究。要根据拜访对象是谁，预计拜访时间要多长，然后才能更好地作出相应的安排。

（3）确定拜访人数。对不同的客户，在不同的时间段内，根据客户不同的需求，拜访者的人数是不一样的。如果是一般性质的拜访，或者是不需要太多技术含量的拜访，拜访者的人数就是一人即可；如果是非常正式的、重要的拜访，尤其是那些技术含量要求比较高的拜访，拜访者的人数要求是两三人甚至更多。

比较科学的三人拜访团队，遵循以下分工原则：1人负责公关，沟通感情，以营销人员为主导；1人负责技术或者专业性质的谈话，主要针对那些技术含量比较高的话题，给客户进行解答和回复；1人负责协调，或者是助理的角色，处理客户与公司之间的协调、沟通事项。

大客户拜访管理流程如图4.9所示。

2）顾问式服务

在顾问式服务中，顾客无须与众多客服人员结束，其所有要求均只需告知服务顾问一人，又服务顾客把问题转到相应的部门来解决。在汽车行业和服装零售门店常采用这种服务模式，在百货和超市行业的大客户关系维护工作中，这种服务模式也值得借鉴。

3）保持联系

与客户保持联系主要有以下5种方式：

（1）电子邮件。通过电子邮件群发，可以与所有的客户保持一个比较密切的联系，如节日问候、新产品介绍等。在用电子邮件与客户联系时，应该注意内容是否符合客户的需求，以及内容的简明，否则容易成为垃圾邮件。

（2）短信。短信也会是一个比较好的与客户保持长期接触的方法。使用短信时有一点要注意，即慎重使用产品和服务介绍。当销售人准备通过以短信的方式向客户介绍产品或者服务时，最好要预先告诉客户。如果只是盲目地获手机号码就向客户发短信，则容易引起客户的反感。

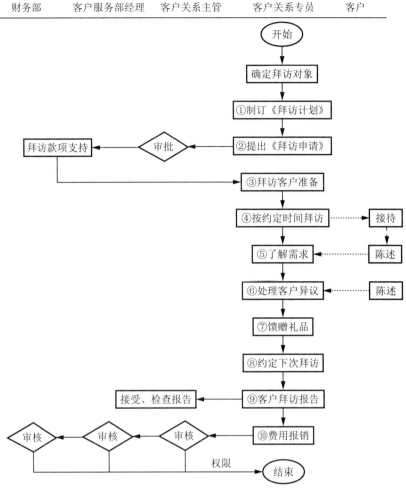

图 4.9 大客户拜访管理流程

（3）信件、明信片。虽然电子邮件的成本更低，但是传统的手写信件、明信片可以给客户与众不同的感觉。

（4）邮寄礼品。节日来临的时候，在条件允许的情况下，最好能给客户邮寄些实用性的礼品，这是实施情感营销的必要环节。

（5）客户联谊。现在不少企业为了更好地为自己的客户服务，都成立了自己的大客户俱乐部，定期举办各种主题的客户联谊活动，以进一步增强客户关系。

4）建立退出障碍机制

所谓建立退出障碍机制，是指从大客户角度出发，通过各种措施使得我方成为大客户不可或缺的合作者，使其不能选择竞争对手的产品。

建立退出障碍机制的方法有以下几种：

（1）让大客户产生技术依赖，科技含量高的产品常用这种方式。

（2）给大客户优先配给权和销售折扣，经常使用会员卡制度这种方法。

（3）为大客户提供融资方案。

（4）对大客户给予财务上的支持。

4.13 顾客满意度调查

顾客满意度调查是用来测量一家企业或一个行业在满足或超过顾客购买产品的期望方面所达到的程度。一次完整的顾客满意度调查包括顾客满意度调查问卷设计、顾客满意度调查问卷发放、顾客满意度调查问卷分析和顾客满意度调查报告撰写4个步骤。

1. 顾客满意度调查问卷设计

1）问卷设计的基本内容

（1）标题。概括地说明调研主题，点明调研对象或调研主题，需简明扼要。

（2）问卷说明。说明调研的意义、内容和选择方式等，以消除被访者的紧张和顾虑。

（3）填表指导。告诉回答者如何填写问卷。填表指导一般可以写在问卷说明中，也可单独列出。

（4）被访者基本情况。包括个人的姓名、性别、年龄、民族、收入、家庭情况、职业等。

（5）调研主体问题。问题的形式包括选择题和开放题。

（6）结束语。表示感谢。

2）满意度等级的设置

顾客满意度等级有以下几种设置方式：

（1）描述体。描述满意度等级时可以用7级指标："很满意""满意""较满意""一般""不太满意""不满意""很不满意"；也可以用3级指标："满意""一般""不满意"。

（2）打分体。用规律的数字为满意程度打分，比如1分、2分、3分、4分、5分……又如-2分、-1分、0分、1分、2分……不管用哪组数字打分，都必须在问卷上对分值进行说明。

（3）是非体。用是或者否进行满意度调查，这种等级设置的方式是最不精确的一种。

2. 顾客满意度调查问卷发放

问卷发放的途径有以下几种：

（1）送发式问卷。由调查者将调查问卷送发给选定的被调查者，待被调查者填答完毕之后再统一收回。

（2）邮寄式问卷。通过邮局将事先设计好的问卷邮寄给选定的被调查者，并要求被调查者按规定的要求填写后回寄给调查者。

（3）报刊式问卷。随报刊的传递发送问卷，并要求报刊读者对问题如实作答并回寄给报刊编辑部。

（4）人员访问式问卷。由调查者按照事先设计好的调查提纲或调查问卷对被调查者提问，然后再由调查者根据被调查者的口头回答如实填写问卷。

（5）电话访问式问卷。通过电话来对被调查者进行访问调查的问卷类型。

（6）网上访问式问卷。在互联网上制作，并通过互联网来进行调查的问卷类型。

不管是哪种形式回收的问卷，都应该妥善保管，并记录问卷的发放数、回收数和有效问卷数。

3. 顾客满意度调查问卷分析

在回收问卷之后,要对问卷结果进行分析。在分析问卷时,需要用到以下一些统计数据:

(1)均值。又称平均数,是表示一组数据集中趋势的量数,它是反映数据集中趋势的一项指标。

$$\bar{x} = \frac{1}{n}(x_1 + x_2 + \cdots + x_n)$$

(2)标准差。又称均方差,是表示一组数据离散程度的测度值。

$$\sigma = \sqrt{\frac{1}{N}\sum_{i=1}^{N}(x_i - \mu)^2}$$

平均数相同的,标准差未必相同,比如有两组分值:

A　95、85、75、65、55、45
B　73、72、71、69、68、67

A、B组的均值都是70,但A组的标准差为18.71分,B组的标准差为2.37分,说明A组分值之间的差距要比B组之间的差距大得多。

(3)频次。某个分值在一组数据中出现的频率和次数。例如,在数据7、6、5、5、3、5、2、1中,分数5的频次是3,分数1的频次是1。

(4)百分比。表示一个数是另一个数的百分之几。比如在问卷分析中,常用选A(见上例)的人占全部样本的百分比的形式。

4. 顾客满意度调查报告撰写

一般调查报告包括以下5个部分:

(1)调查基本情况。包括调查目的、调查方法、调查时间等。

(2)调查对象和样本分析。包括调查地点、调查对象、问卷发放量、问卷回收量、有问卷、样本分布等。

(3)调查结果分析。对问卷题目的选择结果进行分析,并进行简单、直观的总结。

(4)对策和建议。针对调查结果提出对策建议,注意避免出现分析和对策脱节,出现两张皮的现象。

(5)附件。将空白问卷附上。

知识拓展

一、卖场通行人数和通道宽度基准

一般来讲,通道的宽度要能让两个人并行或逆行通过,或是两个人在同一购物水平线上相背弯腰选购商品,而不形成碰撞。

人体区间宽度大约是0.45m,两人双向并排是0.9m宽,而如果是一人正面的宽度与另一人侧面蹲下的宽度加在一起是1.2m宽,其他依此类推,如图4.10所示。

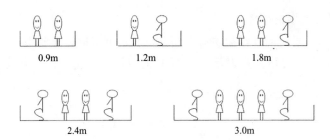

图 4.10 人体区间宽度示意图

卖场通道宽度设定表见表 4-18。

表 4-18 卖场通道宽度设定表

一层销售卖场面积	主通道宽度	副通道宽度
100m²	1.5m	1.2m
300m²	1.8m	1.3m
1 000m²	2.1m	1.4m
1 500m²	2.7m	1.5m
2 000m²	3.0m	1.6m

二、门店顾客满意度示意图

门店顾客满意度示意图如图 4.11 所示。

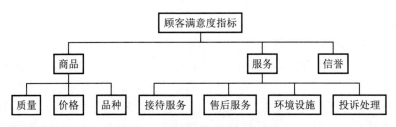

图 4.11 门店顾客满意度示意图

职场指南

（1）客服主管开展工作需要时刻以顾客为核心。
（2）分析顾客需求是客服工作的基础。
（3）客服工作越细致、越耐心，对销售的提升作用就越大。
（4）客服主管不但需要学习管理知识和法律知识，而且需要具备一定的心理学、统计学、营销学等社会科学知识。

项目实训

假如你是某大型超市的客服主管，请根据所学知识，完成以下工作。

任务一：为该超市量身定做一套提升来客数和客单价的方案。
任务二：针对该超市进行一次顾客满意度调查。

一、实训目的

1. 通过实训，使学生回顾作为客服主管提升来客数和客单价的途径，并将其运用到具体工作中。

2. 通过实训，使学生具备开展顾客满意度调查的能力。

二、实训任务

1. 制订提升来客数和客单价的方案。

2. 进行顾客满意度调查，并撰写调查报告。

三、方法步骤

1. 复习相关知识，分组准备开展实训。

2. 开展实训。

任务一：

（1）选择某一家连锁超市作为调研对象。

（2）实地调查。

（3）制订提升来客数和客单价的方案。

（4）方案交流。

（5）教师讲评。

任务二：

（1）选择某一家连锁超市作为调研对象。

（2）设计满意度调查问卷。

（3）发放问卷。

（4）分析问卷。

（5）撰写调查报告。

（6）调查成果交流。

四、实训效果考评

任务一考评表

考评内容	提升来客数和客单价方案			
	考评要素	评价标准	分值/分	评分/分
考评标准	方案的完整性	来客数提升方案 客单价提升方案	20	
	方案的合理性	是否能应用在实训超市 是否能带来盈利的提升	60	
	交流PPT制作	PPT制作精良 报告者表现能力	20	
合　　计			100	

注：评分满分100分，60～70分为及格，71～80分为中等，81～90分为良好，91分以上为优秀。

任务二考评表

考评内容	顾客满意度调查问卷			
	考评要素	评价标准	分值/分	评分/分
考评标准	问卷设计	问卷格式完整 问卷内容合理	20	
	问卷发放	回收问卷的真实性 发放率和回收率充足	20	
	问卷分析	统计数据的运用 分析到位	30	
	调查报告	调查报告格式完整 对策建议的匹配度 对策建议的可行性	30	
合　计			100	

注：评分满分100分，60~70分为及格，71~80分为中等，81~90分为良好，91分以上为优秀。

项目小结

在连锁门店产品同质化严重、价格竞争激烈的环境下，如何提高门店附加值成了重要工作。而门店客服部门的工作是增加门店附加值，提升门店竞争力的重要部门，所以客服主管肩负着直面顾客投诉、分析顾客需求、维护客户关系的重任。

本项目主要从前台管理、来客数和客单价管理以及顾客管理3个方面介绍了连锁门店客服主管的主要工作。客服主管如能有效开展工作，则可更好地解决顾客困难、消除顾客疑虑、提高顾客满意度、维系顾客关系，进而提升门店绩效、塑造门店形象，这是建立门店核心竞争力的重要途径。

复习自测题

一、判断题

1. 大客户就是指购买次数多的客户。　　　　　　　　　　　　　　　　　（　　）
2. 提高门店利润就是要增加商品的毛利额。　　　　　　　　　　　　　　（　　）
3. 提高来客数就是要提高交易客数。　　　　　　　　　　　　　　　　　（　　）
4. 交易达成率是一个重要的销售指标，它是来客数和客单价的比值。　　　（　　）
5. 顾客分层管理中的差别化就是指价格差别化。　　　　　　　　　　　　（　　）

二、单选题

1. 以下不属于客服主管工作职责的是（　　）。
　　A. 来客数分析　　　　B. 顾客退、换货审查

C. 品类管理　　　　D. 绩效考核
2. 建议会员卡制度属于大客户关系维护中的（　　）途径。
　　A. 顾问式服务　　　B. 建立退出障碍机制　C. 大客户拜访
3. CRM 指的是（　　）。
　　A. 客户名册　　　　B. 客户资料卡　　　C. 客户数据库
4. 第一磁石点指的是（　　）。
　　A. 位于卖场主通道两侧，是顾客必经之地，商品销售最主要的位置
　　B. 位于超市中央成列货架两头位置
　　C. 位于超市中央成列货架两头位置
5. 购物篮分析就是通过（　　）研究顾客的购买行为。
　　A. 每个人所购买的商品　　　　　B. 每张购物小票的信息
　　C. 每台 POS 机的信息

三、多选题

1. 客服主管在客户投诉中的职责包括（　　）。
　　A. 编制客户投诉管理触底　　　　B. 编制客户投诉处理流程
　　C. 对客户投诉进行分析　　　　　D. 客服人员培训
　　E. 处理突发事件或员工难以处理的时间
2. 在人潮汇集点发放 DM 海报前，需要做（　　）。
　　A. 划分商圈　　B. 回收率测定　　C. 选择理想发放点　D. 估计人流量
3. 顾客信息管理的流程依次是（　　）。
　　A. 顾客分层管理　　B. 顾客信息分析　　C. 顾客信息整理
　　D. 顾客档案管理　　E. 顾客信息调查　　F. 顾客等级
4. 与顾客保持联系的方式有（　　）。
　　A. 电子邮件　　　B. 短信　　　　C. 信件
　　D. 邮寄礼品　　　E. 客户联谊

项目五

收银主管操作实务

 项目简介

收银工作需要与钱财打交道,同时需要与顾客打交道。收银区域不但是现金的出入口,也是顾客的出入口。因此,收银区域的工作直接影响到门店防损率的高低和门店形象的好坏。收银主管除了常规的制订制度、开展培训、绩效考核之外,还需要应对收银现场的突发时间,对收银机进行抽查盘点,对收银员短款进行管理,等等。

本项目将从收银主管工作流程、收银区域管控和收银流程作业规范3个方面介绍连锁门店收银主管岗位操作实务的内容。通过学习，要求学生熟悉收银主管的工作流程、收银区域突发时间的处理以及收银主管流程作业规范。

项目内容

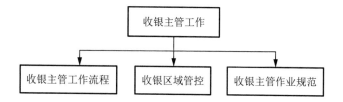

学习目标

1. 熟悉收银主管的工作流程和内容。
2. 处理收银区域的突发时间。
3. 掌握收银机盘点的作业规范。
4. 掌握大钞盘点的作业规范。
5. 掌握收银员短款的作业规范。

任务一　收银主管工作流程

小王是一名新上任的收银主管，经过一段时间的工作后，他发现这个工作和想象中的不一样，既要与钱打交道，又要与顾客打交道，不但需要进行收银线管理，而且还需要进行收银线防损，工作内容和流程都很复杂。

那么，作为一名收银主管需要完成哪些工作？其工作流程又是怎样的呢？

【工作流程】

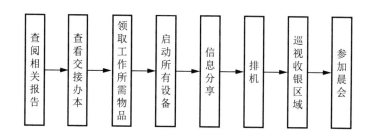

【学习要求】

掌握收银主管每日、每日、每周、每季、每年的工作内容和工作流程。

【相关知识】

5.1 收银主管早班工作流程

收银主管早班工作流程如图 5.1 所示。

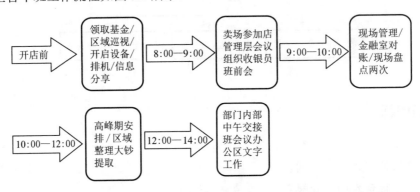

图 5.1 收银主管早班工作流程

5.2 收银主管晚班工作流程

收银主管晚班工作流程如图 5.2 所示。

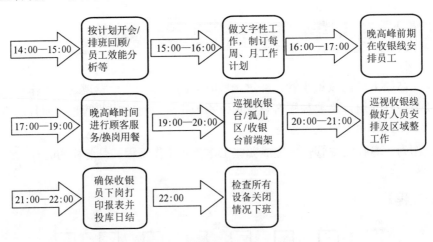

图 5.2 收银主管晚班工作流程

5.3 收银主管工作内容

在图 5.1 和图 5.2 中，按计划开会／排班回顾／员工效能分析属于收银主管的周工作流程，做文字性工作／制订每周、月工作计划属于收银主管的月工作流程，具体见表 5-1。

表 5-1 收银主管工作内容

频率	时间段	关键要点	工作内容
每 日	开店前	查阅相关报告	系统中查阅收银员效率及卖场的相关销售
		查看交接办本	了解最新卖场信息以及部门工作信息
			了解待跟进事宜、金融室备用金盘点、收银长短款检查
			准备班前会相关信息
		领取工作所需物品	对讲机打开，准备员工上机时马夹袋、所有换购商品、准备收银线换零的零钱包
		确保起动所有设备	打开电源、起动主机、关注收银系统及设备的正常运作，做好收银台营业前准备工作
		信息分享	分享公司、门店及部门信息、门店买赠信息
		排机	排机巡视金融室外间、收银线、孤儿区域标准
			安排当日工作岗位及工作中的注意事项
		巡视收银区域	办公室及所有机台干净、死角无灰尘、物品摆放整齐、配件齐全
			购物袋、小票纸充足可用、孤儿区干净整洁无异物、收银台前端架上无散货
		参加晨训，解决或提出共性问题与大家分享	分享昨日产生的客诉或顾客意见表反馈的内容、收银线排队的问题等
	开业后至10:00	金融室对账	监督内勤对营业款的拼扎和财务对账、收银员备用金的准备、收银线大钞收取、收银线营业款的抽点、收银零钱的兑换等
		员工班前会	召开每批员工班前会分享销售、相关信息及培训内容
		现场盘点	进行一台收银机盘点
		进行现场走动式管理，遵循S形路线及"6多"法	关注收银员表现，是否按照公司要求完成收银工作；"6多"——多想、多看、多提点、多走、多动、多示范
			及时给予收银员现场帮助及培训，帮助提升工作质量；关注排队、收银通道畅通、车篮及孤儿区的回收
			高峰期前给收银员适量配零钞以便高峰期时更好地进行顾客服务，如需部门支援收银提前备好零用金、购物袋等物品
	10:00—12:00	合理安排人手	关注客流变化，合理地安排人员上下岗，当排队达到或超过"4+1"个人时，增开收银通道，直到开完为止，必要时呼叫营运部同事帮忙，为顾客提供快速的结账服务
		服务员工	及时处理帮助收银员处理操作例外，如兑换零钞、取消商品、商品无条码或不能扫描商品（必须做好登记）、价格差异的查询等

续表

频率	时间段	关键要点	工作内容
每日	10:00—12:00	安排用餐	合理安排员工用餐时间，保证任何时候有足够的人手服务顾客
		区域标准	关注收银线车篮孤儿的收取，保持整洁有序
		员工服务	关注收银员收银"七步曲"的执行并现场示范正确操作，及时为专柜收银机收银员提供帮助
		现场盘点	进行一台收银机盘点
		大钞提取	关注并进行一次大钞提取
		顾客服务	解答顾客咨询，及时为有需要的顾客提供帮助；处理顾客投诉
	12:00—14:00	专柜盘点	专柜收银机盘点一次
		区域标准	合理安排员工用餐，做好区域标准，确保无车无篮无孤儿，核查办公室、收银线、孤儿区域标准
		核对人员	早晚值交接工作内容重点核对在岗员工数量，早值需将重点工作事项记录在组长交接班本中
		交接会	所有收银组长及课长共同召开交班会，信息分享，安排工作，由课长或当日早晚值进行一项培训主题分享
		长短账分享	金融室分享昨日长短款情况
	14:00—15:00	现场盘点	不定时完成收银线机台盘点两次
		进行现场走动式管理，遵循S形路线及"6多"法	检核收银员服务质量，做好督促
			做好收银线区域整理工作，确保在高峰期前做好门店运营标准
			早晚值可商定一人做必要的文字工作或与表现不佳的员工进行一次深度谈话
	15:00—17:00	安排用餐	安排员工用餐、合理安排车篮孤儿的收取
			安排收银组长用餐
		顾客服务	安排组长进行疏导顾客并在晚高峰期来临前给所有员工配零钞
			核查员工七步曲、关注车篮孤儿
			大量向入口及楼面补充车篮维护区域标准
			高峰期安排全员上岗呼叫楼面取孤儿
	17:00—19:00	高峰期前准备	给员工提前配好零钞，视情况安排员工做好区域标准
		大钞提取	关注并进行一次大钞提取
		顾客服务	确保所有人员在岗上机收银不排队，人员不足及时呼叫店值安排人手

续表

频 率	时间段	关键要点	工作内容
每 日	19:00—21:00	区域标准	所有机台干净,死角无灰尘,物品摆放整齐,配件齐全,显示屏45°角放置、POS机结算、消磁板全部关闭,通道处封闭状态,拉袋及皮筋收好送至金融室,出入口垃圾桶清空,其周围无异物
		孤儿处理	孤儿区干净整洁无异物、收银台前端架上无孤儿
		机台清洁	收银抽屉内干净整洁无灰尘,钱箱不得外漏
		收银员下岗日结	做好收银员下岗日结报表打印
		购物车篮管理	店内购物篮达开店标准,整齐充足无杂物
		办公室清洁	金融室外间清洁速理,干净整洁有序无异物
	21:00—23:00	关闭设备	确保下班前所有设备是关闭的
		收银日结	核查收银机日结,并对收银员投库X报表核对无误,确保收银员营业款全部投库完毕
		区域标准	完成收银台区域整理动作,包括区域清洁、清点购物袋及各种卡机结算
			确保所有收银台工作灯、消磁器和银行卡机电源关闭
			确认所有收银机台抽屉打开并清空,切断所有电源确认收银机处于断电状态
		填写交班本	拿出交接班本,记录今日未完成或需明日早值跟进的相关工作内容
每 周	周一	开会	参加管理干部会议,回顾收银员表现与大家分享
	周二	组织收银组长会议	邀请客服经理参加,总结各组长的工作包括控场中的问题及其他工作的推动和管理
	周三	排班回顾	分析报告回顾收银员人手的缺口,与客服经理及人资及时沟通
	周四	备品管理	做好自用品及备品的盘点及管理确保充足
	周五	收银员效率分析	查看收银员效率分析报告,列出表现不好的员工制订沟通计划
	周六、周日	顾客服务	确保周末全员上班做好顾客服务不排队
每 月	按计划	盘点并订购自用品	如打印纸、购物袋、办公用品等
		评选金牌收银员	关注收银课相关报告,根据收银员扫描情况做好评比活动
		组织收银员会议	关注员工发展注意员工培训,组织员工会议提团队士气
		团队活动	组织收银组长进行一次团队活动
		员工培训	有计划地每月对收银组长做一次正式的培训

续表

频率	时间段	关键要点	工作内容
每 月	按计划	海报宣传	务必熟知每档海报内容，宣导到位
		数据分析	进行收银相关数据统计，完成月报
		收银排班	回顾时段销售报告、收银员效率分析报告，计算必须开机数检核现有班排是否合理
每 季		团队活动	组织收银员活动一次提高团队凝聚力
每 年	按计划	数据分析	做好年度数据分析，确保有合适的收银员为顾客提供服务
		设备管理	大型节假日前做好设备检修计划，确保设备完好可用

任务二　收银区域管控

物美超市收银主管接到两个顾客的投诉：一位抱怨收银线过长，排了很长时间的队伍，认为超市的服务有问题，并丢下购物篮离开了；另外一位抱怨收银员多收了钱。不久，收银主管又遇到了收银员的求助，包括 POS 机故障、零钱短缺、找零出错等。

收银主管在收银现场会遇到哪些异常状况？其应该怎么处理呢？

【工作流程】

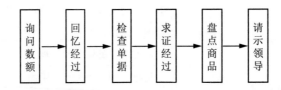

【学习要求】

培养收银主管对收银现场的管控能力。

【相关知识】

5.4　收银差异管控

1. 收银差异产生的原因

（1）收银员收款错误或找零错误。

（2）收银员没有零钱找给顾客，或顾客不要小面额零钞。

（3）收银员误收假钞等。

（4）收银员不诚实，私拿钱箱里的营业资金。

（5）收银员操作时误将收银机的相关键按错。

（6）收银员在兑零的过程中出现错误等。

2. 收银差异的处理措施

（1）发现收银差异必须在 24h 内进行处理。

（2）超出一定金额的收银差异，必须在发现的第一时间报告安全部和收银部经理。

（3）收银差异的原因由总收款室进行查找，不能有合理解释的，收银员本人必须有书面解释。

（4）所有收银员的收银差异必须进行登记，计算差异率和差异总额。

（5）对于超出规定的收银差异，对相关收银员必须有警告处理。

3. 减少收银差异的相关措施

（1）加强收银员的业务培训，减少假钞带来的损失。

（2）加强收银员的职业道德教育，杜绝因不诚实而引起的现金失窃。

（3）加强收银作业的规范服务，减少因收款、找零等环节错误而带来的损失。

（4）加强收银区域安全防范管理，对收银员的工作进行有效的监督。

（5）加强营业高峰和节假日的大钞预收工作，减少收银机的现金累计，减少现金被盗的几率。

5.5 收银特殊业务管控

1. 收款找零差错处理

（1）询问。收银员态度要冷静，言语要温和，向顾客问明交款和找零的数额，以及票面颜色、版面大小、新旧程度等。

（2）回忆。收银员要沉着冷静地回忆交易结算过程，查找钱款发生差错的可能和原因，弄清事实真相。

（3）检查。根据询问和回忆的结果，检查收银小票等单据，或者请收银主管一起清点收银机内的现钞。

（4）求证。通过回忆、检查仍未能解决问题时，收银员可向周围的顾客求证，请他们帮助回忆、证实当时交易的情形。

（5）盘点。在情况允许的条件下，进行商品盘点。

（6）请示。如果收银员不能自己决定如何解决问题，可请收银主管带顾客到办公区一起研究解决的办法。

2. 商品价格差异处理

（1）商品价格差异处理原则。一般是以标价中的低价进行售卖，以使顾客满意为度。

（2）商品价格差异处理程序。收银员发现价格差异后应立即通知收银主管，并通知卖场管理人员核实问题，然后确定交易价格并继续为顾客结算，同时感谢顾客，最后记录相关情况并及时反馈给楼层管理人员。

5.6 其他特殊业务管控

1. 收银台请求支援处理

减少顾客排队等候时间,让顾客在最短的时间内完成结算手续并迅速通过收银台,是商场、超市每一位收银员的责任,因此,收银区必须随时保持机动性。当收银台前有超过五位以上的顾客等候结账时,收银员应立即申请加开收银机,或者申请安排店内人员帮助做好商品入袋服务,以减少顾客的等候时间。

2. 无零钱找零情况处理

收银作业中应找顾客零钱而恰巧没有时,应礼貌地询问顾客:"您有××零钱吗?"如顾客有,应主动说"谢谢!";如果顾客没有,也要礼貌地说:"对不起,请稍等,我马上兑换零钱。"然后立即去向收银主管申请兑换零钱。收银员应注意,不能私自向其他收银员兑换、暂借或用私人的钱垫付。

3. 银联POS机故障处理

当顾客使用银行卡支付而银联POS机出现故障时,如果能够离开收银台,应礼貌地对顾客说:"对不起,刷卡机出现了故障,请您跟我到其他收银台去刷卡。"然后领顾客去其他收银台去刷卡结算;如不能离开收银台,则应礼貌地对顾客说:"对不起,刷卡机出现了故障,请您到别的收银台去刷卡吧。"

4. 顾客所带现金不足情况处理

结账时,当顾客发现随身携带的现金不足以支付货款时,收银员应好语安慰顾客,不要使顾客感到难堪,并建议顾客办理不足支付部分的商品退货。如果已打出结算清单,应将其收回,按顾客实际支付能力重新为顾客办理结算手续;如果顾客在交款后突然决定退货,应热情、迅速地为顾客办理退款手续。

5. 收银台无顾客结账情况处理

每天营业低峰期时,如果收银台前没有顾客结账,收银员也不因此无所事事,而应做好收银台的整理及份内的其他工作,例如:① 整理、补充收银台的各项必备用品;② 整理顾客的临时退货;③ 兑换所需的零钱;④ 擦拭收银台,整理收银区卫生;⑤ 协助买场做好其他工作等。

5.7 应急突发事件处理

1. 日常防范措施

(1)顾客通道或收银作业区内不可放置商品、手推车、空购物篮、空箱盒等,要保持干净通畅。

(2)顾客通道或收银作业区内如有水或果、菜汁,地面则会变得很湿滑,容易摔伤顾客或自己,因此要经常使其保持清洁。

(3)熟知各种消防器材名称、性能、使用方法及放置的位置。

（4）在规定的吸烟场之外不可以吸烟。

（5）危险物品（如鞭炮、汽油、炸药等易燃易爆物品）不可带进店内。

（6）经常检查收银及消磁设备所用的电源，要确保安全使用无隐患。

（7）当遇到应急事件发生时，要照预先所分配的任务确实执行，并且听从店长或上司的命令，冷静行动。

收银区域日常方案作业要点见表 5-2。

表 5-2 收银区域日常方案作业要点

序号	时间段	日常防范作业要点
1	营业前	① 收银员身上不可带现金 ② 收银台除茶水（茶水应置在远离收银机等各种电器，以防发生意外）外，不可放置任何私人物品
2	营业时	① 收银员不可擅自离位，避免收银柜台内现金、发票、单据等重要物品丢失的现象发生，同时避免因为找不到工作人员而引起顾客的抱怨 ② 收银员不可为自己的亲朋好友结账，避免收银员利用职务上的方便图利亲友，同时也避免引起不必要的误会 ③ 收银员在工作时不可嬉笑聊天，随时注意收银台前的动态，如有任何异常状况，应通知收银主管处理 ④ 收银员对待面额较大钱款时应该认真反复验证 ⑤ 顾客购买商品过多时应注意防止错扫、重扫、漏扫现象的出现 ⑥ 收银员可将顾客购买的大件商品或贵重商品（如酒类、牙膏、被子、电器等）打开检查其内置商品是否和包装商品、型号一致，有无夹带或调换其他商品 ⑦ 收银员在给易碎商品扫码时，注意轻拿轻放，尽量避免不必要的损坏（如鸡蛋、玻璃器具等） ⑧ 提醒顾客有无本店会员卡，无会员卡结账时，不得将顾客的购物款数累积到自己会员卡上
3	退换货时	① 换货的商品需在 POS 机上增加或减少金额时，注意小票上的日期、时间、商品名称、型号、价格是否一致，并检查有无贴有退换货标签 ② 收银员必须有退换货人员、楼面人员、防损员三方在场经确认后才可以在 POS 机上增加或减少金额
4	营业后	① 不启用的收银通道时必须用链条或其他物品围住 ② 清点清楚备用金，检查是否发生短款 ③ 交接班时，晚班人员未到岗的情况下，前班人员不得擅自离开，如需离开，必须向收银主管报备

2. 避免抢劫风险的措施

1）避免现金堆积所招致的风险

（1）保持收银机内现金在最低限额。

（2）业务量大时，总收人员应及时做好大钞预收，取走收银机内的过量现金。

（3）营业结束时，应把结余现金分散开，以免总收款室和保险柜外存放大量钱款。

（4）保险柜内不隔夜存放现金，应及时联系银行收款及代存收银机零用金钱袋。

2）收银台下安放保险柜

（1）在收银台下安放保险柜是一种保证过量现金避险的应急措施。

（2）尽量及时取走收银机内的现金，有助于收银机内的现金保持最低限额。但是，往往不能完全做到这一点。例如，在营业高峰期及深夜时，总收人员及时取走过量现金就不太现实了。这时，收银员可将所有大额钞票及过量现金放在收银台下的保险柜里。如果使用小保险柜的话，很容易从安放处运到总收款室打开。切记，从保险柜取现金需用另一把钥匙。

（3）最好使用能装延迟锁的保险柜，以增加安全性。这种保险柜在即将钥匙插进去并转动后，通常有 10min 左右的等候时间。使用该锁能够拖延抢劫犯在现场滞留的时间，从而可以争得捕获抢劫犯的有效时机。

5.8 收银线管控

对于超市业态的门店来说，一般都是一站式的，顾客从选购到离开门店，必须要通过收银线。那么，收银线不仅是一次很好的顾客服务机会，而且也是商品流失风险最大的关口。

1. 收银线人员管理

（1）收银线人员进出管理。未使用的收银线挡板必须关闭，员工及促销员不得随意进出。

（2）未购物通道管理。未购物通道应该是防损及收银组长的管控重点。

（3）收银员上岗号管理。避免盗用后直接拿取收银现金。

（4）员工购物通道管理。禁止员工在上班时间进行私人购物、员工购物必须有小票或收据作为付款凭证、员工不能自行给自己结账等。

2. 收银线设施管理

（1）防盗标签的回收。保护盒、奶粉扣、防盗扣、巧克力夹、酒扣等必须回收，因为这些物件可重复利用。

（2）收银台区域整理。下岗后消磁器关闭电源、取钉器要上锁，防止被盗用或丢失。

3. 收银线商品管理

（1）散货及时清理，贵重商品不要丢在散货区，尤其是已消磁或取下硬标签的商品，要通知部门来取或送货到部门，并使用防盗标签。

（2）检查商品夹带，防止大件商品夹带小件商品。

（3）覆合条码商品扫描，如套装商品、整打商品、捆赠商品等。

（4）漏扫描时，将商品直接消磁，而不扫描录入 POS 系统。

（5）赠品管理，如处理违规赠送、商品赠送等情况。

（6）称重商品、调换包装等，商品与实际不符的行为。

（7）顾客商品调试单填写必须规范，要填写条形码，开单人、门店防损人员、顾客、放行人必须签字确认。

（8）商品退货，退货商品按要求作好记录，返店时有商品及领用记录。

4. 收银线卡类管理

（1）会员卡违规积分，为自己或他人的会员卡积分是不诚信行为。

（2）信用卡、市民卡等套现，资金短缺时进行信用卡套现而导致顾客投诉。

（3）多刷卡、重复刷卡，查看应付金额与刷卡金额是否一致。

（4）专业的盗用信用卡信息制作假卡，应核对签名，识别卡片真假。

5. 收银线现金管理

（1）零钞对换，以免收银员间对换错误、与顾客对换被骗。

（2）分类存放，以免找零错误，抽屉按规定开启。

（3）现金提取，发现大钞及时联系收银组长进行提取，以免丢失。

（4）假币识别，以免被专业使用假币的团伙所骗。

任务三　收银主管作业规范

假如你是门店的收银主管，为了保证门店现金的安全，要对各台收银机的大钞进行提取，那么你将面临以下问题：

（1）每台收银机提取多少大钞为宜？

（2）不同类型的门店提取的大钞数有何不同？

（3）每天需要提取几次大钞？

（4）提取大钞时，需要有哪些人在场？

【工作流程】

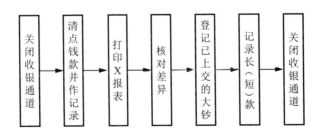

关闭收银通道 → 清点钱款并作记录 → 打印X报表 → 核对差异 → 登记已上交的大钞 → 记录长（短）款 → 关闭收银通道

【学习要求】

规范收银主管主要工作的操作。

【相关知识】

5.9　大钞提取作业规范

1. 大钞提取的概念

大钞提取是指门店营业过程中，收银组长或领班根据收银台销售款情况，定时将收银机中千元及以上大额销售款（100 元）上交到金融室。

大钞提取对防范收银资金安全风险有重要作用：

（1）减少前台收银机中现金的积压数量。

（2）及时将现金返回总收款室进行处理。

（3）防止偷窃、抢劫等事件的发生，保证资金安全。

（4）空出银箱以便于收银员操作。

2. 大钞提取的工作标准

例如，某超市大钞提取工作标准见表 5-3。

表 5-3　某超市大钞提取工作标准

区　域	大钞提取工作标准
一般区域	保证大卖场每台收银机的滞留现金不超过 5 000 元，标超每台收银机的滞留现金不超过 3 000 元大钞（节假日除外）
	大钞提取每天不少于 2 次（上下午各一次，避开销售高峰时段），遇销售旺季时要相应增加收大钞频次（至少增加一次）
	大钞抽取具体时间由门店自行确定，如超出规定限额可随时抽取大钞，确保销货款安全
家电款台	可以不执行 5 000 元限额的规定，但必须及时将大额销售款不定时回收（每日不少于 2 次收取大钞）到金融室保险柜中
	账管课长及客服经理在提取大钞的检核工作中要着重关注家电款台大额销售款的回收，保证门店营业款安全

一般商品的大钞提取工作注意事项如下：

（1）规定常规营业时间对大钞提取的次数，并根据销售情况适当增加频次。

（2）要根据不同业态的门店规定每台收银机的滞留现金额。

（3）对于精品区或家电区等需要单独收银的款台，可以不设滞留金限额，但要保证必须的提取次数。

3. 大钞提取的人员职责

（1）金融室人员。负责大钞提取及清点工作。

（2）防损人员。负责大钞提取过程中维护资金安全。

（3）账管课长。负责大钞提取工作的现场管控。

（4）客服经理。客服经理每周要对收大钞情况进行抽检（至少2次），并记录在《资金工作自检表》中，发现问题及时解决。

4. 大钞提取的工作流程

大钞提取的工作流程如图5.3所示。

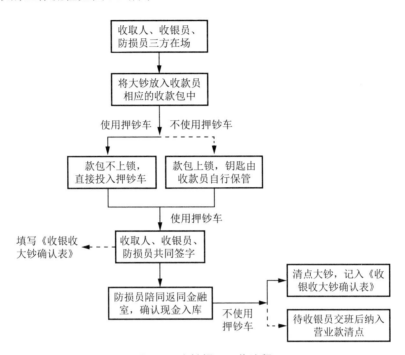

图5.3 大钞提取工作流程

注意：《收银收大钞确认表》格式见表5-4。

表5-4 收银收大钞确认表

门店：
日期：　　　　　　　　　　收取人：　　　　　　　　　防损员：

收取时间	收银台号	收银员	张　数	金　额	备　注

大钞提取工作流程中的注意事项如下：

（1）在大钞提取过程中，必须有收取人、收银员、防损员三方在场，期间三方人员不得以任何理由离开现场。

（2）在大钞提取过程中，不能在现场对大钞进行清点。

（3）大钞提取与清点时，必须在收银员、防损员的注视下当场操作。

5.10 收银机抽查盘点作业规范

1. 收银机抽查盘点作业目的

通过收银机抽查及盘点可以检查收银员工作的准确性，并防范现金损失风险，规范收银机抽查盘点作业。

2. 收银机抽查盘点作业步骤

（1）关闭收银通道。由组长关闭抽查的收银通道并疏导顾客到其他收银台结账。

（2）清点钱款并作记录。清点钱箱里的货款，将金额填写在《营业款抽查记录表》（表5-5）上。

表 5-5 营业款抽查记录表（部分）

日 期		机 号	
收银员		ID 号	
A：现金类清点			
币 种	数 量		金 额
100			
50			
20			
10			
5			
2			
1			
0.5			
0.2			
0.1			
分币			
a：小计			
b：大额提取			
c：实收合计=（a+b）-备用金			
d："X报表（《换班记录小票》）"应收金额			
e：长短金额=c-d			
清点人签字：			员工签字：

（3）打印 X 报表。打印 X 报表（《换班记录小票》），把现金总计金额抄写在盘点表上。

（4）核对差异。核对应有金额和实际金额。

（5）登记已上交的大钞。注意被抽查的收银台上缴的大钞数量要记录在盘点表上，以保证盘点正确。

（6）记录长/短款。由金融室人员将结果填写在《收银员月度长短款档案》（参见表5-7）上。

（7）签字确认。由防损员、收银组长、金融室人员三方确认签字。

3. 收银机抽查盘点作业注意事项

（1）出现长/短款需要由第二个领班或管理层进行复盘。

（2）出现长/短款可以查看中控组长腰包以确定是否兑换零款出错，必要时盘点金融室预缴款，备用金。

（3）对于一个月内频繁出现问题的收银员，需对其加强业务培训，并在以后的工作中特别关注，增加盘点次数。

（4）在收银机抽查盘点时可以同时进行大钞提取的工作。

4. 收银机抽查盘点作业要求

（1）每天门店要对收银员进行随机现金抽查盘点工作。

（2）规范不同业态门店的抽查数量。例如，某连锁门店制订了大钞提取的作业要求为大卖场每天至少抽查5台收银机（上午抽查2台，中午交接班抽查1台，下午班抽查2台）。抽查对象包括主银线收银机4台，柜台收银机1台；标超每天至少抽查3台收银机（上午班、中午交接班及下午班各抽查1台），如有柜台的门店要增加柜台的抽查。

（3）抽查盘点时间应在收银员上岗一段时间（3h为宜）以后进行，并选择在客流量较少时段，以免出现顾客投诉。

（4）对于频繁出现免赔数量以下的长短款的收银员应进行重点抽查。

（5）盘点时需通知防损员工现场监督，收银员、收银组长、金融室人员应同时在场。

5.11 收银员短款免赔偿操作办法

1. 短款免赔偿原则

（1）免赔额度仅适用于门店收银员因非故意行为产生的短款，对于收银员的故意行为，一经发现，按相关规定执行。

（2）收银员在每日免赔额以下的可以免赔，在日短款额达到免赔额以上的，收银员需全额赔偿。

（3）收银员短款免赔偿操作办法应做到人性化和制度化的统一，即允许收银员有犯错的机会，又能用操作办法制约收银员犯错。

（4）收银员应计短款赔偿额应按照一定期间统计，超过期间应自动归零，从下一期间重新计算。

例如，某超市的《收银员短款免赔偿操作办法》规定：

（1）对于每日短款额在 10 元以下的，全部免于赔偿，不计次数。

（2）对于每日短款额在 10 元以上（含 10 元）20 以下（不含 20 元）的，如在一个自然月内，收银员此类短款记录不超过 2 次的，所有短款全部免于赔偿；达到 3 次的，除需将第 3 次短款额全额赔偿外，还应将当月前两次此类短款额累计进行赔偿；超过 3 次的，需对当次实际短款额全额赔偿，依次类推。

（3）收银员应计短款赔偿额按照自然月份统计，每月底记录自动归零，从次月起重新计算，短款记录在阅读之间不累计计算。

根据该超市的规定，3 月份如果收银员的短款记录及应赔偿额见表 5-6。

表 5-6　某收银员 3 月份短款记录表

日　期	短款额 / 元	应计赔偿额 / 元
3 月 2 日	8	0
3 月 5 日	12	0
3 月 12 日	15	0
3 月 15 日	16	43
3 月 25 日	13	13
3 月 31 日	6	0
合　　计	70	56

2. 门店财务支出

（1）收银员免赔金额从"营业外支出"科目支出。

（2）收银员长款应计入"营业外收入"科目。

3. 员工长短款档案管理

员工长短款档案管理表见表 5-7。

（1）为防范现金风险，抽查收银员的操作准确性。门店每天应对部分收银员进行随机现金抽查，并记录抽查结果（详见 5.10 节介绍）。

（2）为及时跟踪收银员的长短款情况，并采取相应的管控措施。门店需建立《收银员月度长短款档案》，对每个收银员的收银长短款进行记录，并在每月规定日期前完成《收银员长短款数据分析表》。

（3）对于频繁出现 10 元以下短款情况的收银员，门店要给予特别关注或必要的培训，以提高其收银准确性。

表 5-7 收银员月度长短款档案

工号		姓 名		工号		姓 名		工号		姓 名		工号		姓 名		工号		姓 名	
日期	长款	短款		日期	长款	短款		日期	长款	短款		日期	长款	短款		日期	长款	短款	
1日				1日				1日				1日				1日			
2日				2日				2日				2日				2日			
3日				3日				3日				3日				3日			
4日				4日				4日				4日				4日			
5日				5日				5日				5日				5日			
6日				6日				6日				6日				6日			
7日				7日				7日				7日				7日			
8日				8日				8日				8日				8日			
9日				9日				9日				9日				9日			
10日				10日				10日				10日				10日			
11日				11日				11日				11日				11日			
12日				12日				12日				12日				12日			
13日				13日				13日				13日				13日			
14日				14日				14日				14日				14日			
15日				15日				15日				15日				15日			
16日				16日				16日				16日				16日			
17日				17日				17日				17日				17日			
18日				18日				18日				18日				18日			

项目五 收银主管操作实务

续表

工号		姓名			工号	姓名			工号	姓名			工号	姓名			工号	姓名		
日期	长款	短款			日期	长款	短款		日期	长款	短款		日期	长款	短款		日期	长款	短款	
19日					19日				19日				19日				19日			
20日					20日				20日				20日				20日			
21日					21日				21日				21日				21日			
22日					22日				22日				22日				22日			
23日					23日				23日				23日				23日			
24日					24日				24日				24日				24日			
25日					25日				25日				25日				25日			
26日					26日				26日				26日				26日			
27日					27日				27日				27日				27日			
28日					28日				28日				28日				28日			
29日					29日				29日				29日				29日			
30日					30日				30日				30日				30日			
31日					31日				31日				31日				31日			
合计																				

知识拓展

人民币假币甄别方法（以百元大钞为例）

一、查看票面主景人像

票面主景人像指的是图 5.4 的箭头位置的头像，通过与图 5.5 的对比可以发现，真币（左）嵌于纸张内部，层次感丰富；而假币（右）在纸张夹层中涂布白色浆料，层次感较差。此外，真假币主景人像在触感上的凹凸感也有所不同，可自行体会。

图 5.4　票面主景人像

图 5.5　真假币主景人像对比

二、查看票面变色油墨

变色油墨指的是图 5.6 的箭头位置的头像，通过与图 5.7 的对比可以发现，真币（左）清晰，有突出于票面的浮雕感；而假币（右）模糊，全胶印（四色网点），平滑无浮雕感。

图 5.6　票面变色油墨

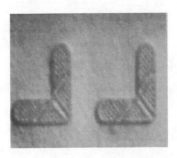 

图 5.7　真假币变色油墨对比

三、查看票面冠字号码

冠字号码指的是图 5.8 的箭头位置的头像,通过图与 5.9 的对比可以发现,真币(左)的"100"数字垂直角度与倾斜角度观察变色效果明显,而假币(右)的"100"数字垂直角度与倾斜角度观察无变色效果。

图 5.8　票面冠字号码

图 5.9　真假币冠字号码对比

四、查看水印

水印 1:胶印微缩文字

胶印微缩文字指的是图 5.10 的箭头位置的头像,通过与图 5.11 的对比可以发现,真币(左)"RMB 100"的字型清晰,而假币(右)"RMB 100"的字型模糊。

水印 2:对印图案

阴阳互补对印图案指的是图 5.12 的箭头位置的头像,与通过图 5.13 的对比可以发现,真币(左)迎光透视,正背图案完全吻合,形成一个古钱币图案,而假币(右)正背图案错位。

图 5.10　胶印文字

图 5.11　真假币胶印文字对比

图 5.12　对印图案

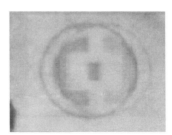

图 5.13　真假币对印图案对比

五、使用验钞笔

利用验钞笔发出的紫光可以使荧光物质在紫外线的照射下发光的原理进行甄别，荧光防伪标记指的是图 5.14 的箭头位置的头像，通过图 5.15 可以清楚地看到真币在验钞笔紫外光照射时，发出黄绿色荧光；而假币发出的荧光则极为黯淡，看不清楚。

图 5.14　荧光防伪印记　　　　　　图 5.15　真币的荧光效果

六、使用验钞机

验钞机可以检验人民币文字安全线上的磁性，磁性微缩文字安全线指的是图 5.16 的箭头位置的头像，通过图 5.17 可以清楚地看到真币（左）的安全线中"RMB 100"字样清晰，使用验钞机可测试其磁性特征；而假币（右）安全线中"RMB 100"字样模糊或没有，无磁性特征。

图 5.16　文字安全线

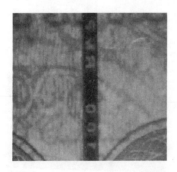 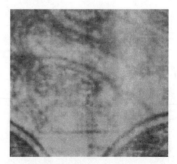

图 5.17　真假币文字安全线对比

职场指南

（1）收银主管的工作复杂而琐碎，需要收银主管具备十足的耐心和细心。

（2）收银主管在工作中要注意集权和放权相结合。

（3）收银主管需要每个月对收银员进行一两次的专业技能培训，特别要加强对收银员职业道德和职业规范的培训。

项目实训

假如你是一名收银主管,请编制收银线作业规范,并根据部门员工管理操作实务中的组织培训任务所学的内容,对管辖范围内的收银员进行一次主题培训。

一、实训目的

通过实训,使学生回顾收银工作的基本流程和基本内容,并将主管所具备的培训技能运用到收银主题培训中。

二、实训任务

任务一:制订收银线作业规范
任务二:召开一次收银员主题培训

三、方法步骤

任务一:制订收银线作业规范
步骤:
(1)复习本项目相关内容。
(2)确认需要制订的收银线作业规范的内容(大钞提取、抽查盘点、长短款制度等)。
(3)考察一家连锁门店的收银现状。
(4)编制收银线作业规范。

任务二:召开一次收银员主题培训
步骤:
(1)复习本项目相关知识,分组并选择收银主题培训。有4个主题可供选择:
① 收银员的职业道德及礼仪。
② 收银的基本流程及操作规范。
③ 收银岗位的防盗。
④ 收银突发问题的处理。
(2)拟订培训计划。
(3)准备培训内容。
(4)进行收银员主题培训。

四、实训效果考评

任务一考评表

考评内容	收银线作业主题培训			
	考评要素	评价标准	分值/分	评分/分
考评标准	内 容	制订的内容是否齐全	40	
	可行性	制订的规范是否可行 制订的规范是否适用	40	
	格 式	制订的规范格式是否正规	20	
	合 计		100	

注:评分满分100分,60~70分为及格,71~80分为中等,81~90分为良好,91分以上为优秀。

任务二考评表

考评内容	收银员主题培训			
	考评要素	评价标准	分值 / 分	评分 / 分
考评标准	培训内容	包含主题所需的基本内容 培训材料准备齐全	30	
	培训效果	考核方式合理 培训形式得当 培训气氛活跃	40	
	培训者素质	形象得体 口齿清楚 掌握培训时间等	30	
合　计			100	

注：评分满分 100 分，60～70 分为及格，71～80 分为中等，81～90 分为良好，91 分以上为优秀。

项目小结

　　收银工作是随着现代零售业的繁荣发展与现代化收银手段的应用而逐步发展的，收银主管需要在工作中不断总结经验、紧跟新技术、学习新法规。收银主管工作技能的提升对于收银工作的顺利开展，乃至整个门店的正常经营都有至关重要的作用。

　　本项目主要从收银主管工作流程、收银区域管控和收银主管作业规范 3 个角度介绍了收银主管的工作内容和流程、收银区域管控的处理和收银主管重点工作的操作规范。收银主管需要细心、耐心地开展工作。

复习自测题

一、判断题

1.《收银员短款免赔偿操作》适用于收银员故意行为和非故意行为产生的短款。（　　）
2. 收银主管对门店的防损工作起到很大的作用。（　　）
3. 大钞是指百元以上的钞票。（　　）
4. 收银机抽查盘点是为了减少前台收银机中现金的积压数量。（　　）
5. 员工通道管理属于收银线设施管理的内容。（　　）

二、单选题

1. 客服经理（　　）要对收大钞情况进行抽检，并记录在《资金工作自检表》中。
　　A. 每季　　　　　B. 每月　　　　　C. 每周　　　　　D. 每天
2. 收银员免赔金额从（　　）科目支出，收银员长款应计入（　　）科目。
　　A. 营业外支出　　B. 管理费用　　　C. 营业外收入　　D. 销售收入

3. 收银机抽查盘点作业时需要核对应有金额和实际金额，应有金额通过盘点（　　）的钱获得，而实际金额通过检查（　　）的金额获得。

  A. 换班记录小票（X 报表）   B. 盘点表

  C. 钱箱   D. 金融室

  E. 大钞提取

4. 收银机抽查盘点作业时需要核对应有金额和实际金额，实际金额通过检查（　　）的金额获得。

  A. 换班记录小票（X 报表）   B. 盘点表

  C. 钱箱   D. 金融室

  E. 大钞提取

5. 商品价格差异处理原则是（　　）。

  A. 以标价中的低价进行售卖   B. 以标价中的高价进行售卖

  C. 随意选择

三、多选题

1. 大钞提取时，需要（　　）三方在场。

  A. 收款人   B. 收银员   C. 金融室人员

  D. 收银组长   E. 防损员

2. 收银机抽查盘点作业时，需要（　　）三方签字确认。

  A. 收款人   B. 收银员   C. 金融室人员

  D. 收银组长   E. 防损员

3. 收银主管的收银线防损管理主要包括（　　）。

  A. 人员管理   B. 设备管理   C. 商品管理

  D. 卡类管理   E. 现金管理

4. 大钞提取对防范收银资金安全风险的作用有（　　）。

  A. 减少前台收银机中现金的积压数量

  B. 及时将现金返回总收款室进行处理

  C. 防止偷窃、抢劫等事件的发生，保证资金安全

  D. 空出银箱以便于收银员操作

5. 收银线的人员管理的内容包括（　　）。

  A. 收银线人员进出管理   B. 未购物通道管理

  C. 收银员上岗号管理   D. 员工购物通道管理

项目六

收货主管操作实务

 项目简介

　　收货是门店商品流转的第一关,是系统数据的重要进口之一,收货营运正确性直接影响着库存的准确以及门店商品的质量。收货口是门店所有商品、物品的唯一进口,是出收银区域外唯一商品、物品的出口。对商品进出的管控,实际上就是对门店财产的管控,同时收货部门所有收退单据都是财务与供应商进行结算的凭证,可见收货部门是门店的咽喉。因此,作为收货部门的负责人,收货主管责任重大。

本项目从收货仓库及设备管理、收验退货管理两个方面介绍门店收货主管岗位操作实务的内容。通过学习，要求学生熟悉收货主管各项工作的流程，了解商品收验货标准。

项目内容

学习目标

1. 熟悉收货有关的基本术语。
2. 熟悉收货主管的工作流程。
3. 了解商品收验货标准。

任务一　收货仓库及设备管理

物美超市发现门店的损耗率很高，遂要求每个部门自检，查找高损耗的原因。收货主管小张调查了收货部门的收验退货流程，发现流程并无问题，但最后了解到是因为收货的仓库和设备管理不当，才导致了门店的损耗率变高。

那么，收货主管应该如何加强收货部门仓库和设备的管理呢？

【工作流程】

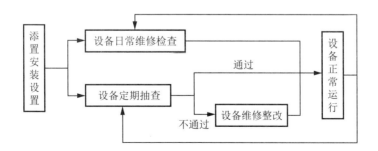

【学习要求】

培养收货主管对仓库和收货设备的管理能力。

【相关知识】

6.1 收货的基础知识

（1）商品。超市用于销售的产品。

（2）商品编码。商品依类别规律所编的号码，具有唯一性。

（3）条形码。商品上以粗细标示供光学扫描器读取的商品资料。

（4）订单。公司发出的商品订货单，供应商的送货凭证。

（5）配送商品。由订货部向厂家要货，门店再向配送中心要货。

（6）直送商品。门店直接下订单，供应商直接送货到门店。

（7）收货。将商品或物品执行正确的验收程序，收到门店成为公司的财产。

（8）退货。将因品质问题、滞销或被淘汰商品退还供应商。

（9）调拨。门店与门店之间的商品调剂。

（10）报损。由于破包、损坏等原因导致商品完全失去或不能维持其使用价值，按废品进行处理的商品。

（11）返厂。直送商品的退货程序。

（12）返仓。配送商品的退货程序。

（13）保质期。指有使用限制的商品或物品的最后使用期限。

（14）生产日期。商品生产出来的日期。

（15）仓库。用来储存商品库存的非销售区域。

（16）暂存区。临时码放商品的区域。

（17）赠品。指供应商为顾客或超市免费提供的产品。

（18）码放。正确地将商品堆放在卡板上。

（19）检疫证书。指特殊食品如生猪经过卫生检疫部门合格后符合销售条件所发的证书。

（20）生产许可证。根据《中华人民共和国工业品生产许可证管理条例》规定，对属于强制性执行许可制度的商品，如未取得生产许可证则属于无证商品，严禁销售。

6.2 仓库管理

1. 仓库商品定置管理

（1）仓库按照实际需求将内部划分为若干储存区域。

（2）商品储存按类别、系列、品牌分开放置，相同类别、系列、品牌商品放置在一起。

（3）商品摆放原则。出入库频繁商品靠近门口或通道处，轻小商品放在料架上。

2. 库容库貌管理

（1）相同商品应放置在一起，商品堆放应整齐。

（2）库内的商品、工具、墙壁、地面、窗户、桌椅应保持干净、整齐。通道上不放置任何商品或工具，保持通道畅通无阻。

（3）商品不应直接放于地面上，要用卡板进行码放。

（4）裸露商品必须有遮盖。

3. 仓库安全管理

（1）仓库内严禁吸烟。

（2）消防设备应定期检查、维持，排除一切消防隐患。商品的存放不得影响和阻碍消防通道、消防设施。

（3）商品堆放高度以不得超过 2.5m 高为原则，有堆码层数限制的商品不得越过最高层数。

（4）商品堆放整齐，不能歪斜，有向上箭头标识的商品必须正向放置，不得侧放、倒放。

（5）仓库内注意防潮、防霉、防雨、防火、防鼠，要采取一定的养护措施。

（6）一旦发现仓库有异常情况，应立即作出反应，采取补救措施。

（7）商品搬运时应轻拿轻放，玻璃制品或家电等易损商品用叉车运送时，必须有一人在后面进行防护工作，以保证商品的安全搬运和安全转移。

4. 商品入、出库管理

（1）遵循"先进先出"原则，防止商品过期变质。

（2）大家电商品入库、出库要建立台账管理。

（3）几种单品放于同一陈板出库时，同种单品集中放置，重物放于下面，轻的放在上面。

（4）遵循先出库零散件、后出整件原则。

6.3 收货设备管理

1. 卡板（图 6.1）的管理

（1）卡板的基本功能是运输、存放、陈列商品。

（2）卡板常用来做堆头或大端架以陈列促销商品。

（3）木卡板不能存放于冷藏库、冷冻库等。

（4）任何商品只能存放于货架或其他陈列设备上以及卡板上，不能直接接触地面。

（5）收货部门人员有责任将卖场的空卡板及时归回收货部门。

（6）卡板只能用叉车运输，不能直接在地板上拖滑，以免伤及地面。

（7）空卡板必须存放在收货部的规定区域，同一方向进行叠放，高度不超过 2.5m。

图 6.1 卡板

（8）有损坏的卡板不能继续使用，必须维修或报废。

（9）卡板每年进行至少两次的数量盘点。

2. 磅秤（图6.2）的管理

（1）磅秤只能在规定的最大重量范围内使用。

（2）磅秤只能用于商品的称重，不得用于人的称重。

（3）磅秤上切勿乱堆、乱放其他物品，切勿踩踏磅秤。

（4）磅秤必须保持干净、整洁。

（5）磅秤必须定期进行校准。

3. 手动叉车（图6.3）的管理

（1）必须按手动叉车的使用方法进行操作，以拉为主，以推为辅。

（2）使用手动叉车必须注意安全，注意商品的存放是否安全，注意周围的人和商品，看是否有足够的空间进行操作，以免伤人、伤物。

（3）叉车不准拉人或人站在车上一同前进。

（4）空叉车必须归回收货部门指定的位置区域。

（5）不要用叉车直接运输货物，要使用卡板。

（6）叉车停止后，卸货前必须将叉车放下，不能在活动的状态下进行卸货工作。

（7）不能使用坏叉车，坏叉车只能进行报修或报废。

（8）不要让顾客或儿童使用商场的叉车。

图6.2　磅秤

图6.3　手动叉车

4. 平板车（图6.4）安全作业要求

（1）平板车上的商品堆放严禁超过1.5m（单件大电器除外），超过1m时应有人扶住商品。

（2）使用平板车时严禁奔跑，避免与周边人员、商品、设施发生碰撞，使用人员应及时提醒周边人员避让，转弯时速度要慢。

（3）平板车不得载人，不得超重。

（4）平板车应从前面拉，避免从后面推。

图 6.4　平板车

5. 其他部门借用设备流程

其他非收货部门借用设备可以按照图 6.5 所示流程处理。

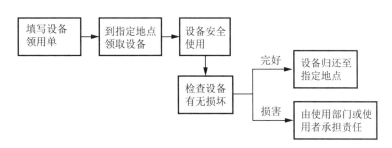

图 6.5　借用设备管理流程

任务二　收验退货管理

某日上午 10 点，物美收货平台供应商的送货车辆排起长龙。收货员冒着酷暑紧张作业，仍然无法应付所有排队等候的送货车辆。此时，一名供应商冲到收货窗口说："我是 × 食品公司的，已经等了半个小时，你们赶快给我收货。"收货员回答："请把订单给我，您是 15 号，请排队等候。"供应商急了："我送来的是冷冻水饺，不能久等，是你们叫我赶快送的，你们卖场已经断货了。"此时是上午 10 点，距送货到店时间已有一个半小时。当验货人员打开货物检查时，发现有些包的水饺已经解冻了。收货主管经过此事，决定为门店制订收退货的流程。

那么，收退货的流程是怎么样的？收退货时应该注意什么问题呢？

【工作流程】

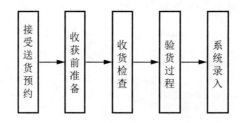

【学习要求】

培养收货主管收货、验货和退货的管控能力。

【相关知识】

6.4 收验货管理流程

1. 直送商品送货流程

直送商品指的是由供应商跳过总部，直接向门店发送的商品。供应商直送商品收货流程如图 6.6 所示。

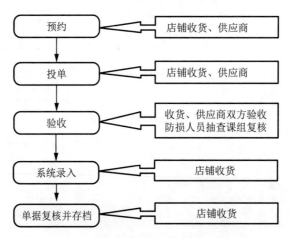

图 6.6 供应商直送商品收货流程

1）预约

（1）为避免送货区拥堵，要求供应商在送货前必须提前（一般是 24h 及以上）与门店收货部门进行预约。

（2）生鲜和日配商品供应商可以不必每天预约，但应在与事先与门店约定的时间前准时送货（一般是每天早上 8 点前）。

（3）门店收货需做好预约登记（《供应商送货预约登记表》见表 6-1），并根据预约情况安排好收货人力。

表 6-1 供应商送货预约登记表（部分）

预约号	预约时间	供应商名称	送货件数	预约号	预约时间	供应商名称	送货件数	预约号	预约时间	供应商名称	送货件数
1001	6:00			2001	6:00			3001	6:00		
1002	6:30			2002	6:30			3002	6:30		
1003	7:00			2003	7:00			3003	7:00		
1004	7:30			2004	7:30			3004	7:30		
1005	8:00			2005	8:00			3005	8:00		
……											
1015	13:00			2015	13:00			3015	13:00		
1016	13:30			2016	13:30			3016	13:30		
1017	14:00			2017	14:00			3017	14:00		
1018	14:30			2018	14:30			3018	14:30		
……											
DC 预约											

注：DC 详见本节第 2 小点介绍。

（4）冷冻冷藏、生鲜商品可优先安排收货。

2）投单

（1）供应商投单。送货人员将供应商供应商订货系统中打印的订单，一式两份交至收货投单处。门店收货部门有权拒收未携带订货单的供应商送货。

（2）门店自采商品需提供门店的采购订货清单。

（3）收货审单。收货员工审核订单内容是否符合门店要求，订单与电脑订单是否相符。审核项目包括以下内容：

① 订单是否齐全、完整、打印清楚，有没有污损。

② 订单内容，如店号、订单号码、销售单位、品项数等是否准确。

③ 是否在订单交货有效期内（通常为订单预计交货日期的前一天至后两天），超过有效期的订单，门店将无法收货。

④ 是否有"采购订单历史"，如有表示该张订单已被处理过，则不能使用；如没有，则可正常使用。

3）验收

（1）商品验收操作说明。

① 收货员工在接待送货供应商时，应执行一对一服务原则。一名收货员工不允许同时为多家供应商收货，收货员工收、退货时必须在单据右下角上写明收、退货时间。

② 收货部门员工和供应商送货人员根据采购订单在指定验货区内依照门店收货验收标准清点验收货物。对于到货量不足的（每个门店要求不同，部分连锁超市规定的是到货量不足订货量的1/2），可通知相关收货部门，经确认是否继续收货；对于超出订单所列品项及数量以外的商品，门店必须拒收；对于不符合门店验收标准的商品，应严格拒收。

③ 收货人员将验收合格的商品数量逐一记录在订单中相应的实收数量栏，并签字确认。

④ 如所收商品需要部门复核的，则交由部门人员复核验收。若收货数量有修改，部门验货人员需在订单相应处修改实收数量并签字确认，复核后的订单须及时返还收货部门。

⑤ 供应商送货人员应严格按照门店收货人员的要求将商品整齐码放在栈板或指定运货工具上，如送货人员需要进入库房必须由门店员工陪同。

⑥ 在收货过程中，收货防损员将根据公司防损相关规定对全部或部分商品实施抽查，并在订单上签字确认。如在抽查过程中发现有供应商欺诈行为，则按照门店相关规定处理。

⑦ 订单签收并核实无误后，由收货部门负责人或指定授权人在订单上加盖门店收货专用章后返给供应商送货人员，加盖收货专用章的订单将作为供应商结账的重要依据。

⑧ 收货验收后的单据（订单、供应商送货单/出库单）交收货录入人员复核并录入系统。

⑨ 非防损、收货部门人员严禁进入收货办公室，杜绝除收货人员以外的人员使用收货部门办公室电脑办公。主管以上人员进入收货部门需店长授权，并将授权人员名单张贴在收货办公室门上。

（2）商品验收标准。

① 商品标识标签及检验证明。门店收货应根据总部质量管理部定期更新的收货质保标准检查商品的标识、标注、随货附送的商品证书或检验检疫证明、条形码等，如3C标志、QS标志、进口商品中文标识、检验检疫证明等，以确保所有收货商品符合国家相关规定的销售标准。

② 商品品质。门店收货应根据总部质量管理部门和采购部下发的各类商品品质标准验收商品，确保商品质量符合销售要求。

③ 保质期。所有国产预包装商品应距离保质期到期日至少余有2/3时间，进口预包装商品的保质期应距离保质期到期日至少余有1/2时间。对于达不到上述保质期要求的商品，门店有权拒收，特殊情况下需经总部采购部通知营运后方可收货。

④ 开箱率。为确保商品的数量和质量，收货过程中需要对供应商单一商品大量到货进行一定比例的抽查。

例如，国内某大型连锁超市具体的抽查比例和检查标准如下（可根据门店实际情况调整）：

（1）单一商品来货量在10个标准（原装）箱或以下，需百分百检查。

（2）单一商品来货量在10～20个标准（原装）箱，首先抽查10箱，然后再抽查超出部分的30%。

（3）单一商品来货量在20个标准（原装）箱以上，可以从栈板的多角度随机抽查，但至少要抽查15箱以上。

（4）如果供应商来货使用的是非标准（原装）箱，必须全部开箱检查。

（5）贵重商品及高损耗商品，如香烟、单价80元以上的酒、精品小家电、化妆品、巧克力、口香糖、电池等，必须百分百开箱核查（同样适用于DC配送到门店的商品和门店退货到DC的商品）。

（6）直送贵重商品收货由营运部门、收货部门、供应商三方共同验收，DC 贵重商品由司机、营运部门、收货部门三方共同验收并签字确认。

（7）收货部门防损每个班次抽查不得少于三家供应商 10 个品项。

（8）在检查过程中若对商品有疑问时必须加大标准箱的抽查比例。

（9）自采生鲜称重商品百分百过秤，称重实际数量和订单数量有差异进行现场更改，防损、收货部门、采货人员三方在自采订单上签字确认，但不对商品的次品扣数，门店对商品次品进行统计报备给相关采购，自采其他商品按照收货流程执行收货。

4）系统录入

（1）核对收货单据。收货录入人员核对订单实际签收数量，并与厂家送货单或出库票进行核对。

（2）负责录入的人员必须在收货验收完成后，立即进行录入，确保随收随入，不能延后压单。

（3）如收货数量与采购订单数不符，需按实际数量录入，且收货数量不能高于订单数量。

5）单据复核并存档

（1）需要系统过账的单据必须当天过账完毕。

（2）根据文件存档规范要求，将当天所有收货单据分类归档，存档期限按照公司相关规定执行。

2. 配送商品收验货流程

配送商品（DC 商品）指总部向供应商订货，门店在有需求时向总部发起订货，并由总部或者大仓向门店统一配送的商品。此处，DC 为连锁企业的统仓，又称大仓，简称 DC。DC 商品收货流程如图 6.7 所示。

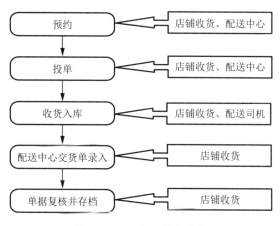

图 6.7 DC 商品收货流程

1）预约

（1）配送中心应在每日送货前与门店预约到货时间。

（2）门店收货需做好预约登记，并根据预约情况适当安排收货人员。

（3）门店应依据预约时间安排收货，配送商品可优先安排收货。

（4）如配送中心未按预约时间送货，门店要与配送中心联系，视具体情况改期或者延后收货时间。

2）投单

（1）DC送货司机投单。送货司机将DC送货单据交到收货投单处。

（2）收货审单。收货员工应审核DC送货单据是否齐全，单据内容是否准确、清晰。完整的DC送货单据应包括司机行程表、配送中心交货单、手工发货单、卫检证明。

3）收货入库

（1）开启车辆铅封。收货人员与防损人员共同按照《司机行程表》中登记的铅封号对运输车辆进行环绕一周的铅封检查，确认无误后开启铅封；如发现铅封有问题，要第一时间通知门店防损、值班店长、配送客服，并立刻与配送中心运输部值班调度或调度长联系。

（2）普通商品收货。车辆开封后，由配送中心承运人员在门店收货人员的指导下，用电动叉车等运输工具将货物直接转运至门店指定地点。之后，收货人员在《司机行程表》上签收实际卸货并转运的木托盘数量后，将同等数量且已腾出的木托盘交接给承运人员，方可将运输车辆放行（贵重商品除外）。

（3）贵重商品的收货。车辆开封后，需要由门店收货、营运部门、门店防损、配送中心承运人员共同依据配送中心交货单上的记载，查找贵品并共同清点。之后，由收货人员在《司机行程表》上签收实际收货数量，方可将运输车辆放行。

4）配送中心交货单录入

配送中心根据门店收货情况录入交货单。由于本任务主要讲解门店主管收货操作规范，所以对配送中心的交货单录入不作详细介绍。

5）单据复核并存档

（1）需要系统过账的单据必须当天过账完毕。

（2）根据文件存档规范要求，将当天所有收货单据分类归档，存档期限按照公司相关规定执行。

6）异常情况处理

（1）如商品入库开箱后发现商品有品项差异、数量差异或破损等情况，可向DC提出申偿。

（2）申偿同时，需将结果上报至营运部收货专员，由营运部汇同配送中心共同核查出现差异的原因。若确属配送中心方面原因导致的差异，将由配送中心按清点差异补货到门店。

（3）对于出现的破损商品，由配送中心按具体的破损数量，补货到门店。

3. 冷链商品收货流程

1）目的

冷链商品收货温度控制是冷链管理中重要的一部分，收货部门收货中必须对冷链食品进行温度检测，以确保提供给顾客质量安全的商品。

2）冷链商品管理范围

冷链商品指在生产、储藏、运输，销售各环节必须处于规定的低温环境的易腐商品，包括冷熟食、易腐原料、各种肉类、面包原料、散装豆制品、冻品、海鲜、奶油、奶类等。

3）冷链商品收货检查

（1）所有商品必须包装良好，不能直接暴露在空气中，包装材料或容器必须清洁、整洁无破损。如果包装情况不符合上述标准可能导致污染，必须拒收该批商品。

（2）商品的运输工具必须清洁且没有可能导致污染食品的结构性损坏，没有垃圾、灰尘和其他污染源，检查运输车辆的状况。如果运输车辆不合格可能导致污染，必须拒收该批商品。

4）冷链商品收货

（1）各门店收货部门需配备电子探测式温度计一个。

（2）收货部门员工必须在收货之前检测温度，检测方法如下：

① 将温度计的探针插入食品或者两个独立包装的中间持续60s。

② 每车（次）食品检查3个点的温度，如果整车（次）是同一种食品有多款包装，检查3个包装，每个包装检查1个点；如果只有一种包装，需检查3个点。

③ 在温度登记本记录登记3个检查温度最高的一个，即食熟食登记最低温度。

④ 具体测温食品温度收货标准见表6-2。

⑤ 相关运输工具状况，收货温度检查，食品包装检查统一用表见表6-3。

表6-2 冷链温度管理表

部门	产品类别	冷链管理货运温度标准	收货温度标准
熟食	冷熟食	≤5℃	≤10℃
	散装凉皮、凉面、凉粉	≤10℃	≤15℃
	寿司类	≤5℃	≤10℃
	热熟食	≥60℃ 即食	≥60℃ 即食
		≤10℃ 售前需加热	≤10℃ 售前需加热
	点心类	≤5℃ 保鲜	≤10℃ 保鲜
	易腐败熟食原料	≤5℃ 保鲜	≤10℃ 保鲜
	散装豆制品	≤5℃	≤5℃
面包	原料奶、奶油	≤5℃	≤10℃
肉类	猪、牛、羊、兔、禽、鱼、丸子类	≤-18℃ 冷冻	≤-8℃ 冷冻
		≤5℃ 保鲜	≤10℃ 保鲜
海鲜	冰冻虾、蟹、贝壳、螺、鱼类	≤-18℃ 冷冻	≤-8℃ 冷冻
	冰鲜虾、蟹、贝壳、螺、鱼类	≤5℃ 保鲜	≤10℃ 保鲜
冻品、奶类	速冻蔬菜、肉、禽、鱼、蛋、丸子等	≤-18℃	≤-8℃
	速冻中式包点		
	冰淇淋	≤-22℃	≤-12℃
	其他冷冻包装食品	≤-18℃	≤-8℃
	低温火腿、肠类、培根	≤5℃	≤10℃
	低温奶、酸奶、乳酸菌饮料、奶酪类		
	黄油、牛油		
	纯果汁		
	包装豆制品、鲜豆浆、豆奶		
	包装面条、面皮、保鲜中式包点		
	其他保鲜包装食品		

表6-3 冷链收货温度登记表

日期	供应商	商品名称	运输工具是否合格	温度/℃	收货部门签名	防损签名	备注

（3）如果有冷链食品和常温食品、非食品需要收货，必须优先收冷链食品。避免冷链食品在常温下停留时间过长，必须尽快卸货和储藏，该类商品在常温下停留不得超过规定时间（一般为30min）。

（4）预包装食品如果有两个储藏方式和保存期限，根据该商品在门店销售的方式决定是否测温。例如，某商品包装标签显示在常温下保质期为5天，在0～5℃时保质期为7天，若该商品在冷藏柜售卖必须测温，若在常温下售卖则无需测温。

4. 联营商品收货流程

联营商品是指采购以固定提点方式签订协议的供应商所售卖的商品，该商品的库存不计入门店库存，供应商结款时按照门店POS销售记录为准。联营商品收货标准和自营商品收货标准一致；联营厂家不得超范围经营，否则将依据合同进行处罚；联营厂家的商品和原料、自用品必须经过收货码头进入卖场，不得从员工通道、卖场入口、收银线等区域带入卖场；供应商应保留一份送货单，以备退货时使用。

1）杂百联营商品收货

（1）联营供应商送货必须提供一份盖有该公司鲜章的送货单在收货部门留底，送货单上内容必须有日期、品名、规格、数量，且需打印完整。

（2）联营收货由供应商、收货部门共同完成，检查内容包括以下内容：

① 确认联营商品的品名，规格，数量和保质期。

② 检查联营商品是否符合国家商品售卖规定，如家电3C认证、玩具类安全标志、预包装食品QS标识等基本条件，不符合国家规定的的必须拒收。

③ 散装食品供应商必须提供该批商品的散装食品说明标签，收货部门必须检查散装食品标签和商品实际信息是否相符，如有例外则拒收。

④ 是否违反经营合同的要求。

（3）收货部门和联营供应商对商品检查完后，由防损对商品数量进行抽查。如有数量差异必须将原数量划叉在旁边写上正确数量，收货部门、防损、供应商三方签字确认。

（4）确认无误后，收货部门、防损、供应商三方在收货部门留底的供应商送货上签字确认，并由收货部门保留送货单据，单据保留2年。

2）生鲜联营商品收货

（1）采购每月定期按照采购线提供《需百分百过数（点数）联营厂商商品清单》给各

门店收货部门。收货部门按照清单品名收货,非清单内的商品一律拒收。

(2)联营供应商送货时需提供一份送货清单,单上必须写明日期、品名、数量、规格,并盖有供应商鲜章。

(3)联营收货由供应商、收货部门共同完成,称重商品必须百分百称重确认并对数量差异现场更改签字确认,防损进行抽查并签字确认。检查内容包括以下几个方面:

① 供应商运输工具是否符合要求,易腐败原料是否符合冷链管理标准。
② 散装食品说明标签是否和商品实际信息相符。
③ 商品品质、生产日期、保质期是否符合公司标准。
④ 预包装即食食品必须符合国家标准。
⑤ 其他相关要求。
⑥ 如出现以上任何例外收货部门必须拒收,防损进行监督。同时通知相关管理层将有关情况通知采购和品类部。

(4)确认无误后,收货、防损、供应商三方在供应商盖有鲜章的送货单上签字,由收货部门保留送货单,单据保留6个月。

5. 门店收货仓关闭后收货管理

(1)收货部门一天工作结束后,由防损部关闭收货仓门,闭店前有大仓或供应商紧急到货时,可电话通知营运值班店长,由营运值班店长通知防损共同开门。同时,由值班店长和防损领班按照收货流程完成收并签字,对于凌晨DC的果蔬收货由营运夜值和防损共同按照收货流程收货,开、关收货部门大门必须营运和防损共同完成并签字,任何情况绝对不允许单方开、关启收货部门大门。所有DC货柜百分百进行回封,一经发现没有进行铅封和单方面开、关收货部门大门按重大过失处理。

(2)收货完成后由部门将商品拉回卖场,不得堵塞在收货部门,以免影响次日早晨收货。

(3)值班店长将收货单据与当天的值班店长交接记录表一起保存在防损处,并在交接班记录中交接内容栏做登记,次日值班店长看到交接内容后将收货单据交由收货部门录入。

6.5 退货管理流程

1. 直送供应商退货作业流程

直送供应商退货作业流程如图6.8所示。

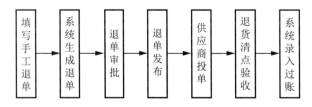

图6.8 直送供应商退货作业流程

1)手工填写《手工退单》(表6-4),准备退货商品

对于高库存、大批量商品退货由门店营运主管填写《手工退单》,退货单交部门员工准

备退货商品。对于破损破包等零散商品的退货，由营运部门员工或促销员清理整理待退商品，填写《手工退单》，退货数量需根据实际退货数量填写。退货商品统一存放在部门后仓待退区。

表6-4 手工退单

门店：　　　　课别：　　　　供应商代码：　　　　供应商名称：　　　　退货时间：

序 号	商品编码	商品名称	规　格	单　位	退货数量	退货原因
1						
2						
3						
4						
5						
6						
7						

退货人：　　　　　　　　课长：　　　　　　　　录入人：

2）系统生成《供应商退单》（表6-5）

《手工退单》由主管和经理签字后录入系统，系统生成《供应商退单》。

表6-5 供应商退货单

部组号：　　　　　退货单序号：　　　　　预估金额：（未税）
供应商编号：　　　　　　　　　　　　　　　　　　（已税）
地址：　　　　　　名称：　　　　　　　　车牌号：

单品码	名　称	促　销	进价（未税）	退货数量	金　额	退货原因
小　计						

营业主管申请及日期：	收取退货单位及签字：
部门经理核准及日期：	（原供应商及货运单位）：
收货组签字：	退货日期：

3）《供应商退单》审批

所有《供应商退单》由系统自动审批，包括是否可退、应付账款检核防止退冒等，并需要定时查询退单审批状态，及时通知营运部门。

4）《供应商退单》发布

经过审批的《供应商退单》由统一汇总并通过供应商订货系统发布给供应商，营运部门打印《供应商退单》。

5）供应商投单

（1）供应商看到退单信息后，携带《退货授权委托书》在规定时间内到门店领取退货，委托书必须盖鲜章，身份证复印件须与退货人身份一致。门店收货部门需妥善保管委托书。

（2）当供应商来送货时，必须实际"先退后收"原则，即先处理完退货再做收货动作。

（3）逾期供应商未来退货，应根据供应商退货金额的多少，分别报营运部负责人或店长审批后执行。

6）退货清点验收

（1）退货可由收货部门和营运部门组根据工作量安排时间进行清点封箱，将退货数量填写在《供应商退单》，经清点封箱的退货商品存放在指定的退货商品暂区存并张贴DNI（不用盘点的商品，如图6.9所示）。收货部门当天做退单录入过账。

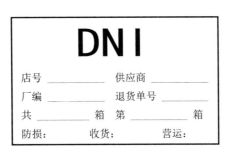

图6.9 DNI模板

（2）由收货部门员工与供应商共同完成退货清点，实际与退单数量不符的由防损进行复盘，其他商品由防损抽盘，抽盘品项和金额不少于整单的20%（每个门店可根据情况调整比例），并在对应抽盘商品备注栏签名。

（3）当供应商领取退货清点时发现数量差异的，以与供应商共同清点数量为准，在《供应商退单》上更改并签字确认。

（4）清点完后由收货部门、供应商双方签字，供应商在退货单上的签字必须与退货授权委托书上的签字一致，收货部门员工必须核对确认。

（5）《供应商退单》收货部门和供应商各留存一份。

7）系统录入过账

根据实际的退货数量录入系统。录完后每个单品逐个复核确认，由收货部门非录入人做复核。录入人和复核人在《供应商退单》上签字。

2. 对DC退货作业流程

对DC退货作业流程如图6.10所示。

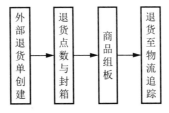

图6.10 对DC退货作业流程

1）外部退货单创建

（1）营运部门根据退货需求，找到退货商品，然后根据商品实数填写《手工退货单》，单据要求填写完整码厂编、商品品名、规格、数量、退货原因、退货人、审核人、录入人，以上内容均用正楷字填写。

（2）退货商品需要使用规整、结实、无破损纸箱，尽量选择原外包装纸箱。同一商品必须集中放在一个纸箱内，一个纸箱内最多可以拼装同一个供应商3个货号商品。

（3）根据营运提供的《手工退货单》录入创建《供应商退单》，在供应商处选择供应商名称。对于退往大仓的DC商品需要在《供应商退单》上标注"退DC"，提示收货部门此商品退往DC。

（4）审批《供应商退单》。

（5）打印《供应商退单》。

（6）收货部门与营运部门协调，保证每个部门每周有充足时间进行退货点数（除生鲜外）。

2）退货点数与封箱

（1）营部门按照与收货部门预约的退货时间，携带《供应商退单》和《手工退货单》，将退货商品拉至收货部门。营运退货应遵循以下原则：

① 有实物无包装、可退货破损破包商品，不能辨别商原码厂编、商品货号、品名、规格的，需营运部门用纸手写源码厂编、商品货号、商品品名、规格并张贴在商品上。

② 退货商品为一品一包装的，外包装和实物必须对应。例如保温杯，外包装必须与实物保持一致，不可将商品串货。

③ 非原装箱商品百分百点数，原装箱商品不需要点数。

（2）营运部门、收货部门根据《供应商退单》对商品进行点数，并将实际数量填写在《供应商退单》实退量一栏。防损收货岗进行抽查，抽查品项和金额不少于整单的20%，三方签字确认。

（3）营运部门现场用胶带封箱，收货部门填写DNI表，收货、营运、防损三方在DNI表上现场签字，DNI表格张贴在箱子正面。批量原装整板商品，每卡板张贴一张即可。

（4）所有签字必须用手写正楷字签写。

（5）收货部门根据实数在系统中过账，过账后将一联《供应商退单》与手工退货单一起存档在收货部门备查。另外的《供应商退单》随货同行到DC。

3）商品组板

（1）当退货已过账商品存放满一托盘时，需要进行组板工作，组板必须用DC标准托盘。组板需要按照上轻下重原则，易碎商品不能放在卡板底部，以免造成破损。商品的DNI标识尽量朝向外部，便于查看。每板货物高度必须在1.6～1.8m。每一个卡板上的货物在组好板后都应用缠绕膜加固，并且封顶。同一退货单号的货物集中放在同一卡板上。

（2）体积小且易丢失、易破损的贵重商品用红色胶带封箱。

（3）组板过程中可填写《退货整板清单》和《整板退货明细》，避免退货单遗漏。该单据需要收货、防损共同现场签字。

（4）组好板后填写《退货整板清单》和《整板退货明细》张贴在整板退货商品的左上角。

（5）组好的整板退货，存放在已过账退货区域，直接整板拉进物流货车即可，无需点数。相应的《供应商退单》用档案袋封存，交由司机带回物流。在司机行程表上标注退单份数、商品卡板数，司机签字确认。收货部门在《筐、托盘、铅封登记表》上登记货柜封条号，并和司机、防损签字确认该条货柜的封条号码。《整板退货明细》收货部门需要在电脑中建立电子文档进行管理，退货当天将电子版发到物流中心退货组，若退货商品返回DC，收货部门在规定时间内将《整板退货明细》电子版发给DC退货组。

（6）退货组板完成后不许拆封，如需拆封必须有防损在场。收货部门发现整板退货被拆开时，需要重新根据《整板退货明细》找到退货单，与防损一起重新核对箱数是否准确。相关注意事项如下：

① 所有未组板的退货，已组好板的退货必须存放在有监控的地方。

② 对私自拆拿已退货商品再回部门销售的，一经查实，对当事人处以罚款。对举报的员工进行奖励。

③ 总部收货经理和防损经理在下店检核中对各店已经完成组板的整板退货商品进行抽查。发现数量差异的，对收货和防损当事员工进行处罚。

（7）所有DC货柜必须百分百回封，司机、防损、收货员工签字确认。

（8）所有的退货点数，封箱，组板，必须全程在监控下完成。

4）退货及物流追踪

（1）门店退货到DC后，DC防损、铅封人员和司机必须当场查验车门封铅封条是否完整，封条号码是否正确。如果发现封条异常且为司机私自开封，所有的差异损失均由DC司机承担。

（2）退货商品到DC后，DC退货员工与司机确认退货板数及单数，并第一时间清点箱数。对带红色胶带贵重及高损耗商品，退货人员在清点时要注意轻拿轻放。

（3）DC在收到门店退货后第一时间与供应商联系退货。如在规定时间内退货点数发现差异，应及时提报并向门店反冲。

（4）DC与供应商清点退货时必须全程、全方位在监控下作业。

3. 联营商品退货流程

（1）联营供应商退货需申请填写《物品携出／归还申请单》，并提供送货单复印件，退货人员在收货部门退货清点完成后需在《物品携出／归还清单》供应商签收人一栏签字。

（2）联营供应商商品退货需提供退货授权委托书《物品携出／归还申请单》，供应商退货人员必须和退货授权委托书被授权人是同一个人，且签字必须一致。

（3）收货部门、供应商、防损收货岗三方按照清单品名逐一清点数量，防止其中混杂自营商品。其中，服饰商品必须将磁扣解除，需称重的生鲜商品必须称重。

（4）杜绝所有联营供应商在收货部门下班关门后退货，一经发现处以当事人重大过失处以相应罚款。

（5）联营供应商退货确认后收货部门人员必须在《物品携出／归还申请单》上收货部门一栏签字。

> 知识拓展

一、SAP 系统

有的学校在进行实训时可能会用到 SAP 系统,这里对其进行简介。SAP(Systems, Application, and Products in Data Processing)是一套企业管理解决方案的 ERP 软件。SAP 在各行各业中得到广泛应用,它为 20 多个行业提供融合了各行业"最佳业务实践"的行业解决方案,这些行业包括汽车、金融服务、消费品、工程与建筑、医疗卫生、高等教育、高科技、媒体、石油与天然气、医药、公用事业、电信、电力及公共设施等。SAP 在每个行业都有行业解决方案图,充分展示各行业特殊业务处理要求,并将其绘制入 SAP 解决方案和合作伙伴补充方案中,完成包括基于网络的"端到端"的业务流程。

SAP 应用于连锁门店,可以完成订单创建、退单、收货、发货、调拨等工作,规范了工作流程,大大提高了连锁门店的工作效率。

SAP 在收货部门的应用主要涉及的是 R2 系统。R2 是 SAP 连接的端口,R2 所有数据以 SAP 系统校验的为准,并返回 R2 相关信息。R2 系统接受 SAP 返回的信息,并将数据形成自身的进、销、存数据。

二、包装储运图示标志

序号	标志名称	标志图形	含义	备注
1	易碎物品	(酒杯图形)	运输包装件内装易碎品,因此搬运时应小心轻放	使用示例:
2	禁用手钩	(手钩打叉图形)	搬运、运输包装件时禁用手钩	
3	向上	(向上箭头图形)	表明运输包装件的正确位置是竖直向上	使用示例:(a)(b)(c)

续表

序 号	标志名称	标志图形	含 义	备 注
4	怕晒		表明运输包装件不能直接照晒	
5	怕辐射		包装物品一旦受辐射便会完全变质或损坏	
6	怕雨		包装件怕雨淋	
7	重心		表明一个单元货物的重心	使用示例： 本标志应标在实际的重心位置上
8	禁止翻滚		不能翻滚运输包装	
9	此面禁用手推车		搬运货物时此面禁放手推车	
10	禁用叉车		不能用升降叉车搬运的包装件	
11	由此夹起		表明装运货物时夹钳放置的位置	
12	此处不能卡夹		表明装卸货物时此处不能用夹钳夹持	
13	堆码重量极限	$...kg_{max}$	表明该运输包装件所能承受的最大重量极限	

续表

序 号	标志名称	标志图形	含 义	备 注
14	堆码层数极限		相同包装的最大堆码层数，n表示层数极限	
15	禁止堆码		该包装件不能堆码并且其上也不能放置其他负载	
16	由此吊起		起吊货物时挂链条的位置	使用示例： 本标志应标在实际的起吊位置上
17	温度极限		表明运输包装件应该保持的温度极限	使用示例： (a) (b)

三、生鲜商品的验货标准

一、冷冻冷藏品的验收标准

(1) 保质期。收货时要检查商品的保质期限，如果超过保质期的1/3，就要拒收并退回。

(2) 质量。收货时要检查质量是否变质，如冷冻品是否有融化变软现象，包子、水饺、汤圆类是否有龟裂现象，乳品、果汁是否有膨胀、发酵现象。

(3) 包装。在收货时要检查商品的外包装箱是否有腐化、破损，并检查商品包装是否有污点、膨胀、破损等现象，如是真空类包装不能有脱空现象。

二、蔬果的验收标准

蔬果具有该品种应有的特征，包括色泽、味道、形状等，新鲜、清洁、无异味、无病虫损害、成熟适度、无外伤。收货时要扣除包装物重量，不能随意扣重。

1) 蔬菜类的验货标准

(1) 根茎类。茎部不老化，个体均匀，未发芽、变色。

(2) 叶菜类。色泽鲜亮，切口不变色，叶片挺而不干枯、不发黄。质地脆嫩、坚挺，球形叶菜，结实，无老帮。

(3) 花果类。允许果形有轻微缺点，但不得变形、过熟。

(4) 菇菌类。外形饱满，不发霉、变黑。

2) 水果的验货标准

(1) 柑橘类（脐橙、蜜橘、芦柑、西柚、蜜柚等）。果实结实、有弹性，手掂有重量感，果形完整、有色泽、无疤痕、不萎缩、变色、受挤压变形，柚类无褐斑、黑点。

劣质品：果皮有疤痕，失水干缩，腐烂霉变。

(2) 苹果类（蛇果、青苹果、红富士、黄金帅等）。结实、多汁、有光泽，表面光滑，无压伤、疤痕，不干皱。

劣质品：腐烂发霉，果皮失水萎缩，有疤痕、有压伤。

(3) 梨类（鸭梨、啤梨、水晶梨、雪梨、贡梨、香梨等）。结实、甜而多汁，个体均匀、不变色、干皱，无压伤。

劣质品：失水干皱，无光泽，果皮变黑，切开心发黑，有冻压伤。

(4) 水蜜桃。果皮粉红带绒毛，不过熟略硬，果肉香甜爽滑多汁。

劣质品：有压伤，开裂出水，变软过熟，腐烂。

(5) 樱桃（进口称车厘子）。果形圆而小，大小均匀，带鲜绿果柄，有弹性，果肉鲜甜多汁。

劣质品：有疤痕、萎缩、破裂、腐烂、过熟、冻伤。

(6) 杏。果皮黄色或白色带绒毛，果圆形，成熟后软而多汁，酸甜适口。

劣质品：有压伤、疤痕，开裂，过熟变软。

(7) 浆果类（提子、葡萄、奇异果、猕猴桃、草莓）。果实结实饱满，大小均匀，无压伤。

劣质品：果粒脱落、开裂，压伤，破溃出水、腐烂。

(8) 瓜类（哈密瓜、伽师瓜、香瓜、木瓜、西瓜等）。果形完整，结实，无开裂、压伤。

劣质品：有疤痕、压伤，出现黑斑，瓜身变软、腐烂。

(9) 热带水果类。

① 火龙果。表皮鲜红，叶片鲜绿，结实而有弹性，果肉白、有黑色种子，口味淡甜。

劣质品：叶片发黄、干皱、颜色黯淡，表皮开裂、变软，果柄腐烂。

② 枇杷。果实尖圆、色橙红，结实有弹性，果肉甜香。

劣质品：腐烂、变软、疤痕。

③ 芒果。果粒大小均匀，果皮光滑细腻，果肉幼滑甜香。

劣质品：表皮发黑或黑斑，失水萎缩，果柄处腐烂。

④ 香蕉。果实象牙状，未成熟青绿色，成熟后鲜黄色，软糯香甜。每板香蕉不少于5只，中间3只长15cm以上，单只重80g以上。

劣质品：表皮发黑，果柄腐烂，压伤、冻伤。

⑤ 龙眼。果实小而圆，果皮浅咖啡色，果肉甜多汁。单果重16～25g。

劣质品：表皮发黑、爆裂、出水。

⑥ 荔枝。果实心形，色泽鲜红带绿，口感结实有弹性，香甜味美，脆嫩多汁。

劣质品：表皮发黑，果实过软，失水干硬，爆裂。

⑦红毛丹。果皮长须，色红绿，果实小而圆，肉嫩多汁。

劣质品：表皮发黑，长须干皱、变褐。

⑧椰青。外表纤维质色白，液汁饱满，摇动时略晃动，清淡略甜，椰肉甘香爽口。

劣质品：纤维质变黑、有霉斑，干裂出水，底部纤维质发粉红。

⑨洋桃。果实呈星形，色浅绿，成熟后金黄色，表皮有光泽，果肉晶莹，口味酸甜。

劣质品：表面有黑斑、疤痕、外伤，边缘变色发黑。

⑩黑红布林。果实圆形或椭圆形，颜色黑或暗红，结实有弹性，有光泽，果肉黄或红色，味甜美。

劣质品：有疤痕，果顶开裂，发霉，失水萎缩，过熟变软，冻伤。

⑪菠萝。果皮厚、有突出果眼呈鳞状，果形椭圆，果肉黄色，肉质脆嫩爽甜，纤维少，冠顶叶青绿。

劣质品：通体金黄（已过熟），果肉发软，果眼溢汁，表面发霉。

⑫榴莲。果皮长满尖刺，果实成熟后有特殊香气，果肉鲜黄，香甜细滑。果形完整、饱满。

劣质品：开裂，有冻伤，有黑斑，果肉极软，颜色白。

⑬山竹。果实圆形，果皮厚而硬，紫黑色，果顶瓣鲜绿。果肉为白色肉瓣，甜而微酸。

劣质品：果柄干枯，有压伤，过生（青白或粉红），过硬（用手捏不开，果肉已变质）。

三、肉类的验收标准

（1）猪肉验收标准。

①白条猪肥膘厚度以第六与第七根肋骨之间平行至脊背皮内不超过1厘米为测量标准，良杂一级猪不超过1.5cm。

②猪边体表无明显伤痕，无片状猪毛，后腿部盖有"良"或"特"字级别印章，并盖有"合格"椭圆开印章或宽长条肉检合格验讫印章。

③呈鲜红色，有光泽，脂肪洁白，肉的外表微干或微湿润，不粘手，指压后凹陷立即恢复，具有新鲜猪肉的正常气味。

（2）牛肉验收标准。新鲜的牛肉肌肉色泽呈鲜红色，有光泽，肥肉部分接近白色；表面微干，有风干膜，不粘手；弹性好，指压后凹陷能立即恢复；具有牛肉特有的气味。

（3）禽类验收标准。眼球饱满，皮肤有光泽，肌肉切面发光，外表微干或微湿润，不粘手，指压后凹陷能立即恢复。

四、熟食的验收标准

（1）鲜鸡肉质量验收标准。眼球饱满，皮肤有光泽，淡黄或灰白色，骨肉红而发亮。外表微干或微湿，不粘手，弹性良好，指压后凹陷立即恢复，有正常鸡肉气味。无长毛及毛根，口腔及宰杀刀口无血污、杂质，无紫斑瘀血，净腔，禽腹内无过多脂肪，腹下刀口不过长，刀口整齐，平均重0.9～1kg，鲜鸡最好当天杀当天送。

（2）鲜鸭、鹅质量验收标准。去净内脏，去腿跟，平均重量2kg；表皮无瘀血。眼球平坦，皮肤有光泽，乳白或淡红色，肌肉切面有光泽。外表稍湿润，不粘手，指压后凹陷立即恢复。具有鸭、鹅固有的正常气味，无长毛及绒毛，口腔无血污，无紫斑瘀血，净腔，腹内无过多脂肪，腹下刀口不过长，刀口齐整。

(3) 冻禽质量验收标准。外观滋润，呈乳白或微黄色。基本无血脉，风干现象，无白、黄绿、紫斑，无冰衣，解冻后与鲜禽特征相同，外包装上有生产日期，外包装无破损，无不封口现象。

(4) 肾的质量验收标准。淡褐色，有光泽，略有弹性，组织结实，外形完整，无脂肪和肾外膜，无炎症脓肿等病变，无异臭，无杂质。

(5) 鸡脚质量验收标准。白色或灰白无黄皮趾壳，外形完整无断骨，脚垫上无黑斑或黄斑，无血污、血水。

(6) 鸡翅质量验收标准。无残，无黄衣，无伤和溃烂，无血水，允许有少数红斑，允许修剪但最大范围转弯关处，全翅200g左右，按部位分割。

(7) 鸡腿质量验收标准。无残，无血水、血污、残骨，无伤斑、溃烂、炎症，允许有少量红斑，无多余皮和脂肪。按部位分割，全腿300g左右，下腿150g左右，周边修齐，形如琵琶。

(8) 猪肚质量验收标准。色泽金黄，无异味。

(9) 鸭质量验收标准。色泽酱红，每只重量在1 000g左右，内膛干净，无杂物，无异味。

(10) 冻品质量验收标准。

① 整箱包装完整、无破箱、生产地址明显。

② 验货时，要拆箱检查，如含水量太多称重时适当按比例除冰块的重量。

③ 如冻品解冻、软化、出水带血水，则不能收货。

④ 冻品一般无生产日期，验收品质的好坏要用眼去辨认，如出现肉制品风干、变色之冻品不能收货。

⑤ 称重时要扣除纸箱、冰块的重量，以货品净重为准。如果外包装箱上标有净重，按净重入库；如果没有净重标识，按5%扣除含冰量。

五、水产的验收标准

1. 活鲜

1) 鱼类

感官鉴别：

① 神态——在水中游动自如，反应敏捷。

② 体态——无伤残、无畸形、无病害。

③ 体表——鳞片完整无损，无皮下出血现象及红色鱼鳞。

补充：

① 行动迟缓、反肚、慌乱、狂游的鱼表明已接近死亡或有已病害。

② 有红色鱼鳞之鱼须挑出拒收。

③ 甲鱼验收方法。使甲鱼背朝天，能自行翻转、背壳黑青、白肚、裙边肥厚、四肢有力。如果甲鱼肚皮发红、有伤痕、有针孔，不收；甲鱼腿侧面打水鼓起，拒收。

④ 活鱼送至收货部应立即进行打氧，收货后第一时间到海鲜部，放入大鱼缸中让其休息；15min后，还不能自如游动及翻肚的鱼捞起退回予供应商。

2) 虾类

感官鉴别：个大而均匀，活蹦乱跳（或能活动）。

3）蟹类

感官鉴别：

① 大闸蟹——青皮、白肚、黄毛、金螯及蟹脚刚劲有力，膘壮肉厚，膏多，堆在地上，能迅速四面爬开。

② 海蟹——体肥、甲壳色泽正常，腹部洁白，雌蟹有膏时，头胸甲棘尖，反面透黄色，螯及蟹脚有力。

补充：

① 检验羔蟹及肉蟹时，除检其以上之感官外还需留意其草绳是否过粗，要求草绳所占比例小于25%总重。

② 不同规格的大闸蟹其规格相差很大，留意其规格很重要。

③ 足爪舞动慢、不能有力弯曲、带有腐败臭味的拒收。

4）贝类

感官鉴别：

① 双壳贝类——外壳具固有色泽，平时微张口、受惊闭合，斧足与触管伸缩灵活，具固有气味。

② 单壳贝类——贝肉收缩自如，用手指抚平后能回缩。

2．盐渍海产

感官鉴别：

① 质地——坚实而具韧性，手指甲掐之可破、脆嫩。

② 气味——轻腥气、盐味。

③ 色泽——有光泽。

④ 清洁度——无污物和泥浆。

补充：

① 良质海蜇皮蜇张厚薄均匀、自然圆形、中间无破洞、边缘不破裂。

② 验收海蜇时，应将产品捞起堆高30cm静置滤水15min再称重。

3．冰鲜鱼

感官鉴别：

① 皮肤——类金属、光泽哑色的表面显示其已不新鲜。

② 眼睛——饱满明亮、清晰且完整、瞳孔黑、角膜清澈。

③ 鳃——鲜红色或血红色、含黏液且没有黏泥。

④ 肛门——内收或平整，不突出，不破肛。

⑤ 体外黏液——透明或水白。

⑥ 肉质——坚实且富有弹性，轻按下鱼肉后，手指的凹陷处可马上恢复。

⑦ 气味——温和的海水味或鲜海藻味，无氯味、腐臭味。

⑧ 体表——鱼鳞完整、体表无破损。

4．冰鲜虾

感官鉴别：

有固有的颜色，不发白或的红；头胸甲与躯干连接紧密，无断头现象；虾身清洁无污物。

5．急冻海产

急冻海产有两种急冻形式，分别是块冻或独立单冻。

感官鉴别：参照冰鲜鱼感官鉴别，质量略次于冰鲜鱼。

补充：

① 单冻海产。一般按总重的20%除冰重，但若目测其冰衣较厚，则需解冰求其净重。

② 块冻海产。由于含冰量大，必须解冻后求其净重。

③ 以袋、盒为单位计算的产品不需要除冰，但必须查验规格。

6．海产干货

海产干货包括鱿鱼、墨鱼、鱼翅、干贝、海米、虾皮、贝尖、虾籽等。

感官鉴别：

① 干鱿鱼——无盐、干、肉桂色、身长18～20厘米/只。

② 干墨鱼——无盐、干、肉桂色、身长10～12厘米/只。

③ 鱼翅——干、肉桂色、20cm左右长。

④ 干贝——干、肉桂色、直径2cm左右长。

⑤ 海米——淡、干、色粉红、有光泽、2cm左右长。

⑥ 金钩——淡、干、色红、有光泽。

⑦ 虾皮——淡、干、有光泽、无断足、断头。

⑧ 贝尖——淡、干、肉桂色。

⑨ 虾籽——色紫红、淡、干、无沙。

⑩ 鱼肚——色白、干、直径5～10cm。

六、面包的验收标准

（1）原料。看产品有没有过期，或是即将过期。

（2）罐头类。检查生产日期，尽量不要收离生产日期太远的。日子太远的话，不能确保产品的质量。

（3）奶制品。查保质期，看有没有变质。如包装盒胀起或打开看看牛奶有没有分解。

（4）包装材料。主要检查一下规格，质量是不是符合要求。

七、蛋类的验收标准

（1）颜色正常，外形和谐，个大均匀。

（2）干净，无残留上、泥、草等污物。

（3）摇晃时没有声音，在灯光下无黑点。

（4）松花蛋无异味，无未受精蛋，保证新鲜。

（5）外壳完整，无破损，无虫卵或苍蝇虫。

八、南北干货的验收标准

（1）不能腐败、变味、变色。

（2）无破包、虫咬、鼠咬。

(3) 了解生产日期及保质期。

九、米粮类的验收标准

(1) 货量大时抽验称重，检查重量是否足够。
(2) 未腐败、变味、变色。
(3) 无虫咬、鼠咬。
(4) 无破袋、无杂质。
(5) 需了解生产日期、保质期。

职场指南

（1）作为门店商品唯一的入口，收货部门工作的细致程度直接影响门店的损耗率以及商品的质量，这对收货主管提出了更高的要求。

（2）收货工作是一项 24h 不间断的工作，只要有需要，就要上岗工作，收货主管需要合理安排员工的工作时间，以保证收货工作的持续进行。

（3）收货工作需要收货主管有足够的应变能力，对于某些违反操作流程和规定的行为，需要判断商品的紧急程度和违规的危害程度，作出可行的判断。

（4）收货主管在工作中需要与防损部门以及各营运部门保持联系。

项目实训

假如你是一名收货主管，以一家你所熟悉的连锁门店为考察对象，规划收货区域，制订收货、验货、退货流程，并编制收货管理制度。

一、实训目的

通过实训，使学生回顾收货、验货和退货工作的流程，能分析实体门店收货的现状，并将所学知识用于门店的实务操作中。

二、实训任务

（1）查找目前该连锁门店在收货环节上存在的问题。
（2）为该连锁门店编制一套收验退货的管理制度。

三、方法步骤

（1）复习本项目中的相关知识，分组准备实训。
（2）调查某连锁门店在收验退货环节的现状。
（3）分析该连锁门店在收验退货环节上存在的问题。
（4）根据问题和现状编制收货管理制度，内容包括收货区域规划、收货流程、退货流程、验货流程、验货标准等。

四、实训效果考评

考评表

考评内容	收货管理制度编制			
	考评要素	评价标准	分值/分	评分/分
考评标准	调查分析	包含主题所需的基本内容 培训材料准备齐全	30	
	培训效果	考核方式合理 培训形式得当 培训气氛活跃	40	
	培训者素质	形象得体 口齿清楚 掌握培训时间等	30	
	合　计		100	

注：评分满分100分，60～70分为及格，71～80分为中等，81～90分为良好，91分以上为优秀。

项目小结

收货是门店营运的第一环节，如果收货的环节出现问题，不仅会对门店产生直接负面的影响，而且也是产生经济损失的巨大的潜在危机，无论是收货、退货还是换货，都将直接关系到付款问题及损失问题。因此，收货主管负责把好收货关，是营运畅顺的第一前提。

本项目主要从收货仓库及设备管理、收验退货管理两个方面介绍了收货主管的工作内容。通过学习，学生可以了解收货主管的工作重点，并掌握收货主管的工作流程。

复习自测题

一、判断题

1. 调拨商品发货通过 DC 周转商品，收货课与营运部门一起检核相应单据是否齐全，按照调拨单数量进行点数，并确认商品包装品质完好，配件齐全，保质期确认，商品数量不能大于调拨单数量。（　　）

2. 调拨商品发货通过 DC 周转商品，收货课与大仓司机交接箱数，司机确认总箱数后，检查发货商品外包装箱是否完成，是否有明显挤压痕迹，且质量是否有绿色胶带缠绕，如果不符合，司机可以拒收。（　　）

3. 调拨商品发货通过 DC 周转商品，调拨车辆费用由调出店承担。（　　）

4. 在验货时，保质期超过 1/2 的生鲜产品要拒收。（　　）

5. 门店可以要求供应商在送货前提前与门店收货部门进行预约。（　　）

二、单选题

1. 通常情况下，生鲜食品收货由收货员。生鲜课验货人与防损员共同验货，原则上由（　　）把质量关。

　　A. 收货课长　　　　B. 收货员　　　　C. 生鲜课验货员　　　D. 防损员

2. 由订货部向厂家要货，门店再向配送中心要货的送货方式属于（　　）。

　　A. 直送商品送货　　B. 调拨商品送货　　C. 配送商品送货　　D. 退货

3. 调拨商品收货通过 DC 周转商品，发现箱数差异，第一时间联系物流客服确认，如确认箱数差异，差异损耗由（　　）赔偿。

　　A. 调入店　　　　B. 物流　　　　C. 调出店　　　　D. 调出店与物流平分

4. 收货时，进口商品必须有（　　）。

　　A. 卫检证书原件　　B. 3C 标志　　　　C. 中文标志

5. 收货时，进口食品必须有（　　）。

　　A. 卫检证书原件　　B. 3C 标志　　　　C. 中文标志

三、多选题

1. 商品验收标准包括（　　）。

　　A. 商品标识标签及检验证明　　　　B. 商品品质
　　C. 保质期　　　　　　　　　　　　D. 开箱率

2. 收货完成之后，要有（　　）签字确认。

　　A. 收货部门　　B. 防损　　C. 客服部门　　D. 供应商

3. 联营收货检查内容包括（　　）。

　　A. 供应商运输工具是否符合要求，易腐败原料是否符合冷链管理标准
　　B. 散装食品说明标签是否和商品实际信息相符
　　C. 预包装即食食品必须符合国家标准
　　D. 商品品质、生产日期、保质期是否符合公司标准

4. 直送商品送货流程包括（　　）。

　　A. 预约　　　　B. 投单　　　　C. 验收
　　D. 录入　　　　E. 存档

5. 关于冷链商品收货的说法中正确的有（　　）。

　　A. 如果有冷链食品和常温食品、非食品需要收货，必须优先收冷链食品
　　B. 冷链商品收货之前需要检测温度
　　C. 冷链温度标准有货运温度标准和收货温度标准之分
　　D. 收货温度比货运温度更低

项目七

营运主管操作实务

 项目简介

  营运部门是门店的核心部门，负责门店楼面的现场管理，对门店的日常经营行为及业务承担指导、协调和监督职能，包括对商品价格、质量和保质期进行监督、检查；负责商品的进货及陈列，确保商品新鲜、品种齐全、质量可靠、价格合理等。此外，营运部门还需要分析门店的销售情况，实现门店的经营目标。

营运主管的工作职责非常多，小到组织员工理货、补货，大到组织盘点、阅读销售报表。本项目选取了营运主管的几项重要工作，从门店商品管理、销售分析和促销管理 3 个方面介绍了门店营运主管操作实务的内容。通过学习，要求学生掌握相关的专业知识和技能，并能运用到实践中去。

项目内容

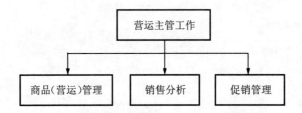

学习目标

1. 掌握商品管理有关知识和技能。
2. 熟悉销售分析的内容。
3. 熟悉盘点作业的流程。

任务一　商品管理

物美门店快讯换档的第一天，推出了新一期空调快讯特价。商场一开门，抢购顾客便蜂拥而入，冲到二楼电器区。上楼一看，二楼空调区除了一台空调样机外，剩下的都是别的品牌。待咨询过理货员，才知道原来需凭提货卡到收银区结账，然后凭提货卡、销售清单和发票到提货区提货。下午 2 点刚过，提货区的员工告诉家电营运主管：空调已经售罄。但是，拿着提货卡、销售清单和发票的顾客不断增多。主管赶紧通知楼面向顾客解释并写出告示，可是，已经付款的顾客仍然在提货区大吵大闹。

作为营运主管，在日常工作中要特别注意缺货的情况，特别是档期商品的缺货。此外，还需要注意哪些异常情况呢？

【工作流程】

【学习要求】

培养营运主管对包括商品货架空间、商品异常状态等在内的商品管理能力。

【相关知识】

营运主管的职责之一就是对门店的商品进行管理，包括对货架位置的调整、关注门店商品的异常状态等。

7.1 调整货架空间

货架空间非常有限，而门店商品成千上万，如何利用好货架空间，实现资源优化配置是营运主管的重要任务。主管调整货架空间分为3个步骤：首先是确定商品目前的位置，然后分析在架商品的属性和结构并判断该商品目前的上架位置是否合理，最后根据陈列原则以及销售量排面配比重新分配货架空间。

1. 确定商品目前的位置

门店当中的每个商品都有自己的位置，一般用商品配置表将这些商品的位置在平面图上表现出来。商品配置表又称棚割表，就把商品的排面在货架上做一个最有效的分配，并以书面表格规划出来。它是连锁门店经营标准化管理的工具。

1）商品配置表的作用

（1）有效控制商品品项。每一个门店的面积是有限的，所能陈列的商品品项数目也是有限的，为此就要有效地控制商品的品项数，这就要使用商品配置表才能获得有效的控制效果，使卖场效率得以正常发挥。

（2）商品定位管理。门店内的商品定位就是要确定商品在门店中的陈列方位和在货架上的陈列位置，这是门店营业现场管理的重要工作。如不事先规划好商品配置表，只是无规则地进行商品陈列，就无法保证商品的有序有效的定位陈列，而有了商品配置表，就能做好商品的定位管理。

（3）商品陈列排面管理。商品的陈列排面管理就是规划好商品陈列的有效货架空间范围。在门店商品销售中有的商品销售量很大，有的则很小，因此可用商品配置表来按排商品的排面数，即根据商品销售量的多少，来决定商品的排面数。畅销商品给予较多的排面数，也就是占的陈列空间大；销售量较小的商品则给予较少的排面数，其所占的陈列空间也小；对滞销商品则不给予排面，可将其淘汰。商品陈列的排面管理对提高门店的卖场效率，具有很大的作用。

（4）畅销商品保护管理。在有的门店中畅销商品销售速度很快，若没有商品配置表对畅销商品排面的保护管理，常常会发生这种现象：当畅销商品卖完了，又得不到及时补充时，就易导致较不畅销商品甚至滞销品占据畅销商品的排面，形成了滞销品驱逐畅销品的状况。这种状况会降低商店对顾客的吸引力，也会使商店失去了售货的机会并降低了竞争力。可以说，在没有商品配置表管理的门店，这种状况时常会发生，而有了商品配置表管理，畅销商品的排面就会得到保护，滞销品驱逐畅销品的现象会得到有效的控制和避免。

（5）商品利润的控制管理。门店销售的商品中，有高利润商品和低利润商品之分，每一个经营者总是希望把利润高的商品放在好的陈列位置销售，以便于利润高的商品销售量的提高，由此门店的整体盈利水平就会上升；而把利润低的商品配置在差一点的位置来销售，来控制商品的销售品种结构，以保证商品供应的齐全性。这种商品利润控制的管理法，就需要依靠商品配置表来给予各种商品妥当贴切的配置陈列，以达到提高商店整个利润水平的目的。

2）商品配置表的阅读

下面以某超市纸巾商品配置（表 7-1）为例来介绍如何进行商品配置表的阅读。

表 7-1 某超市纸巾商品配置表

商品分类 No.	洗衣粉 (1)	
货架 No.12	制作人：×××	

高度(cm)			
180–150	心相印卷纸（三层） 140g 2F　12011　21.00	清风卷纸（三层） 145g 2F　12012　21.00	维达卷纸（三层） 180g 2F　12013　26.80
140–120	妮飘抽纸（三包） 200 抽 2F　12014　14.60	洁云抽纸（三包） 200 抽 2F　12015　13.90	舒洁抽纸（三包） 200 抽 2F　12016　17.90
110–90	心相印手帕纸（绿茶香型二层） 10 包 2F　12017　2.98	清风手帕纸（蓝色风车二层） 18 包 2F　12018　5.80	妮飘手帕纸（蓝纹牛仔三层） 10 包 2F　12019　6.00
80–50	维达面巾纸（二层） 200 张 2F　12020　2.60	心相印面巾纸 450 张 2F　12021　4.41	洁云面巾纸 400 张 2F　12022　5.00
40–10	洁云厨房用纸 100 抽 2F　12023　3.80	清风厨房用纸（2 卷） 100 抽 2F　12024　9.50	双灯平板卫生纸 400 张 2F　12025　4.00
cm	10　20　30　40　50	60　70　80　90	100　110　120

商品代码	品名	规格	售价	单位	位置	排面	最小库存	最大库存	供应商
12011		140	21.00	袋	E1	2	5	10	
12012		145	21.00	袋	E2	2	15	30	
12013		180	26.80	袋	E3	2	20	30	
12014		200	14.60	包	D1	2	32	50	
12015		200	13.90	包	D2	2	12	40	
12016		200	17.90	包	D3	2	8	20	
12017		10	2.98	包	C1	2	8	15	
12018		18	5.80	包	C2	2	15	45	

续表

商品代码	品名	规格	售价	单位	位置	排面	最小库存	最大库存	供应商
12019		10	6.00	包	C3	2	20	50	
12020		200	2.60	包	B1	2	25	40	
12021		450	4.410	包	B2	2	15	45	
12022		400	5.00	包	B3	2	10	42	
12023		100	3.80	包	A1	2	8	25	
12024		100	9.50	包	A2	2	8	20	
12025		400	4.00	包	A3	2	10	30	

该商品配置表由两个部分组成，上半部分是货架的平面图，其中最下层为A，二层为B，三层为C，四层为D，最高层为E，表格左边的10～180cm则代表货架的高度。每一层从左至右分别为：A1，A2，A3，…，B1，B2，B3，…，C1，C2，C3，…，D1，D2，D3，…，E1，E2，E3，…。

以心相印三层印卷纸为例：

心相印卷纸（三层）
140g
2F　12011　21.00

"140克"指的是商品的规格；"2F"指的是商品的排面，排面是每个商品在货架上朝顾客阵列的面，一面为1F，二面为2F……；"12011"指的是商品的货号；"21.00"是指商品的价格。

该商品配置表的下半部分是货架商品的信息表，包括商品的商品代码、品名、规格、售价、单位、位置、排面、最小库存、最大库存和供应商的信息。其中，最小库存是以一日销售量为安全量，最大库存是货架放满的陈列量。

2. 分析商品结构和角色

1）商品结构

商品结构是门店在一定的经营范围内，按一定的标志将经营的商品划分成若干类别和项目，并确定各类别和项目在商品总构成中的比重。也就是说，商品结构就是门店各种商品的组合及其比重。

（1）商品结构体系。一般而言，门店的商品结构体系分为饮食相关的商品结构体系和居用相关的商品结构体系两个部分，具体分类如图7.1、图7.2和图7.3所示。

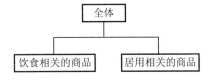

图7.1　全体商品的结构体系

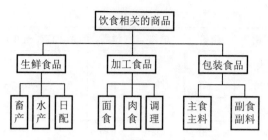

图 7.2　饮食相关商品的结构体系

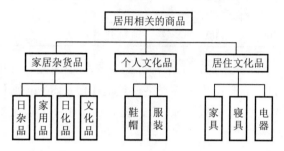

图 7.3　居用相关商品的结构体系

（2）商品结构的合理性。判断该营运部门商品结构是否合理或者要增减商品品项时，一方面，需要分析该商品在商品结构中的位置是否妥当。例如，一次性纸杯是属于纸制品，与卫生纸放在一起，还是属于餐具，与玻璃陶瓷餐具放在一起。显而易见，一次性纸杯应该属于餐具比较符合使用习惯。另一方面，应该要分析消费对象的特点和需求，确定商品结构的合理性。决定商品结构的程序如图 7.4 所示。

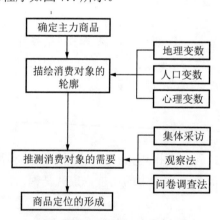

图 7.4　决定商品结构的程序

2）商品角色

商品角色是指商品在增加销售贡献、提升门店形象方面所扮演的角色。

（1）主力商品、辅助商品和关联商品。

① 主力商品。是指占去最大的销售量的商品群，是门店最大的获利来源，主要包括以下几类：

- 感觉的商品。在商品的设计上、格调上都要与门店形象相吻合并且要予以重视。

- 季节性商品。配合季节的需要，能够多销的商品。
- 选购的商品。与竞争者相比较，易被选择的商品。

② 辅助商品。是指在价格、品牌等方面对主力商品起辅助作用的商品，或以增加商品宽度为目的的商品，主要包括以下几类：

- 物美价廉的商品。
- 常备的商品。
- 日常性商品。

③ 关联商品是指同主力商品或辅助商品共同购买、共同消费的商品。

（2）目标性商品、常规性商品、季节性/偶然性商品和便利性商品。

① 目标性商品。是指完成公司毛利指标的重点商品，给予最好的陈列位置，如非特殊情况，不能将其淘汰。

② 常规性商品。是指完成门店为提高商品丰满度的商品，销售基本稳定，和同类型商场销售比较无明显销售优势，在有同品质替代品时，可适当进行淘汰。

③ 季节性/偶然性商品。是指为满足市场突发需求，为节假日引进的商品，如果当季，应该扩大陈列，加大促销，提升销售；如果不当季，则及时下架、退库退厂，避免资源占用。

④ 便利性商品。是指为满足消费者日常生活便利的小商品，如口香糖、香烟等，在考虑陈列时充分利用"便利"性的前提，让商品有利于消费者获取，一般陈列在银台或靠近出口的专柜，引进、下架、淘汰时要考虑市场和消费习惯因素。

目标性商品、常规性商品、季节性/偶然性商品和便利性商品角色及其特点对比见表7-2。

表7-2 商品角色及其特点

角色	特点	典型案例
目标性	在该品类具有优势 对消费者而言，是该品类的主要提供者 代表商店形象 为目标顾客提供更好的价值 目标顾客有时会不顾成本前来购物 占所有品类的5%～10%	肯德基的香辣鸡翅
常规性	该品类的普通提供者 为目标顾客提供持久的、有竞争力的价值 平衡销售量与毛利指标 店内资源占比接近品类生意占比 占所有品类的50%～70%	超市中的普通日化产品
季节性/偶然性	在某个时期处于领导地位 在某个时期是该品类的主要提供者 在完成销售额、利润、资金周转、投资回报等指标方面处于次要地位 占所有品类的10%～15%	月饼、年货等
便利性	满足一站式购物需求 满足补充式购物需求 提高利润和毛利 占所有品类的10%～15%	超市中的报纸杂志及礼物包装袋等

3. 分配商品的货架空间

货架空间调整又称货架份额调整,包括货架层级调整和货架排面调整两个方面。

1)货架层级调整

不同的货架陈列层级代表了不同的销量,同样的商品放在不同层级的货架,会产生不同的销售量。因此,对供应商来说,总是希望把产品放在最好的位置;同样地,对门店来说,总是希望在最好的位置上放置最值得的商品。那么,货架的最佳位置在哪里呢?在最佳位置上放置哪些商品最合适呢?

一般的,货架不同层面的陈列原则见表7-3。

表7-3 货架不同层面的陈列原则

水 平	高 度	项目角色
上 段	120～160cm	一般陈列推荐商品或有意培养的商品
黄金段	90～120cm	一般陈列高毛利、高销售、新商品、独家代理的商品
中 段	50～85cm	一般陈列低毛利、高销售商品
下 段	10～50cm	一般陈列低毛利、大体积商品、为保证品类齐全的商品

在中国以家庭主妇平均身高155cm为基准,离货架70～80cm的距离,最适合顾客拿取的高度为90～120cm,这个位置是最佳范围。以视线下20℃的地方为中心,向上10℃和向下20℃之间的区间又称为"目视层",一般门店会将高销量、高库存、高毛利的商品放置在货架的黄金段。例如,在表7-1中,黄金段为C层和D层,即第三层和第四层货架。

2)货架排面调整

(1)货架排面调整的原则。货架排面要与市场份额相匹配。

(2)货架排面调整的依据。排面调整的依据有商品销售量的大小、商品贡献率、损耗大小、周转率等。

一般地,排面调整的依据及其说明见表7-4。

表7-4 排面调整的依据及其说明

排面调整的依据	具体说明
商品销售排行榜	门店每天、每周、每月的销售排行榜中可以看出每一种商品的销售情况,对滞销商品要调查原因,如果无法改变滞销情况就应该予以撤柜处理
商品贡献率	看商品的贡献率的目的在于找出对门店贡献率高的商品,并使之销售得更好
损耗排行榜	该指标将直接影响商品的贡献毛利,对于损耗的商品解决办法一般是少订货
周转率	周转率低的商品不能滞压太多

其中,商品销量的大小和损耗大小可以根据部门的统计排行榜进行选择。关于商品贡献率的存货周转率的计算如下:

$$商品贡献率 = 销售占比 \times 毛利率$$

$$存货周转率 = \frac{销售成本}{平均存货}$$

例如，某超市生鲜部门叶菜的商品配置表如图7.5所示，生鲜部门主管通过查阅销售报表得到了各类叶菜的销售额和毛利率数据。根据这些数据，分析叶菜单品目前的排面是否合理。如果需要调整，应该如何调整呢？

生鲜商品陈列配置图表								
连锁超市＿＿＿＿　店柜架编号：□□　　　　　类别：叶菜类								
二	货号	531123	531121	530298	530298	531113	531115	531173	531213
	品名	菜心 4×10kg	苦麦菜 6×20kg	油菜 5×10kg	小白菜 5×10kg	菠菜 5×20kg	油麦菜 5×10kg	生菜 5×10kg	苦菊 5×10kg
	销售额 毛利率	1 000 10%	500 20%	800 20%	1 500 10%	1 200 25%	1 100 21%	2 000 13%	500 18%
一	货号	530028	530167	530166	530311	532113	531193	534113	531613
	品名	茼蒿 10×10kg	香菜 10×2kg	韭菜 15×50kg	茴香 5×3kg	空心菜 10×30kg	苋菜 5×10kg	地瓜叶 5×10kg	芥蓝 5×20kg
	销售额 毛利率	2 500 18%	500 30%	300 20%	400 25%	1 200 15%	1 100 25%	2 000 10%	500 12%

图7.5　某超市叶菜品类商品配置表

在该案例中，选择商品贡献率指标作为排面调整的依据，因为商品贡献率既考虑了销售状况，又体现了毛利率大小。

根据销售额和毛利率的可获数据，可编制《叶菜业绩分析表》，如表7-5所示。

表7-5　叶菜业绩分析表

序号	编码	名称	排面/长度/cm	重量/kg	销售额/元	占比	毛利率	贡献度
叶菜类	531123	菜心	4	10	1 000	5.85%	10%	0.584 8%
	531121	苦麦菜	6	20	500	2.92%	20%	0.584 8%
	530298	油菜	5	10	800	4.68%	20%	0.935 7%
	530298	小白菜	5	10	1 500	8.77%	10%	0.877 2%
	531113	菠菜	5	20	1 200	7.02%	25%	1.754 4%
	531115	油麦菜	5	10	1 100	6.43%	21%	1.350 9%
	531173	生菜	5	10	2 000	11.70%	13%	1.520 5%
	531213	苦菊	5	10	500	2.92%	18%	0.526 3%
	530028	茼蒿	10	10	2 500	14.62%	18%	2.631 6%
	530167	香菜	10	2	500	2.92%	30%	0.877 2%
	530166	韭菜	15	50	300	1.75%	20%	0.350 9%
	530311	茴香	5	3	400	2.34%	25%	0.584 8%
	532113	空心菜	10	30	1 200	7.02%	15%	1.052 6%

续表

序号	编码	名称	排面/长度/cm	重量/kg	销售额/元	占比	毛利率	贡献度
叶菜类	531193	苋菜	5	10	1 100	6.43%	25%	1.608 2%
	534113	地瓜叶	5	10	2 000	11.70%	10%	1.169 6%
	531613	芥蓝	5	20	500	2.92%	12%	0.350 9%
		合计			17 100	100.00%		16.76%

通过表7-5初步分析，菠菜、茼蒿和苋菜的商品贡献率是最高的，在分配排面时，这3种单品应该给与相对多的排面。那么，这3种单品的排面是否一定要调整呢？答案是不一定，是否需要调整，还要看销售占比和排面占比的情况，见表7-6。

表7-6 叶菜销售占比与空间占比统计表

名称	销售占比	空间占比
菜心	5.85%	4.26%
苦麦菜	2.92%	8.51%
油菜	4.68%	4.26%
小白菜	8.77%	4.26%
菠菜	7.02%	8.51%
油麦菜	6.43%	4.26%
生菜	11.70%	4.26%
苦菊	2.92%	4.26%
茼蒿	14.62%	4.26%
香菜	2.92%	0.85%
韭菜	1.75%	21.28%
茴香	2.34%	1.28%
空心菜	7.02%	12.77%
苋菜	6.43%	4.26%
地瓜叶	11.70%	4.26%
芥蓝	2.92%	8.51%

通过表7-6的统计发现，商品贡献率最高的商品不一定是销售占比最高的商品，商品贡献率最高的3种叶菜（菠菜、茼蒿和苋菜），菠菜和苋菜的销售占比与空间占比相差不大，无须调整，而茼蒿的销售占比与空间占比差的较多，需要增加茼蒿的排面。

用同样的方法，还能够找出销售占比低，但是空间占比高的商品，对于此类单品则需要减少排面。

为了更直观地找出空间占比与销售占比的匹配度，还可以将表7-6制作成柱状统计图，如图7.6所示。

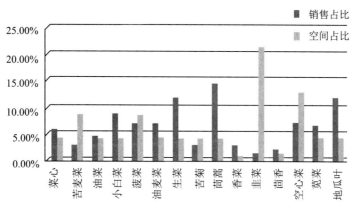

图 7.6　叶菜品类销售占比与空间占比统计图

7.2　商品异常控制

为了保证各部门商品的正常营运，各营运主管应该特别关注商品异常情况，并给予相应的措施。

1. 商品状态的概念

门店的商品各种不同的状态，为了系统录用以及日常使用的便捷，一般对不同状态的商品进行定义，见表7-7。

表7-7　商品状态一览表

状态一览	门　店	总　部
状态0：新商品建档	不可订货，不可销售，不可退货	不可匹货
状态2：新商品试销	可订货，可销售	
状态3：新商品评估	可订货，可销售	
状态1：正常商品	可订货，可销售	
状态4：长期禁下单	不可订货，可销售	
状态5：短期禁下单	不可订货，可销售	
状态6：过季商品	不可订货，可销售	可匹货
状态7：一次性切货	不可订货，可销售	
状态8：清仓商品	不可订货，可销售	可匹货
状态9：删除商品	不可订货，不可销售，不可退货	不可匹货
状态10：不经营商品	不可订货，不可销售，不可退货	不可匹货

1)状态0:新商品建档

新商品建档代表此品项系统已建档,有货号、品名,但尚未配置到门店,处于门店不可见的状态。

(1)转入。新品建档后即为状态0。

(2)转出。新品配置到门店组后变为状态2。

2)状态2:新商品试销

新商品进店有一段时间的试销期。例如,物美所有门店新品进店都有30天的试销期。

(1)转入。新品建档后未配置到门店之前为状态0,新品配置到门店组后自动变为状态2。

(2)转出。经过试销期后系统自动变更为状态3;试销期从门店内首家门店首单收货日开始计算;同时可以根据经营需要手工变为状态10、状态4、状态7、状态8。

3)状态3:新商品评估

新商品试销结束之后,需要评估该商品的表现,以此决定该商品未来的出路。例如,物美所有门店都有2周的评估期。

(1)转入。新品经过试销期后系统自动变更为状态3。

(2)转出。采购可以在评估期内根据新品评估报告决定将该商品转状态1或状态8;达不到评估标准的自动转状态8,达到的自动转状态1。此外,根据经营需要,状态3也可以指定变为状态4、状态5、状态6、状态7、状态8。

4)状态1:正常商品

状态1代表正常销售商品。

(1)转入。状态3通过评估后自动转入状态1,状态5的商品发生收货之后自动转入状态1。

(2)转出。状态1可以转为状态4、状态5、状态6、状态7、状态8。

5)状态4:长期禁下单

状态4用于满足单次大宗团购需要或目录销售,门店没有陈列、按销售量下订单的商品。

(1)转入。状态4一般由2状态自动转入,用于长期缺货,或以销待定的目录商品。此外,状态2、状态3、状态1、状态5、状态6允许转变成状态4。

(2)转出。状态4只允许变为状态7或状态8,不允许变状态1。

6)状态5:短期禁下单

(1)转入。供商商品暂时缺货时,将商品状态制订为状态5。

(2)转出。当门店第一家门店收货后,商品状态自动变为状态1,否则规定时间后,系统自动变为状态8;此外,根据业务需要,采购可指定状态5变为状态1、状态4、状态6、状态7、状态8。

7)状态6:过季商品

过季商品有打折出清和退货处理两种处理方式。

(1)转入。季节性商品过季后,可将商品从1状态转为6状态。其他允许变为状态6的状态有状态3和状态5。

（2）转出。根据业务需要，状态 6 允许指定变为状态 1、状态 4、状态 5、状态 7、状态 8。

8）状态 7：一次性切货

（1）转入。允许变状态 7 的状态包括：状态 0、状态 8、状态 9、状态 10 外的其他状态。

（2）转出。状态 7 仅允许变为状态 8。

9）状态 8：清仓商品

和状态 6 商品意义差不多，状态 8 商品有打折出清和退货处理两种处理方式。

（1）转入。计划不再经营的商品由采购指定转为状态 8，或者状态 3、状态 5、状态 7 满足一定条件时允许自动转为状态 8。

（2）转出。当门店组内状态 8 商品库存为 0、无待收订单时，系统自动生成状态变更单转状态 9，状态 8 不允许变为状态 9 外的其他状态。

10）状态 9：删除商品

删除商品是指所有门店都不经营的商品。

（1）转入。状态 8 满足条件后自动转入状态 9。状态 9 生效时系统再次判断门店组内是否有库存，如有库存状态 9 不生效，待库存清零后系统再次自动变为状态 9。

（2）转出。商品在所有门店组转为状态 9 后，系统同时置删除标记。删除商品不能再恢复。

11）状态 10：不经营商品

状态 10 用于表示同一门店组内单店不经营的商品。

（1）转入。新品配置到门店组时由采购指定哪些门店不经营，并将商品状态改为状态 10。

（2）转出。状态 10 的商品如一直未经营，当门店组状态变 9 时，系统自动变为状态 9。

2. 五大异常控制

1）畅缺商品

（1）定义。畅缺商品状态为 0/1。

杂货（含生鲜）：DMS > 3　　　库存可销天数 ≤ 4×DMS

百货：DMS > 2　　　库存可销天数 ≤ 4×DMS

其中，DMS 指的是平均每日销售数量。

（2）实际营运中的缺货概念。

① 服装、床上用品、鞋类等商品断色断码，造成实际缺货。

② 家电商品只有样机，没有库存，顾客无法购买，造成实际缺货。

③ 电脑库存不为零，实际库存为零。

④ 商品有库存，但均为破包商品，顾客不会挑选。

⑤ 负库存也会造成实际意义上的缺货。

（3）产生畅缺的原因。

① 合理原因：

集体购买使 DMS 升高。

节庆商品即将结束。

季节性商品即将下季。

如果是以上原因造成畅缺，主管可以不用下单。

② 不合理原因：

自动补货参数设置不合理。

下单不及时。

门店下单，供应商送货不及时，到货量不足。

供应商无货。

团购商品未按团购流程操作，导致 DMS 升高（集体购买）。

如果造成畅缺的原因是不合理的，主管应该及时下单订货。

（4）畅缺的管控措施。

① 店内促销商品，需配合促销档期，于档期开始前一周周五，将店内促销建议内容，告知采购，便于采购将促销商品，维护在店内促销等级。

② 对于集体购买，分店干部应掌握了解市场现况，保有适当的库存量。

③ 对大宗团购，客服部业务代表将大宗购物单交营业部门，主管应及时衡量需求，向厂商下单进货。

④ 厂商无法正常供货商品，可请采购将状态改为 5，厂商缺货禁下单。

2）滞销商品

（1）定义：滞销商品需要满足 4 个条件。

① 商品状态为 0/1。

② 曾有销售记录，DMS>0。

③ 库存 >0。

④ 生鲜连续 10 天以上，杂货 20 天以上，百货 30 天以上销售量为 0 的商品。

（2）产生原因：

① 商品积压库房未陈列。

② 丢面，商品到货不及时，缩减撤除商品排面，到货时未恢复。

③ 厂家促销员随意增减、更换、撤除商品排面。

④ 商品破包、损耗商品，商品质量不佳有电脑库存，但实物卖空未下单。

⑤ 商品无价格优势。

（3）跟进方法：

① 及时调整排面陈列商品。

② 检讨陈列方式及位置，商品、货架是否清洁，货架卡是否正确检讨商品卖相与包装。

③ 加强促销员管理，严禁调整排面。

④ 如经上述处理仍无法售出，建议采购处理。

⑤ 确认价格，反馈采购调价或增加买赠促销活动。

⑥ 对于长期滞销的商品，保留排面量，清退其余库存。

3）状 1 库 0 商品

（1）产生原因：

① 新品建档尚未下单到货。

② 供应商缺货或短交，部分品项由于起订量过大导致门店订单无法生成。
③ 主管未考虑送货行程。
④ 系统存在过季商品未及时更改状态。
⑤ 系统配置商品数大于门店实际可陈列数。
⑥ 门店下单不及时及自动补货参数设置不及时。
⑦ 匹货商品采购未及时下单或开通订货状态。

（2）跟进方法：
① 确保对于状态 0/1，品项 100% 下单订货。
② 新品及时完成参数设置。
③ 自动补货再订货点参数需充分考虑排面陈列量，订货行程及送货周期，避免因再订货点参数设置不合理导致缺断货。
④ 再订货点参数及时录入。

4）状态 6/8 商品
（1）定义：状态 6/8 且库存不为 0。
（2）产生原因：
① 季节原因。
② 不再继续销售商品（如厂家不在供货或季节商品）。
③ 厂商暂时无法送货。
④ 滞销待查看。
⑤ 供应商清户商品状态为 8。
⑥ 商品打折出清或退货处理。

（3）跟进方法：状态 6/8 商品可以退货的进行退货，不可退货的商品或供应商无账款的商品，营运部会需要定期调拨处理。

5）进货未销商品
（1）定义：状态 0/1，库存 >0，且 DMS=0，商品从进货到卖场连续天数未销售的，成为进货未销。

（2）产生原因：
① 商品进货未安排排面陈列。
② 商品排面分类安排或陈列位置不适当，无价签，造成顾客不易寻找，形成缺品印象。
③ 商品价格高于周边竞争店，未进行市场调研。
④ 商品陈列形象不佳（如破包）商品货架卡（价签）未对位或缺失。

（3）跟进方法：
① 筛选商品库存数量大于 0、DMS=0 的商品明细，查看排面是否陈列，未出陈列的商品出陈列。
② 每日对商品价签进行不定时检查，每日跟踪价格异动，及时更换价签。
③ 巡视卖场，逐背检核商品陈列。
④ 及时做好排面日常管理工作。

⑤ 做好市场调研工作。

6）五大异常的分析——SL 值（商品服务率）

SL 值又称商品服务率，是指状态为 1/0 商品品项中能正常产生销售收入的品项数占比。SL 值的提升代表系统商品竞争力的提升。

SL 值的计算公式为：

$$SL\% = \frac{状态0/1品项-滞销品项-进货未销品项-状态0/1库0品项-畅缺品项}{状态0/1品项}$$

3. 其他异常控制

1）负库存

（1）产生的原因。

① 不合理的产生原因：

商品收货未及时入机。

赠品直接当商品卖。

串码销售，相似或相近商品货号混淆。

收银扫描错误，将 A 商品作为 B 商品销售，B 商品即会出现负库存。

盘点差异，盘点时将 A 商品作为 B 商品记入盘点，A 商品会出现负库存。

收货差异，将 A 商品作为 B 商品收货，A 商品即会出现负库存。

② 合理的产生原因：

商品先销后进。

行销换购。

散装销售不同口味混码打秤。

生鲜进销货号，进货为专用货号只有进货没有销售，销售专用货号，期初库存为 0，每销售一次即为负 1 个销售单位。

生鲜扣重引起。

库存单位调整。

（2）负库存的处理。

① 通过负库存报表了解负库存状况。

② 逐一查明产生之原因并及时调整。

③ 生鲜盘点或循环盘点消除负库存。

④ 库存调整、收货差异更正单调整负库存。

2）负毛利

（1）产生的原因。

① 合理的产生原因：

海报商品，定价即为负毛利。

出清商品产生的负毛利。

② 不合理的产生原因：

档期促销商品订货选错供应商出现负毛利。

买赠商品，赠品未零成本入机导致负毛利。
商品串码出清产生负毛利。
收银员违规操作导致负毛利。
不按团购要求操作导致负毛利。
员工误操作导致的负毛利。

（2）负毛利的处理。

① 确认促销商品的主供应商下订单。
② 对于买赠商品必须按照订单上的商品及数量进行收货入机。
③ 严格按照一品一码的操作流程销售。
④ 严格执行一品一扫，价格相同货号不同的商品，逐一扫描。
⑤ 定期关注应回价商品。
⑥ 先销后进商品必须事先与采购部门进行现有进价确认方能进行销售。

3）高库存

（1）产生原因。

① 某档期商品促销，大量进货，档期结束后，DMS 降低且不可退货，导致高库存。
② 即将进入节假日，元旦春节等节假日囤货，以避免商品供不应求，造成高库存。
③ 一小部分商品是由于订货量过大、DMS 较小导致的高库存。
④ 酒水类高档酒类慢销，造成高库存。
⑤ 再订货点不准确，导致高库存。
⑥ 门店各组重复订单，导致高库存。

（2）跟进方法。

① 能退货的退货，不可退货商品，统一做店间调拨或店内促销。
② 及时检核发现，分析高库存原因。
③ 及时调整陈列，积极面销，提报采购寻求支持促销。
④ 针对不合理参数每周及时修改。

7.3 商品盘点管理

盘点管理作业流程如图 7.7 所示。

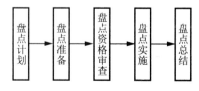

图 7.7 盘点管理作业流程

1. 盘点计划

主管制订包括盘点行程日期及盘点时程表等盘点计划，并提前将盘点计划下发。

2. 盘点准备

（1）准备文具用品表格表单。

（2）盘点各项工作培训。

（3）五类票据的清理，包括采购订单、供商退货单、调拨单、物品携出/归还单、赊销单。

（4）绘制卖场及库房平面图确认货位号。

① 每一个背算一个货位号；每一组堆头算一个货位号。

② 在确认货位号之前，需要检查赠品已销售未送货、联营商品、先销后进商品、换购商品和在途商品的情况：

赠品、已销售未送货商品及联营商品与正常商品分区域管理，并在其区域张贴"联营区"或"赠品区"字样，这些商品不能设定货位号。

先销后进商品单据必须在盘点前处理完毕。

服务台换购商品需要在盘点前结账。

配送中心的在途订单，实物到货的必须进行入库处理。

（5）列印、张贴货架框格号。

① 将货位号标于层板或货架最底层货架卡套内。

② 根据盘点区域设置框格号。堆头每一组设置一个框格号；卖场每个正常货架设置一个框格号；库房每个货架每层设置一个框格号。

③ 编制盘点货位号，可以按照"课别代号+盘点区域号+货架号"的形式编制。例如，货位号为"145001"的示意为：

14	5	001
课别代号	盘点区域号	货架号

（6）抄写货架内商品货号。卖场货架内商品的抄写规则是"由左至右，由上至下"按"Z"字走向抄写。例如，商品陈列如图7.8所示，正确的抄写顺序应该是：A→B→C→D→E→F→G→H→I。

A	B	C
D	E	F
G	H	I

图7.8 某卖场货架陈列商品货号

抄写卖场货架商品的货号时需要注意以下事项：

① 抄写盘点表前要巡视卖场及库房，检查是否有跨背陈列。

② 串挂条按照左手原则抄写在货架内最后一行，即正对货架，串挂条在货架左边立柱的属于该货架。

③ 对于收银台由于陈列商品品相较杂，跨课较多，统一由休闲食品课进行框格号设置、

抄单及盘点，涉及各课配合并进行检核，确保所有商品均被盘入。

④ 抄单时要注意不要漏掉关联陈列以及特殊陈列的单品，比如烘培区域的果酱、熟食区的啤酒、电扶梯商品等。

⑤ 手抄盘点单要在醒目位置标注货位号，商品货号书写要工整。

（7）库房抄单。库房抄单的顺序是按"从上到下，从左到右"抄写。例如，某库房货架陈列商品货号如图 7.9 所示，正确的抄写顺序为：A → D → G → B → E → H → C → F → I。

A	B	C
D	E	F
G	H	I

图 7.9　某库房货架陈列商品货号

抄写库房货架商品的货号时需要注意以下事项：

① 商品需贴库存单，库存单需备有品名、规格、货号或国际条码，不可填写商品数量。

② 抄单时、盘点时要将非原箱商品打开抄写。

③ 退货区、当天破包可退换的商品要参加盘点。

（8）盘点单创建。

① 主管持手工盘点单至卖场及库房内核对商品货号、次序是否正确。

② 将抄写完的货架框格号交有关部门进行输入。

③ 咨询部门列印核对单，交由部门人员进行核对，检查盘点商品是否正确。

④ 盘点单核对时，发现抄错商品，要在第一时间作整单修改，并重新打印。

⑤ 盘点表核对后，任何人不得对排面进行调整，如发现则对负责人处以惩罚。

⑥ 打印 POS 盘点单，盘点单打印一式两联（A、B 联）。

（9）盘点控制单填写及 A、B 分单。

① 盘点前由部门主管进行门店盘点控制单（见表 7-8）的填写，在盘点前一天必须完成，并做好 A、B 单的分单工作。

② 将盘点单依照 AB 单及单双号方式分别整理完毕单号在上，双号在下。

3. 盘点资格审查

为了提高盘点的准确性，需要组成盘点监察组对盘点前的准备进行盘点资格审。审查内容参考表 7-9 和表 7-10。

表 7-8　盘点控制单

部门：　　　　　课组：　　　　　盘点区域：

No.	货位号	共几页	分控桌					总控台				备注
			A单	回收	B单	回收	复盘单	回收	回收	复盘单	录入	
1												
2												
3												
4												
5												
6												
7												
8												
9												
10												
11												
12												
13												
14												
15												
16												

制表：　　　　　店长签字：　　　　　核单人：

表 7-9　样本货位及框格号检查表

检查项目	货位号	货位号	货位号
一、库房商品盘点准备			
1. 每一种商品都有库存单，货号/条码、品名、规格标示清楚，商品数量栏不得填写			
2. 开箱的非整箱商品在最上方并打开箱盖，并且一箱一品			
3. 依分类将同类商品码放在同一区域，同货号商品在库房相对集中堆放			
4. 特殊商品（包括但不限于捆绑式销售商品）标注库存单上			
是否合格（只有该货架全部项合格该大项才合格）			
二、货位号（即框格号）的粘贴			
1. 库房所有存放盘点商品的货架均粘贴有框格号标签，左右均需粘贴			
2. 联营、已售未提、已退未提、赠品等非盘点区域粘贴有"不盘"标示(包含卖场和库房)			
3. 卖场所有参加盘点的货架均贴有框格号标签，左右均粘贴			
是否合格（只有该货架全部项合格该大项才合格）			
三、盘点单检查			
1. 货位内的商品百分之百在盘点单中预列，不多也不少			
2. 盘点单的商品顺序是否遵循：卖场"从左至右，从上到下"原则；库房"从上到下，从左到右"原则			
3. 价签对位一品一签，与盘点表相符（卖场）			
是否合格（只有该货架全部项合格该大项才合格）			

4. 盘点实施

（1）核对当日销售。核对 POS 机销售与后台系统数据一致性，检查 POS 机未上传销售数据。

（2）发放盘点收发单。

① 设置总控桌和分控桌，人员到位。

② 分控桌须备有盘点控制单。

③ 召开盘点会，重点提醒。

④ 发放盘点 A 单及 B 单。

表 7-10 盘点资格审查表

门店：   日期：

序 号	项 目	审查结果	
		合　格	不合格
1	收货课票据检核		
2	不盘商品标示和原因检查		
3	物流申偿单和在途订货单检查		
4	携出/携入单的清理检查		
5	货位号编制及控制单检查		
6	大额进货、退货检查		
7	商品库调检查		
8	盘点培训		
9	库房商品盘点准备（样本货位合格率达 95%）		
10	货位号的粘贴（样本货位合格率达 95%）		
11	盘点单检查（样本货位合格率达 95%）		

⑤ 分控桌桌长及核单人员先行发放盘点 A 单，对于盘点发单可 A、B 单交叉进行，但必须 A 单回收后方可发放 B 单。

⑥ 分控桌人员核对 A、B 单上数量是否正确，若 A、B 单数量不一致，开 C 单，找第三人针对错误单品再次进行复盘。

⑦ 分控桌核对 A、B 单无误后在控制表上签字传至总控桌，若数量无误，主控桌登记后 B 单收回，A 单交账管录入。

（3）销售（储货）区实物盘点。

① 盘点前各桌长到位，分控桌设立人员到位。

② 盘点人员准备好盘点用品（如笔、板夹等）。

③ 由各部门负责人带到指定区域，排队按顺序领取盘点单，A、B 单必须由不同工作人员进行盘点。

④ 盘点顺序是从上到下、从左到右地进行，以货架与框格作为界定。所谓从上到下，就是先盘最上层的储存区（为第一层），然后再盘下一层（第二层，依此类推），直到最下面的那层储存区；所谓从左到右，就是在每层中，先盘最左边的商品，然后再盘它右边的那个商品，直到该层最右边的那个商品。

⑤ 盘点人员首先要核对框格号、商品与盘点单上的框格号、商品名称、规格、货号是否相符，货架卡上的信息是否正确后方可进行实物清点。

⑥ 如盘点单错误，需立即记录并到桌长处进行报告，对 A、B 单进行同时修改，在盘点单下方进行正确商品编码名称及数量的手工输入；如果发现盘点单漏项，也需要在盘点单最下方进行添加和实物清点。

⑦ 盘点员将盘点数字记录在盘点单上。注意，只填写数量，不要写单位。对于盘点单上有，货架上没有的商品，记录时应将盘点数量记为"零"。

⑧ 如更改（商品、货号）或改数，需在错误数字上画一斜线，在旁边写上正确数量并签字。
⑨ 盘点完后的单子要在单上签字确认后交回分控桌。
⑩ 分控桌人员核对 A、B 单上数量是否正确。
⑪ 分控桌核对 A、B 单无误后在控制表上签字传至总控桌，若数量无误，主控桌登记后 B 单收回，A 单继续录入。

（4）收银员录入。
① 依课别将收银人员分组。
② 总控桌依课别交 A 盘点单给收银台录入。
③ 输入课别区域货架号后输入盘点量；输入完毕列印小票；核单人员核对小票与盘点单数字。如正确，则将小票钉于盘点单左上角，收银员及核单人签名。
④ 收银台依部门课别将盘点单交回总控桌。

（5）主管核检。在收银员录完盘点单数量的情况下，需由主管在后台逐张核对操作。
① 主管检查每张单据最后行"总计"项中的"实盘量"和"实盘金额"是否和收银员机打小票上的数量和金额一致；如一致，即可进行核对操作。
② 由于小数点取舍，金额相差几分为正常现象。
③ 核对后的单据将不能再作修改。

5. 盘点总结

盘点完毕第二天，主管需要对此次盘点进行总结，总结的内容如下：
① 盘点基本情况。参与盘点的人员与部门、盘点结果统计（表 7-11）等。
② 盘点存在问题。差异大于 500 元的单品分析（表 7-12）、盘亏率超过标准的分析及处罚等。
③ 盘点的改进措施。改进的目标、改进的措施、措施的负责人等。
④ 盘点工作总结模板见表 7-13。

表 7-11　盘点结果统计表

门店：　　　　　　　　　　　　　　报表日期：

部门代码	部门名称	账面库存金额	实盘金额	差异金额	差异率（%）	盘点期总业绩	实际损耗（含库调）	损耗率（‰）
合计								

表 7-12 差异大于 500 元的单品分析

序 号	营运课	货 号	品 名	盘点期差异数量	盘点期差异金额	差异原因	处罚结果

表 7-13 门店盘点工作总结模板

盘点工作总结					
门店名称：		部门名称：		盘点负责人：	
1. 基本情况					
1.1 参加监盘人员出勤情况					
部 门	姓 名	部 门	姓 名	部 门	姓 名
合计人数					
1.2 监盘结果 （1）库房抽盘＿＿笔，差错＿＿笔，差错率＿＿。 （2）项仓抽盘＿＿笔，差错＿＿笔，差错率＿＿。 （3）卖场抽盘＿＿笔，差错＿＿笔，差错率＿＿。 （4）全店抽盘差错率：抽盘总笔数＿＿笔，差错＿＿笔，差错率＿＿。 1.3 盘点结果（含家电） （1）本次盘损金额：＿＿万元。 （2）期间库存调整金额：＿＿万元。 （3）期间商品盘亏比率：＿＿%。 （4）本期环比上期盘亏增长＿＿千元，盘亏率增长＿＿%。 2. 对门店盘点的意见与建议 2.1 本次门店盘点组织情况 2.2 盘点（检核）存在的主要问题 2.3 盘点改进建议 负责人签名： 年　　月　　日					

任务二 销售分析

经过半年的营业之后，DF超市生鲜科的营运主管想要了解两个问题：上半年的经营情况怎么样？今年是否能够完成销售计划？于是，他想到要通过查看财务数据获得基础数据。

那么，营运主管应该查看哪些销售数据呢？面对复杂繁多的统计数据，能够作哪些分析呢？这些数据对于其下半年的工作安排有什么作用呢？

【工作流程】

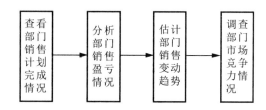

【学习要求】

培养营运主管对消费业绩的分析能力。

【相关知识】

7.4 销售分析的内容

1. 销售计划完成情况分析

通过对实际销售额与计划销售额的比较，可以判断销售计划的完成情况，具体步骤如图7.10所示。

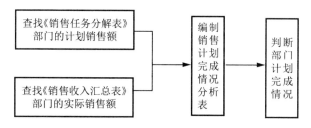

图7.10 销售计划完成情况分析步骤

通过计算实际与计划的增减额或完成率，判断销售计划完成情况，如果增减额大于零或完成率大于100%，则代表该部门完成了销售计划的任务。

2. 部门销售盈亏情况分析

分析销售盈亏情况,可综合反映门店销售收入、进货成本、期间费用的关系,是反映卖场获利水平、管理水平和拓展能力的综合指标。

在分析销售盈亏情况时,主管可以通过查找《销售收入汇总表》《成本汇总表》和《费用汇总表》来获得基础数据。其中,部门的直接费用计入销售成本部门的间接费用可以按照部门销售额分摊。

盈亏的判断标准是:

(1) 销售利润大于 0,当期盈利。

(2) 销售利润小于 0,当期亏损。

(3) 销售利润等于 0,盈亏平衡。

3. 销售趋势分析

主管通过将本期财务报表中实际发生的销售收入,与不同时期的销售收入历史数据进行比较,可以确定经营成果变化趋势和规律。具体步骤如下:

(1) 查找期间内实际销售收入数据,绘制变动趋势图。

(2) 查找期间内历年销售收入数据,绘制历年销售变动趋势图。通过期间内数据的横向分析以及历史数据的纵向分析,能够初步判定部门下一阶段的销售趋势。

(3) 在趋势分析的基础之上进行总结,分析原因,寻找对策,并布置下一阶段的工作任务。

4. 市场竞争力分析

市场竞争力分析的常用指标是市场占有率,市场占有率有绝对市场占有率和相对市场占有率之分。

(1) 市场绝对占有率是部门销售额占门店所在街区的该部门销售总额百分比来表示。

(2) 市场相对占有率是指门店某产品的市场占有率与同行业中最大竞争者该产品市场占有率之比。相对占有率指标以 1 为界限。

7.5 销售分析案例展示

近年来,中国零售市场的连锁超市、购物中心、专卖店、专营店等各种业态异军突起,强促销、创消费已成为零售市场的焦点。FY 连锁超市是随着中国零售市场蓬勃发展而成长起来的以社区经营为主的零售连锁公司。该公司坚持"服务社区"的经营理念,秉承"努力服务百姓生活"的经营宗旨,贯彻"货真价实"的经营原则,在社会上享有较好的美誉度。RH 门店是 FY 连锁门店的直属门店,在社区百姓心中被誉为"信得过"门店。

RH 门店卖场面积 $50m^2$,员工 11 人,内设蔬菜组、服装组、化妆品组,主要岗位有店长、组长、营业员、收银员、安保员。

FY 连锁公司下达 RH 门店全年销售计划时 800 万元,利润 100 万元,详见表 7-14。

表 7-14 RH 门店 2015 年销售任务分解表

单位：万元

柜组	1月	2月	3月	4月	5月	6月	7月	8月	9月	10月	11月	12月	合计
蔬菜	18	14	16	16	15	15	15	15	17	17	18	18	194
服装	28	25	27	28	27	26	22	24	27	27	27	28	316
化妆品	26	23	26	22	25	23	20	24	26	24	24	27	290
合计	72	62	69	66	67	64	57	63	70	68	69	73	800

截至 2015 年 6 月底，蔬菜组实现销售额 120 万元，服装组实现销售额 185 万元，化妆品组实现销售额 135 万元，全店实现销售额 440 万元，详见表 7-15。

表 7-15 RH 门店 2015 年 1—6 月销售收入汇总表

单位：万元

柜组	1月	2月	3月	4月	5月	6月	合计
蔬菜	23	17	21	20	18	21	120
服装	32	26	33	32	32	30	185
化妆品	25	20	24	22	23	21	135
合计	80	63	78	74	73	72	440

RH 门店蔬菜平均销售成本占蔬菜销售额的 70%，服装平均销售成本占服装销售额的 60%，化妆品平均销售成本占化妆品销售额的 60%。上半年营业税金及附加 26.4 万元；固定资产折旧费用 25 万元，水电费为 20 万元，销售推广费为 20 万元。

RH 门店近 3 年 1—6 月销售收入情况如表 7-16 所示。

表 7-16 RH 门店 2013—2015 年上半年销售收入汇总表

单位：万元

年度	1月	2月	3月	4月	5月	6月	合计
2013	70	61	65	70	58	78	402
2014	75	56	60	62	52	58	363
2015	80	63	78	74	73	72	440
合计	225	180	203	206	183	208	1 205

RH 门店所在商圈有两个竞争对手：A 和 B。其中对手 A 在 2015 年上半年的销售额为 355 万元，对手 B 在 2015 年上半年的销售额为 448 万元。整个街区上半年销售总额为 2 700 万元，详见表 7-17。

表 7-17 2015 年 1—6 月本商圈各门店销售额汇总表

单位：万元

门店	1月	2月	3月	4月	5月	6月	合计
RH	80	63	78	74	73	72	440
对手 A	65	70	60	55	53	52	355
对手 B	75	78	68	70	75	82	448
其他	350	240	230	208	205	224	1 457

任务三 促销管理

国庆期间，物美超市进行了一次商品促销，促销档期结束后，对促销销售情况进行分析，发现促销效果并不理想。营运主管深入调查之后，提出了几个问题：

（1）促销的商品的选择是否正确？

（2）竞争对手是否有类似促销？

（3）促销价格是否合理？

（4）促销宣传是否到位？

【工作流程】

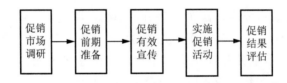

【学习要求】

培养营运主管对商品促销的管控能力。

【相关知识】

促销是指企业向消费者传递商品信息和企业信息、刺激和诱导消费者购买的过程。促销的根本目的是聚集人气，吸引客流，提高销售额。门店只有通过展开多种促销活动，才能扩大销售，提高效益。

7.6 促销管理的流程

1. 促销市调管理

1）市调前准备

在市调开始前，需要明确本次市调的目的，了解竞争者以及竞争者的策略，见表 7-18。

表 7-18 市调前的准备

①明确市调的目的	②了解竞争者	③了解竞争者策略
了解竞争者商品价格	谁是主要竞争者？	多久来我们店里作市调？
观摩竞争者商品陈列主题活动	竞争者离我们的店有多远？	竞争者对本店价格的反应？
为新一档促销作市场调查	竞争者的优劣势是什么？	竞争者的促销计划是什么？

2）市调过程

（1）市调的内容。

① 竞争者的卖场布置、商品陈列。

② 竞争者的商品包装、规格、品牌等。

③ 竞争者的服务品质。

④ 竞争者的畅销品、促销选品等。

（2）市调的方法。

① 单项商品记录。针对新商品、商品价格、厂家等。

② 观察法。时段客流量、促销形式、服务方式等。

③ 面谈法。向有关人员询问。

④ 资料查询。通过报纸期刊查询。

（3）注意事项。

① 市调要有经常性和正对性，生鲜部门需要增加市调的频率。

② 使用必要的工具，如采访机、计数机、纸和笔、录音笔或者带录音功能的 MP3。

③ 禁止与竞争店的保安、卖场人员起冲突。

④ 不可以公开在竞争者店里抄价格、撕价格牌等。

3）市调总结

市调结束后，市调人员将市调资料进行整理，分类并上缴主管，主管应立即进行资料整理分析。例如，7.5 节中对手 A 的市调表及市调汇总表分别见表 7-19 和表 7-20。

表 7-19 A 门店市调表

市调时间：　　　　　　　　市调者：　　　　　　　　竞争对手：

部门	单品		A 部门			竞争对手		行动措施	
	名称	货号	含税进价	含税售价（1）	毛利（%）	售价（2）	售价差（2-1）	售价（含税）	毛利（%）

部门主管签字：

表 7-20　A 门店市调汇总表

第　　周：　　　　　　　　　　　　　　　　　　　　　　　课别：

竞争店	A 店市调表							调价后				
星期	A 单品总数	B 本店较贵	B 本店便宜 或等于	B/A 便宜 (%)	C 好又多 总价	D 竞争者 总价	E (C-D) 价差	E/C 价差 (%)	F 本店较贵	G 本店便宜	G/A 便宜 (%)	H 好又多 总价	I (H-D) 价差	I/H 价差 (%)
合计														

2. 促销前期准备

根据市调的结果，进行促销前期准备，包括选择合适的促销商品，以及为促销商品定价。

1）选择促销商品

促销商品的选择范围：

（1）绝大部分顾客均有需求的商品，如民生用品、日用商品。

（2）部门销售靠前的商品，如按数量、按金额降序排列靠前的商品。

（3）季节性时令商品。

（4）厂商促销商品。

（5）竞争对手促销商品。

促销商品一定是能够获利的商品，或者是供应商让利获利，或者是减少中间环节获利，或者是提高其他高利润商品的销量获利。

2）调整促销价格

有时促销活动人气很旺，但是进行消费分析时发现是在赔本赚吆喝，分析原因是在促销商品定价时掉入定价误区，比如实行单纯的低价，甚至负毛利、破盘价，实行全部低价，或者是一味地比市调对手降低价格等。为避免定价误区，在制订促销价格时，需要把握以下原则：

（1）敏感性商品实行超低价，比如米、油、生鲜等。

（2）非敏感性商品实行利润贡献价，比如沐浴露、内衣裤、休闲食品等。

（3）自有品牌商品实行高毛利与自由变价。

（4）进口商品实行模糊价及自由变价，比如进口水果。

3. 促销有效宣传

有时候促销效果不理想，无关乎商品和价格，而是没有将促销的信息传达到目标消费者那里。因此，选择合适的促销宣传方式也是促销成功不可或缺的一个环节。

1）卖场装饰

（1）企业形象装饰。包括门头装饰、户外装饰。

（2）促销主题装饰。包括主副通道装饰、卖场灯光的调整、柱面广告。

（3）商品形象装饰。包括各区域的特色装饰、主推促销商品的广告形象。

2）广告宣传

（1）企业核心理念宣传。包括DM海报、公交车广告、候车亭广告、路牌广告。

（2）商品促销宣传。包括DM海报、广播、电视字幕、大篷车、电视广告。

（3）服务形象宣传。包括DM海报、免费购物班车、社区广告。

3）活动宣传

（1）叫卖。

（2）试吃试饮试用。

（3）限时限量。

（4）赠品。

（5）折扣促销。

此外，还有很多活动宣传方式，这里就不再一一列举，宣传活动的目的就是要增加来客数，提高客单价。

4. 实施促销活动

在促销实施过程中，营运主管需要进行管控，保证促销活动的进行，例如，主管需要关注档期商品有无缺货、商品的价格有无更改等。为了方便期间，主管可以利用《促销活动检查表》（表 7-21）进行自检，以减少促销活动的差错率。

表 7-21　超市促销活动检查表

类　别	检核项目
促销前	① 促销海报情况，促销挂旗，特价牌，店内装饰的准备情况 ② 店内人员是否知道促销活动即将实施 ③ 促销商品是否已经订货或进货 ④ 促销商品是否已经通知电脑部门变价手续 ⑤ 促销商品在竞争者店的价位
促销中	① 促销商品是否齐全，数量是否足够 ② 促销商品是否变价 ③ 促销商品陈列表现是否有吸引力 ④ 促销商品是否张贴 POP ⑤ 促销商品品质是否良好 ⑥ 卖场人员是否均了解促销期限及做法 ⑦ 卖场气氛是否具有活性化 ⑧ 服务台人员是否定时广播促销做法
促销后	① 过期海报，POP 是否拆下 ② 商品是否恢复原价 ③ 商品陈列是否调整恢复原状

5. 促销活动评估

主管可以通过以下指标来评估促销活动的效果：

① 促销品销售提高的百分点。
② 相关产品的销售提高百分点。
③ 总体销售额提高百分点。
④ 来客数的增加。
⑤ 客单价提高的幅度。
⑥ 毛利率/毛利额。

在评估促销效果的时候，通常是将上述的指标与促销前的数据相比较。如果只有促销单品的销售增长，没有促进其他商品的全面动销，只能说明此次促销失败；如果仅仅是销售额的增长，没有因低毛利的促销来带动高毛利商品的扩销，反而造成总体毛利率的下降，这样的促销同样也不能说是成功的。

知识拓展

一、某门店对门店盘点损耗超标处罚管理规定

1. 杂百商品损耗率超标：1.0 倍＜超标倍数≤1.5 倍（含1.5 倍）

处罚标准：

（1）超标部门的第一责任人记一般过失一次，罚款 300 元。
（2）超标部门的第一责任人记一般过失一次，罚款 500 元。
（3）全店超标店长记一般过失一次，罚款 1 000 元。
（4）全店超标防损第一责任人记一般过失一次，罚款 500 元。

2. 杂百商品损耗率超标：1.5 倍＜超标倍数≤2.0 倍（含2 倍）

处罚标准：

（1）超标部门的第一责任人记重大过失一次，罚款 500 元。
（2）超标部门的第一责任人记重大过失一次，罚款 1 000 元。
（3）全店超标店长记重大过失一次，罚款 2 000 元。
（4）全店超标防损第一责任人记重大过失一次，罚款 1 000 元。

3. 杂百商品损耗率超标：超标倍数＞2.0 倍（不含2 倍）

处罚标准：

（1）超标部门的第一责任人记重大过失一次罚款 1 000 元，视情节严重，直至解除劳动合同。
（2）超标部门的第一责任人记重大过失一次并降薪降职，罚款 2 000 元。
（3）全店超标店长记重大过失一次并降薪降职，罚款 3 000 元。
（4）全店超标防损第一责任人罚款 2 000 元，视情节严重，直至解除劳动合同。

4. 针对门店日常经营中一次性丢失商品金额在 500 元以上的或家电商品，一经查核直接对责任人进行全额处罚，并按照《员工日常奖惩管理办法》处理。

二、某门店盘点资格审查规范

一、目的

为了提高大盘点的盘点准确性，盘点前的准备尤其重要，对在盘点前门店盘点资格审查规范，特制订本程序。

二、范围

某公司所有门店。

三、盘点资格审查日期与审查小组

（1）监盘组长和副组长在大盘前 4 天左右去门店检查门店是否按照进度准备大盘工作，并提出整改要求（门店准备工作要提前，如倒票、调拨、仓库商品整理等工作）；对于未按照要求和盘点计划实施盘点准备的部门责任人给予相应处理。

（2）监盘小组组长、副组长、助理和营运组员盘点前一天至门店正式进行资格审查。

(3) 盘点资格审查小组的成员应该包括：监盘小组组长、副组长、助理、营运部组员、门店防损部经理以及门店生杂百经理。在进行各项目审查时应分组进行，由一名总部人员和一名门店人员两人组成四个分组（表7-22）。

表7-22 分组（监盘组长可以根据实际情况进行调整）

组 别	总部人员	门店人员	工作职责
A组	监盘组长	杂货经理	① 选取样本框格号 ② 盘点培训检查 ③ 样本框格号检查
B组	监盘副组长	生鲜经理	① 收货课票据检核 ② 不盘商品标示和原因检查 ③ 样本框格号检查
C组	监盘助理	防损经理	① 申偿单和在途OBD单检查 ② 大额进货、退货检查 ③ 样本框格号检查
D组	监盘组员	百货经理	① 携出/携入单检查 ② 商品库调检查 ③ 框格号编制及控制单检查 ④ 样本框格号检查

(4) 门店店长必须参加盘点资格审查结果沟通会议，总部营运总监和防损部第一负责人必须参加一两家门店的盘点资格审查。

四、盘点资格审查样本框格号的抽取

(1) 盘点资格审查日当天审查小组应该从各部门各部门的框格号中抽取10%的框格号作为盘点资格审查样本框格号，对样本框格号进行库房商品盘点准备、框格号的粘贴和盘点单三个项目进行检查。

(2) 样本框格号由监盘组长从门店框格号中随即抽取，库房和卖场应各占一半。

五、盘点资格审查项目

1. 收货课票据检核（一票否决项）

(1) 收货课票据全部录入系统，实物已经进店的收货单、实物已经出店的退货单是否全部录入系统；调拨单确认已正确审核，且所对应的实物均已调入或调出；所有的倒票已经完成。

(2) 资格审查小组应检核收货课所有未清单据。

2. 不盘商品标识和原因检查

(1) 系统已退货未被供应商提走的商品、已销售未拉走的商品、赠品等不参加盘点的商品在店内指定区域相对集中堆放，并作"不盘"标识（审查小组应对20%非盘点商品不进入盘点的原因进行抽查，确保所有的不进入盘点的商品都有相应的单据支持，抽查合格率应达到100%）。

（2）联营商品与正常商品分区域管理，并张贴"联营区"标识。

（3）残损、过保质期可退货商品已经完成退货，不可退、不可再销售商品应作报损处理，不得盘入。

3．物流申偿单和在途 OBD 单检查

（1）与物流中心的申偿单，在盘点前必须跟进完毕，确保申偿商品到货，如果至盘点日已经得到物流中心确认同意申偿的商品没到货，可以打印出申偿单，由监盘组长签字后，在预先专门设立框格号上进行录入，但需经监盘组长确认。

（2）确定门店订单在途 OBD（包括配送对门店，门店与门店的所有在途 OBD 单）均已解决。

（3）审查小组可以向 IM 部门索要一份截至当天的在途 OBD 清单。

4．携出/携入单的清理检查

所有的商品携出/携入单均清理完毕，未归还的携出单有合理的理由并在一个月以内，单独复印，盘点日在预先专门设立框格号上进行录入，但需经监盘组长确认。

5．框格号号编制及控制单检查

（1）框格号号编号符合规则（两位部门号＋一位盘点区域号＋三位货架号），且相互连续，没有断号和重号；课里控制单内容完整，与实际框格核对无误。

（2）检查起始号码是否与 LAYOUT 图及盘点表相符。

6．大额进货、退货检查（一票否决项）

抽查盘点日前两周大额进货、退货是否有实物进出，主要检核非大仓的进退货。

7．商品库调检查

截至盘点资格审查当天门店所有经过审批的《门店库存调整申请单》及《店内库存转移申请》都已经在通过审批后录入系统。

8．盘点培训

（1）检查盘点培训签到表，所有在盘点人员安排计划表中的人员均参加过培训。

（2）抽查5名参加过培训的员工/促销员，进行应知应会的考试，是否掌握盘点流程。

9．库房商品盘点准备（样本框格号合格率达95%，本项合格）（一票否决项）

（1）每一种商品都有库存单，货号/条码、品名、规格标示清楚，商品数量栏不得填写。

（2）开箱的非整箱商品在最上方并打开箱盖，原则上一箱一品，如果做不到一箱一品的，拼箱商品在箱内要相对分开，同时箱外粘贴所有库存单（一品一张库存单）。盘点资格审查时若发现多品相商品杂论混放在一个纸箱内，则本框格号不合格。

（3）依分类将同类商品码放在同一区域，同货号商品在库房相对集中堆放。

（4）特殊商品（包括但不限于捆绑式销售商品）标注库存单上。

10．框格号号的粘贴（样本框格号合格率达95%，本项合格）（一票否决项）

（1）库房所有存放盘点商品的货架均粘贴有框格号标签，左右均需粘贴。

（2）联营、已售未提、已退未提、赠品等非盘点区域粘贴有"不盘"标识（包含卖场和库房）。

（3）卖场所有参加盘点的货架均贴有框格号标签，左右均需粘贴。

11. 盘点单检查（样本框格号合格率达90%，本项合格）（一票否决项）

(1) 确定框格号内的商品百分之百在盘点单中预列。

(2) 盘点单的商品顺序是否遵循卖场"从左至右，从上到下"的原则，是否遵循库房"从上到下，从左到右"的原则。

(3) 价签对位一品一签，与盘点表相符。如果盘点单上已经预列，出现缺货时价签不得移除（拉排面）。盘点资格审查时如发现盘点单上有，但实际价签无，则本框格号检核不合格。

(4) 对于库房框格号内的商品，当某商品全部从该框格号内提走，盘点单上未删除该商品的，要保证其他商品与盘点单的顺序一致（从上到下从左到右），否则该框格号检核不合格。

六、盘点资格审查结果

(1) 盘点资格审查项目中，第1项"收货课票据检核"、第6项"大额进货、退货检查"、第9项"库房商品盘点准备"、第10项"框格号号的粘贴"、第11项"盘点单检查"为一票否决项，只要有一项不合格，门店盘点资格审查即不合格；其余6项的必须有5项合格，门店的盘点资格审查才合格。

(2) 盘点资格审查各项目全部审查结束后，监盘组长应组织盘点资格审查结果沟通会议，门店店秘作会议纪要，各分组汇报检查结果，填写《盘点资格审查表》，宣布门店是否通过本次资格审查。

(3) 通过盘点资格审查的门店才能按计划进行大盘点，否则门店就不具备盘点的条件，门店店长和营运总监可以再确定一个盘点资格审查的日期进行盘点资格审查，直到门店通过审查为止。

(4) 监盘助理要将《盘点资格审查表》及会议记录，在会议结束后立即将有组长审核好的邮件，通报给营运总监、防损负责人，并抄送至店长。

(5) 盘点资格审查结束后监盘组长应该将《盘点资格审查表》交法务稽核部存档。

七、注意事项

盘点资格审查通过后，盘点日监盘副组长还需进行如下项目的检核。

1. 负库存检查

(1) 在盘点上午，门店相关部门应该向监盘副组长提供一份门店当天的负库存报告。

(2) 至盘点日，所有的负库存必须全部调整完毕，即负库存数量为零。

2. 大家电先销后进

大家电先销后进商品单据必须在盘点前处理完毕。

3. 收货课票据复核

盘点日下午5点后，监盘小组副组长还需对收货课票据进行再次复核，确保盘点资格审查日和盘点日所有票据全部清理完成。

八、盘点资格审查进程

监盘组长可以参照以下指引进行盘点资格审查日的工作安排，见表7-23。

表 7-23 盘点资格审查的工作计划

时 长	项 目
20min	检核前会议：审查注意事项，进行分组、分工等
120min	各小组完成第 1 项到第 8 项的检查
120min	各小组进行样本框格号检查（即第 9～11 项）
30min	检核总结会议：各小组汇报检查结果，汇总填写《盘点资格审查表》，宣布门店是否通过本次资格审查

职场指南

（1）作为门店的核心部门，营运主管的现场管控能力对门店的经营绩效影响很大。

（2）营运主管需要具备充分的财务知识。

（3）营运主管需要非常熟悉门店的各种信息管理系统，有些门店专门设置了 LCC（资讯部门）处理信息管理系统。

项目实训

假如你是 RH 门店的营运主管，根据本项目 7.5 节案例中的相关数据，完成一份详尽的销售数据分析。

一、实训目的

通过实训，使学生掌握商品销售分析的步骤，培养商品销售分析，以及根据分析进行重点工作布置的能力。

二、实训任务

1. 进行商品销售分析，内容包括：

（1）编制 2015 年 1—6 月 RH 门店及各柜组销售计划完成情况分析表。

（2）2015 年 1—6 月份 RH 门店及各柜组销售盈亏分析。

（3）绘制 RH 门店及各柜组 2015 年 1—6 月销售变动趋势图，并分析相应分析。

（4）RH 门店在本商圈内的市场竞争力分析。

2. 根据商品销售分析进重点行工作部署。

三、方法步骤

（1）复习商品销售分析的步骤，以及相关财务知识，为销售分析做好准备。

（2）分组进行实训。

（3）教师讲解指导。

（4）分组修改方案，完成分析最终稿。

四、实训效果考评

考评表

考评内容	商品销售分析			
考评标准	考评要素	评价标准	分值/分	评分/分
	数据分析	分析内容是否齐全 分析数据是否正确	60	
	任务布置	是否依据数据分析结果 任务是否可行	40	
	合　　计		100	

注：评分满分100分，60～70分为及格，71～80分为中等，81～90分为良好，91分以上为优秀。

项目小结

营运主管全面负责门店各部门的经营运作和管理。主管需要熟知各项工作流程及其管制重点，定期检查各项工作目标的执行情况，关注并察觉执行中发生的差异、难点，并能制订相应的措施。

本项目从商品管理、销售分析和促销管理3个方面，介绍了货架调整、异常控制、商品盘点、销售分析、促销管理的流程和内容。通过学习，学生可以了解门店营运主管的工作重点，学习各项工作的知识，掌握应具备的技能。

复习自测题

一、判断题

1. 市场绝对占有率是指产品的市场占有率与同行业平均市场占有率之比。　　（　　）
2. 盈亏的判断标准是销售利润是否等于0。　　（　　）
3. 商品盘点时，需要确认货位号，每一个背算一个货位号，每一组堆头不能算一个货位号。　　（　　）
4. 促销商品定价时，敏感性商品适合实行超低价。　　（　　）
5. 主力商品指占去最大的销售量的商品群，比如物美价廉的商品。　　（　　）

二、单选题

1. 货架黄金段适合陈列的商品特征是（　　）。
   A. 推荐商品或有意培养的商品
   B. 高毛利、高销售、新商品、独家代理的商品
   C. 低毛利、高销售商品
   D. 低毛利、大体积商品、为保证品类齐全的商品

2. 产生负毛利的合理原因是（　　）。
   A. 赠品未零成本入机导致负毛利
   B. 不按团购要求操作导致负毛利
   C. 海报商品，定价即为负毛利
   D. 商品串码出清产生负毛利
3. 下列不适合作为促销商品的是（　　）。
   A. 民生用品、日用商品
   A. 能上销售排行榜的商品
   B. 便利性商品
   C. 厂商促销商品
4. 卖场货架内商品的抄写规则是（　　）。
   A. 由左到右，由上到下　　　　B. 从右到左，由上到下
   C. 从上到下，从左到右　　　　D. 从上到下，从右到左
5. 库房抄单的顺序是（　　）。
   A. 由左到右，由上到下　　　　B. 从右到左，由上到下
   C. 从上到下，从左到右　　　　D. 从上到下，从右到左

三、多选题

1. 在以下商品状态中，哪些是不允许做任何业务操作的（　　）。
   A. 状态 0　　　B. 状态 1　　　C. 状态 5
   D. 状态 9　　　E. 状态 10
2. 营运主管需要每日跟进的报表有（　　）。
   A. 状 1 库 0　　　B. 畅缺　　　C. 状态 6/8
   D. 负毛利　　　E. 滞销
3. 产生负库存的不合理原因有（　　）。
   A. 商品先销后进
   B. 盘点差异
   C. 库存单位调整
   D. 赠品直接当商品卖
   E. 生鲜扣重引起
4. 根据商品的角色和特点，可以将商品分为以下（　　）几类。
   A. 目标性商品　　　　　　　　B. 常规性商品
   C. 季节性/偶然性商品　　　　 D. 便利性商品
   E. 辅助商品
5. 物美营运中的"五大异常"指的是（　　）。
   A. 畅缺商品　　　B. 滞销商品　　　C. 状 1 库 0 商品
   D. 状态 6/8 商品　　E. 进货未销商品

项目八

防损主管操作实务

 项目简介

  防损部门是负责控制门店经营管理的成本，纠正经管管理活动（流程）中的偏差，及时堵塞漏洞的部门。据统计，大型门店的平均毛利率为8%～12%，纯利率则只剩1%～2%，而有些门店的损耗率竟然也是1%。损耗极大地影响了门店的盈利水平甚至门店的生存，因此，预防损耗是门店管理人员面对的一大挑战。

本项目从商品（损耗）管理、肃窃管理和消防管理3个方面介绍了门店防损主管操作实务的内容。通过学习，要求学生掌握防损管理的基本知识，并能用所学知识分析、解决门店在防损方面存在的问题。

项目内容

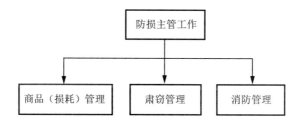

学习目标

1. 掌握商品损耗管理的基本内容。
2. 熟悉3类门店肃窃管理的流程和要点。
3. 认识基本的消防设备，并熟悉消防管理的流程。

任务一　商品（损耗）管理

物美门店年末盘点时发现损耗率较大，特别是生鲜商品的损耗率甚至要赶超纯利率。为了减少损耗率，店长要求防损主管在日常工作中加强商品的管理。面对门店几万种的单品，防损主管认为要全部关注是不可能的，他提出防损部门应该加强有重点、有条理的商品损耗管理，只要控制了损耗率最高的商品，就会对减少损耗有很大帮助。

那么，在防损工作中，防损主管应该重点加强哪些商品的管理才能有效减少商品的损耗率呢？对于这些商品，主管又应该如何管理呢？

【工作流程】

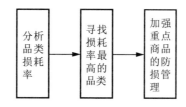

【学习要求】

（1）培养防损主管对营运区商品的损耗管理能力。
（2）掌握哪些是需要重点管理的商品以及如何管理。

【相关知识】

损耗就是门店接收货物时的商品零售值与售出后获取的零售值之间的差额。门店的防损有两方面的含义：一是控制损耗；二是提供安全保障。本任务主要介绍的是控制损耗的内容，任务二中的肃窃管理也属于控制损耗的范畴，但是由于防盗工作非常重要，所以本项目将肃窃管理单独作为一项任务来讲解。

一般来说，商品损耗大致可以分为 5 类，包括作业错误、偷盗、意外损失、生鲜处理不当和其他损耗。其中有一些是正常损耗，比如一定比例的商品变质、过期，商品在销售过程中的磨损；另外一些是管理损耗，比如营运部门的盘点错误、陈列不当、孤儿商品，收货部门对供应商管理不严、设备没有安全操作，客服部门未按规定接受退换货，收银部门收到假钞、没有逐一扫描商品、采购部门采购商品销路不对、定价错误，工程部门设备保养不及时导致冷冻柜温度失控等。可见，防损主管的工作应该是以减少各环节的管理损耗为主，以降低正常损耗为辅。

8.1 孤儿商品防损管理

孤儿商品是指顾客在选择后，由于种种原因不要而"流落"到收银台或楼面其他非其原来陈列位置的商品。

1. 孤儿商品的种类

门店在架的所有商品都可能成为孤儿商品，但是有几类商品特别容易被顾客遗弃成为孤儿商品，它们是生鲜食品 / 冷冻、冷藏食品，破损商品，无条码商品 / 无法结账商品，自用品（硬标签 / 衣架等）等。

2. 孤儿商品的处理

1）建立孤儿商品存放区

有条件的大型门店可在收银线的一端设定一个位置用于放置孤儿商品，中小型门店可以在收银台下方设立两个筐，分别用于存放无条码或无法结账的异常商品和正常的孤儿商品，如图 8.1 所示。

图 8.1 孤儿商品存放区

2）收银线孤儿商品回收

收银线孤儿商品的回收可以根据孤儿商品的类型分别处理。

（1）生鲜及冷冻冷藏孤儿商品。由收银值班及时回收。

（2）百杂的孤儿商品。可以根据店营业额和来客数，由各处值班每隔一段规定时间回收一次。

（3）破损商品。要用隔离袋（小连卷袋）装好放在孤儿商品篮内。

（4）无条码或无法结账的异常商品。由收银课进行统计，每日汇总后交营运进行追踪处理，每周汇总一次，填写《条码异常商品汇总表》（见表8-1），对重复发生的品项交店长进行处理。

表 8-1 条码异常商品汇总表

日期：

课别	品名	条码	异常情况	处理追踪人员		备注
				收银	营运	

（5）自用品回收。硬标签和衣架由使用部门同事到收银台收取，并根据发生率规定次数。

3）楼面孤儿商品回收

楼面各区域及公共区域的孤儿商品由该区域部门的员工及时送回给该商品所属课，对于破损商品要用隔离袋装好及时送回给商品所属课员工；打烊后，营运各课应确保楼面内所有孤儿商品及时归还到位。

注意：在回收孤儿商品时应该要注意以下事项。

（1）对于可能会被污染而影响销售的商品要分开放置，以免造成商品压坏或人为的损坏。

（2）回收孤儿商品时孤儿商品收集车应放在收银线内。

（3）打烊后，营运各处值班要确保收银线的孤儿商品全部回收完毕。

8.2 临保商品防损管理

保质期是指预包装食品在标签指明的储存条件下，保持品质的期限；临近保质期是指距食品包装物上标明的最后保质日期的期限。临近保质期的商品简称临保商品。

不同保质期限的商品的临保期都不尽相同，如以对保质期要求最高的食品为例，不同保质期商品的临保期见表8-2。

表 8-2 临近保质期食品具体要求

商品保质期限	日期要求
保质期 <1 年	临近保质期为 45 天
半年 < 保质期 < 1 年	临近保质期为 30 天
90 天 < 保质期 < 半年	临近保质期为 20 天
30 天 < 保质期 < 90 天	临近保质期为 10 天
10 天 < 保质期 < 30 天	临近保质期为 2 天
保质期 < 10 天	临近保质期为 1 天

门店需要定期检查仓库以及货架上的临保商品，对临保商品各区域必须建立登记本，制订人员进行跟踪处理。常见的措施是设立临保专区，临保商品必须及时放置到临保专区，并以捆绑、降低等方式促销，在保质期的最后几天临保产品必须下架。

8.3 贵重商品防损管理

为减少损耗率，防损部门应该重视贵重商品的防损管理，一般的做法是为贵重商品加上软硬标签。软标签隐蔽性强，且是一次性的，不可使用在大件物品之上；硬标签安装位置明显且可重复使用，主要适用于软性商品，如纺织品、箱包、鞋帽等。安装位置需统一、明显、易取、防脱。常见的软硬标签如图 8.2 所示。

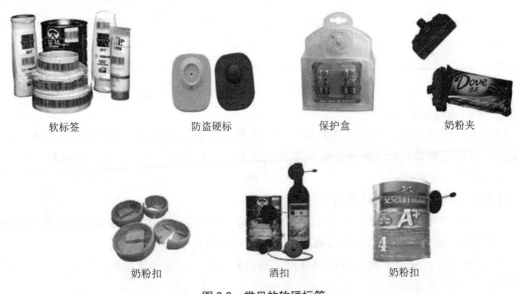

图 8.2 常见的软硬标签

1. 硬标签安装位置规范

安装硬标签时，既要方便收银员拔除，又不能损坏商品，还不能影响商品美观，而且服装鞋帽上的硬标签不能影响顾客试穿。由此可见，应该规范硬标签的安装位置。

（1）雨伞。伞叶处（即伞面边上）或伞骨末端（禁止钉在伞套或雨伞绑带上），如有伞套，则需将伞套和伞叶或伞骨末端并在一起,再安装硬防盗标签。

(2)服装(上衣)。统一钉在上衣的后领线缝处(但严禁钉在后领的商标上)。

(3)裤子。统一钉在右边裤腰外侧线缝处。

(4)文胸。绷带处。

(5)内衣。后领处(但严禁钉在后领的商标上)。

(6)鞋(系带式)。左鞋内侧的第一个鞋带扣眼处。

(7)鞋(无带式)。左鞋内侧缝线处。

(8)剃须刀架/刀片。包装盒的中间部位。

(9)箱包。挎包/休闲包/背包/书包/公文包包背面左上角或右下角。

(10)行李箱/旅行箱。箱内部。

(11)皮带(有孔式)。带尾尾端孔眼处。

(12)无孔式。皮带中下部位置。

(13)钱夹。夹口处。

(14)丝巾/围巾等。丝巾的中间部位(严禁安装在丝巾/围巾两端的装饰线上)。

(15)袜类。袜口处(需两只袜子钉在一起)。

(16)领带。带根内侧。

(17)帽子。后沿线缝处。

(18)手套。套口处(需两只手套钉在一起)。

(19)袋装奶粉。包装袋封口处的中间位置(需以不影响包装质量和损坏包装为准)。

(20)童车。童车的蓬布上。

2. 制订标签使用指南

为规范贵重商品防损管理,防损主管可以带来防损员工和营运部门员工制订标签使用指南,规定哪些商品必须使用标签、应该使用哪类标签、使用标签时应该注意的问题等。

例如,某门店标签使用指南见表8-3。

表8-3 某门店标签使用指南

分类(部门)	商 品	使用标准	软标签	硬标签	备注(如盗窃严重,可加大比率)
酒系列	红酒、白酒	RMB150.00起		√	价格在RMB150以上的商品需100%加酒扣,RMB150以下的商品根据门店损耗来定加磁数量
	高单价礼盒	RMB200.00起		√	针对堆头商品加贴硬标签,加贴标签的商品应占陈列的比例为50%~100%
巧克力系列	费列罗、德芙、礼盒系列等	RMB20.00起	√		需加软磁条,如门店有奶粉夹也可用,比例在陈列的50%以上,礼盒需100%粘贴
口香糖、木糖醇系列	箭牌、益达、乐天、好丽友等	所有	√		加贴标签的商品应占陈列的比例为5%~10%

续表

分类（部门）	商品	使用标准	软标签	硬标签	备注（如盗窃严重，可加大比率）
文具系列	公文包、书包	所有		√	需连同标价签一起钉在商品上，以防顾客换条码，100% 粘贴
文具用品系列	乒乓球拍	RMB60.00 起	√		如能加硬标签的加硬标签或是防盗绳，需 100% 粘贴
	羽毛球拍	RMB100.00 起		√	
	网球拍	RMB100.00 起		√	
	运动背包	所有		√	
汽车配件系列	汽车转换器、汽车随身听	RMB100.00 起	√		
五金系列	充电电池、高单价电池	RMB20.00 起	√		使用防盗盒与软标签，100% 使用
箱包系列	行李箱、电脑包、双肩包、皮带、钱包等	RMB200.00 起	√	√	标价签与商品钉在一起，小件品软、硬标签同时使用
家庭用品系列	保温杯、锅类等	RMB100 起		√	使用硬标签，80% 使用
床上用品系列	四件套、高档毛巾等	RMB200.00 起		√	使用硬标签，标签与外包装钉在一起，以防顾客换包装
服装系列	男装、女装、西装、外套	夏装 RMB60.00 起，其他季节 RMB80.00 起	√	√	
	短裤、袜子	短裤 RMB30 起、袜子 RMB20 起	√	√	
	保暖内衣	RMB150.00 起	√	√	可结合软硬标签同时使用
	贴身内衣裤	RMB60.00 起	√	√	
	盒装衬衫	RMB80.00 起	√	√	
	领带	RMB50.00 起	√		
	女式挎包、坤包、手袋	所有	√	√	
	雨伞、太阳伞等	RMB30.00 起		√	
鞋系列	皮鞋、运动鞋及童鞋等	RMB70.00 起		√	门店本部门员工装硬标签，统一加在左脚；对于高单价的鞋部门员工可以在鞋底用水性笔做标识，如 RMB100 以上的鞋底左脚记录为 A，如 RMB200 以上的鞋底左脚记录为 B，如 RMB300 以上的鞋底左脚记录为 C，并给收银员培训

续表

分类（部门）	商品	使用标准	软标签	硬标签	备注（如盗窃严重，可加大比率）
高档使用油系列	进口食用油、贝蒂斯等	RMB100 起		√	使用酒扣，100% 使用
口腔护理系列	进口牙膏、牙刷	RMB25 起	√		使用软磁条，100% 使用
计生用品系列	避孕套	RMB30 起	√		把软标签放到商品包装内，100% 使用
茶叶系列	高单价听装、礼盒	RMB80 起	√		使用软标签，100% 使用
炒货系列	核桃、腰果、松子、杏仁等	RMB50 起	√		门店如有奶粉夹可以使用，也可使用软标签，80% 使用
洗发护发系列	海飞丝、沙宣、清扬等	RMB40 起	√		使用软标签，100% 使用
膏霜系列	洗面奶	RMB25 起		√	把硬标签钉在商品的下封口处，根据门店严重来定
防晒系列	曼秀雷敦、妮维雅等	RMB40 起	√		使用软标签，100% 使用
婴儿用品系列	奶瓶、童车等		√	√	奶瓶使用软标签，童车使用硬标签
保健品系列	铁皮枫斗、脑轻松、青春宝等	所有	√		使用软标签，100% 使用
奶粉系列	多美滋、合生元、雅培、进口奶粉等	RMB150 起	√	√	软硬标签同时使用，100% 使用

8.4　生鲜商品防损管理

生鲜是门店中损耗率最高的产品，需要重点关注。

1. 生鲜商品损耗的来源

造成生鲜商品的损耗主要有以下途径：

（1）订货过失。主要是订货量估计不足导致过量或不足。

（2）配送运输。错误配送运输导致影响商品的质量。

（3）验收错误。包括验收方式错误、单据填写错误等。

（4）储存不当。储存环境不符合要求或操作失误导致商品变质。

（5）加工不当。加工环节出现损耗。

（6）商品陈列。陈列不当导致商品损伤或影响销售。

（7）商品销售。定价不合理、标价错误、存货过多等导致商品销售损失。

（8）盘点错误。错盘、漏盘、多盘、串盘直接影响生鲜毛利、损耗。

2. 生鲜商品损耗的控制

生鲜商品损耗的控制措施见表 8-4。

表 8-4　生鲜商品损耗的控制措施

生鲜损耗来源	生鲜损耗原因	解决方法
订货量不合理	乐观销售	参考同比环比销售量订货
	忽略库存	参考现有库存订货
	气候影响	关注气候变化储存影响
	节庆影响	合理评估节假日销售量
	市场价格	加强及时市调
	重复订货	积极跟进确认订货情况
错误配送运输	车辆安排	根据商品存储保鲜要求安排车辆
	时效掌控	参考商品销售周期安排配送批次
	包装容器	预防挤压、串味影响商品质量
	装、卸货	根据商品特性正确装卸货
错误验收	未按订单核对订货数量	认真核对订单订货数量、规格
	抽检方式错误	按商品特性抽检
	供应商欺诈	熟悉供应商各类数量、质量欺诈手法，严格监督
	重复验收	及时验收及时入库
	未扣称去皮	严格按照各类商品及包装容器扣称去皮标准验收
	单据填写错误	按照商品订货规格填写、加强监督复核
	录入错误	按照商品订货规格填写，加强监督复核、抽查
储存管理不当	温度/湿度	按商品特性控制温度、湿度储存标准
	保鲜/养殖	按商品特性正确保鲜养殖
	卫生要求	按商品特性选择储存容器、设备
	冻品解冻	保鲜解冻、流水解冻、微波炉解冻
	包装容器	按商品特性选择包装容器
	生熟分开	生熟分开，避免交叉感染
	串味	按商品特性分类存放
	周转期管理	标注入库日期，先进先出
	堆放标准	按商品特性正确堆放，防止挤压
	设备保障	定期检修保养、清洁、消毒
陈列不当	陈列位置不当	按商品配置表陈列，忌反复、随意调整
	陈列数量不当	按商品特性、客流、促销活动、日常销量、易损耗情况合理调整商品陈列面和陈列量
	陈列方式不当	按商品特性采取对应陈列方式

续表

生鲜损耗来源	生鲜损耗原因	解决方法
陈列不当	关联配置不当	按商品特性/类别/关联性/颜色搭配、顾客走向/购物习惯陈列
	陈列保护不当	按商品特性、保鲜、安全等采用相应保护用具正确陈列
	陈列包装不当	按商品特性、保鲜、止损等采用相应包装用具正确陈列
	陈列卫生不当	按商品特征、保鲜及时清洁，熟食、面包不得敞开陈列
	商品整理不当	先进先出，破损、变质、腐烂、过期的商品必须及时下架
	陈列标识不当	一个商品不得多处陈列，价钱应一一对应
	陈列设备不当	忌冷冻、保鲜混淆，合理配置辅助陈列饰品、道具
商品销售损失	定价不合理	参考商品进货陈本、合理加价率、市场价格
	标价错误	及时关注商品标价牌、POP准确性
	调价错误	及时核对系统调价正确、合理性
	残次品未及时清理	及时清理并整理陈列台面
	商品加工不到位	按商品保鲜、保质特性及销售需求加工
	商品滞销	及时调整销售策略、促销方式
	存货过多过期变质	按要求控制订货量、促销方式
	促销商品处理不及时	在商品最有价值时及时处理
	收银入机错误	加强收银员对商品销售方式的熟悉
	商品变价错误	每日测试、及时调整
	调拨未登记入账	按调拨流程严格监督，及时入账
盘点错误	盘点准备	成品、半成品及原料进价、单位、规格按要求计价
		成品、半成品及原料进价、单位、规格按要求计价
		单据整齐完整记录备案
	盘点初盘	一定顺序分区盘点，禁止盘点期间区域间商品流动
		财务、防损监督盘点数据记录准确、真实
	盘点复核	财务、防损负责复核（复核比例50%），库存较大商品由防损专项复核登记
		检查监督参与盘点的商品正确性（保质期、质量）
	单据收集	单据由盘点负责人和防损主管两人以上按区域收集盘点单据
		财务检查单据完整性：签名是否齐全、是否有漏盘商品、是否有单据遗失
	数据录入	数据录入员统一录入
		数据上不得涂改（如需更改必须经过重盘，经店长签名，数据用其他颜色区分）
	盘点分析	毛利率、损耗率、周转率

3. 生鲜商品损耗率标准

生鲜商品损耗率的总标准为6%，但是每个品类各自的标准各不相同，见表8-5。

表8-5 生鲜商品各品类损耗率标准

指　　标		低标准	标　准	高标准
生鲜损耗率	蔬　菜	10%	7%	5%
	精　肉	5%	3%	2%
	鲜　鱼	10%	5%	3%
	熟　食	5%	3%	2%
	面　包	10%	5%	3%
	日　配	2%	1%	0.5%

4. 生鲜商品经营损耗的对策

（1）制订损耗目标管理。大多数门店都有自己店内的损耗目标，生鲜部门也有。部门需要共同订下损耗目标，以此为激励和约束，并且定期评估。

（2）库存控制、产销平衡。自营的生产数量与销售数量必须保持平衡，既保证陈列丰富的量感，库存又不能积压。

（3）适时折价、减价。生鲜经营因鲜度是有时间性的，可以推出类似"晚七五折"或"晚七买一送一"的生鲜促销活动。

（4）低温控制。在精肉、鲜鱼等区域，温度的设定对鲜度影响很大。正常情况下，冷藏库最好控制在0℃左右，冷冻库最好控制在-18℃以下。鱼肉陈列柜的温度应维持在-2～2℃，蔬果在5～8℃，日配、熟食（冷食）则以2～5℃为宜，熟食（热食）在50～60℃。

（5）湿度控制。如叶菜类需在100%湿度下保存最好，水果要80%～90%；鱼肉类要70%～80%，太干燥不利生鲜保鲜。

（6）设备检查、维护。门店投资中，主要集中在生鲜部门。生鲜设备的正常使用的维护，又是影响其产品质量的物质条件。在日常工作中，一定要落实专人负责，定点定时巡回检查，特别是冷冻冷藏设备，每天都要进行三次温度检查记录。其他设备至少每天要求进行运行记录，发现问题，及时维护。

（7）产品二次加工开发。在有效期内的鱼、肉类可做成配菜，或在有效期内的肉类可转化成肉丸、绞肉、汉堡等，蔬果可制果汁，生鲜半成品配菜也可正常转化成熟食品。例如，调味鱼块炸成熟食块，是灵活经营、防止损耗的有效方法，但在有效期内，一定要控制好鲜度及品质。

（8）作业规范化、标准化。制订相关的操作流程及规范，明确各岗位的权利和义务。另外，可用生鲜各类商品的验收标准表区分精肉类、鲜鱼、日配、蔬果、干货、烘焙食品、熟食及原料、耗材等，逐项明列，验收货部门严格把关。

（9）责任到位。对于损耗责任归属，个人或部门经理要理清，且要与薪资或绩效挂钩，损耗过大要减薪。

任务二　肃窃管理

某日，物美超市内一名女顾客在收银机付款时，收银员发现有十几袋称重商品涉嫌并包和存在价格差异，经过调查确认12袋商品都有价格差异，总计人民币349.3元，涉及板栗、冰糖红富士、鸡爪、猪肉、糖果、干货、土豆、珍珠梅等商品。

这名顾客的行为属于偷盗行为吗？对于这名顾客应该如何处理比较妥当呢？门店的偷盗行为还有哪些类型呢？各类偷盗行为有哪些表现呢？应该如何防范？

【工作流程】

【学习要求】

培养防损主管对门店偷盗行为的防范及管理能力。

【相关知识】

门店防盗问题日渐成为门店经营管理者最关注的问题之一，科学的管理制度和严密的防范手段已成为门店防盗工作的重要途径和措施。

8.5　防内盗管理

内盗是指内部员工（包括促销员）通过不正当的手段，私自侵吞和占有公司的财物和现金的行为。员工偷窃的机会远远大于外盗，员工偷窃与其说是冲动行为，不如说是典型的周密计划行窃。员工的内盗行为除外盗所采取的方法外，其行为更具有隐蔽性、长期性、方便性等特点。

1. 内盗的形式

（1）直接偷窃公司的商品、赠品、用品。

（2）直接偷窃公司同事的私人财物。

（3）未按有关程序而故意丢弃公司的商品，以逃避责任。

（4）与员工或外人进行勾结、策划，共同进行盗窃或一条龙的盗窃活动。

（5）偷吃公司的商品或未经许可试吃商品。

（6）利用改换标签或包装，将贵重的商品以便宜的商品或价格结账。

（7）未经过正常的程序，故意将价格标低，使自己或朋友、亲属受益。

（8）私自将店面的文具、工具、用具拿来自己使用。

（9）未经许可，私自使用或拥有供应商提供的赠品。

（10）贪污公款，携款潜逃。
（11）收银员从收银机盗窃钱款。
（12）收银员为亲属、朋友等少结账或不结账。
（13）收银员利用其他手段从收银机中盗窃公司钱款。
（14）当班负责人利用退货、换货等手段偷窃公司钱款或盗窃其他员工工号偷取收银机钱款。
（15）接受供应商的回扣、礼品、招待、用餐、消费及旅游等各种形式的馈赠。

2. 内盗发生的原因

了解内盗发生的原因，有助于主管从源头上防止内盗的发生。
（1）门店的管理松懈、混乱，制度不全，给个别员工以有机可乘的环境，诱发盗窃。
（2）怀着侥幸的心理进行盗窃。
（3）员工经济上出现困难，比较缺钱。
（4）个人的经济条件无法满足个人的私欲。
（5）贪图小利或便宜。
（6）觉得在公司受到不公正待遇后进行报复。

3. 内盗的防范

1）员工的预防教育

对员工进行从入职开始的不间断的教育工作，教育分正面、反面等多种方式，采用开会、板报、活动等多种方式，必须阐明以下几个方面：
（1）门店制订严格的管理制度和监视系统。
（2）对偷盗严厉打击的措施和处罚方法。
（3）员工应具备在本行业工作的最基本的道德规范。
（4）员工因偷窃将给个人带来严重的后果，包括承担刑事责任。

2）内部举报制度

（1）内部举报必须是实名举报，不接受匿名举报。
（2）门店对举报者的举报姓名、内容予以保密。
（3）设立举报电话、员工信箱，接受内部员工的举报。
（4）对于举报的查证，必须在规定的时间内完成。
（5）对于举报经查证属实者，对举报者给予一定的经济奖励，根据举报案例所挽回的经济损失，具体决定奖励金额。

3）内部安全调查

安全调查不仅仅是案件发生后或接到举报后进行的取证工作，也是日常工作中随时对正在进行的偷盗行为予以制止和查处的重要工作。对具有以下一些异常行为迹象的员工，需要提高警觉，防患于未然：
（1）员工背大包上下班。
（2）员工在工作时间内未从员工通道进出。
（3）员工在操作间、洗手间吃东西，附近无管理层在现场。

（4）员工作业的场所，发现较多的商品空包装。
（5）员工表情过于紧张或异样。
（6）员工与某顾客熟悉并亲自为其挑选商品。
（7）员工特意为某顾客到内仓库取商品。
（8）员工在内库对原包装商品进行更换包装。
（9）员工购买大包装商品。
（10）贵重商品的销售与电脑库存不能一一对应。
（11）员工特意在某收银机付款结账。
（12）收银员擅自离开岗位或未到下班时间中途下班。
（13）收银员执意要求上某一台收银机。
（14）收银员经常出现小差额的收银差异。
（15）收银员为亲属、朋友结账。
（16）收银员违反收银程序，如不扫描或跳扫描。
（17）收银员某一单有过多的作废或删除品项。
（18）收银员有大金额的收银短账行为等。

4）制订严格的管理和检查制度

主管可以通过制订下列管理和检查制度，防范内盗的发生：
（1）严格特殊标签的管理程序。
（2）严格降价的执行程序。
（3）严格赠品的管理与发放程序。
（4）严格贵重物品的收货以及台账程序。
（5）严格收银的退换货程序。
（6）严格现金的提取程序。
（7）严格各种人员、商品进出口的管理程序。
（8）严格试吃程序。
（9）严格夜班作业的开关门程序。
（10）严格员工和购物程序。
（11）内仓管理的有序、整洁。
（12）严格垃圾的处理程序。

4．内盗的处理程序

如果有员工被举报或被发现有偷窃嫌疑时，可以按照图 8.3 所示程序处理。

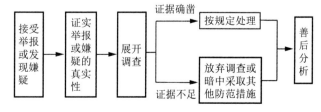

图 8.3　被举报的内盗处理程序

（1）立即与防损经理取得联系，不要和任何人谈论此事。

（2）找该员工的直接上级或者经常接触的人进行了解情况，以便证实举报的真实性或证实怀疑。

（3）严密监视其接触的人员及到过的场所，一旦时机成熟，立即展开调查。

（4）对嫌疑人无法确定其偷盗事实，但从各方面的信息反映该员工有很大的作案可能的，不要和任何人谈论此事，要暗中进行调查；另外，也可采取防范措施，将该员工调离原岗位或部门，并在今后的工作中加强跟踪调查。

（5）对确认有内盗行为的员工，要严格按照门店的规定进行处罚、通报，情节特别严重的，一律送交公安机关立案处理。

（6）找出店面管理中的薄弱环节，防止今后发生类似案件。

如果有员工行窃时被查获，可按图 8.4 所示程序处理。

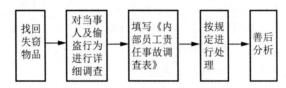

图 8.4　被查获的内盗处理程序

（1）找回未付款的商品。

（2）将当事人交防损部负责人进行调查。

（3）与内盗员工进行谈话并记录，确认其盗窃行为。调查盗窃的执行者、协助者、策划者，并调查其偷窃的原因与动机，所有记录必须在档记录。

（4）按门店的规定进行处罚、通报，情节特别严重的，一律送交公安机关立案处理。

（5）店面领导及防损部找出店面管理中的薄弱环节，防止今后发生类似案件。

5．内盗的处罚

（1）内盗的赔偿/解雇。所有内盗的人员，无论其盗窃的金额是多么少，商品是多么小，理由是多么充分，一旦发现确实，可以处以解聘处理，并通过合法途径追回被盗的商品和要求赔偿盗窃的金额。

（2）内盗的司法处理。根据其盗窃行为情节的严重和金额的大小，可以移交司法机关处理。

（3）内盗事件的曝光。所有内盗事件必须在处理后及时内部曝光，告知所有工作人员，起警示作用和威慑作用；所有内盗事件的曝光不得公开盗窃者的私人资料。内盗事件的曝光只能在本公司范围内进行，不得在公共媒体进行。

8.6　防外盗管理

1．顾客偷盗的行为表现

（1）顾客利用衣服、提包等藏匿商品，不付账就带出门店。

（2）顾客更换商品包装，用低价购买高价的商品。

（3）顾客在大包装商品中藏匿其他小包装的商品。
（4）顾客未付账白吃门店中的商品。
（5）顾客将撕毁商品的标签或更换标签，达到少付款的目的。
（6）顾客与店员相互勾结，进行盗窃活动。
（7）盗窃团伙的集体盗窃活动。

2. 顾客偷盗的防范

1）熟悉顾客偷盗的种种迹象

（1）购买的商品明显不符合顾客的身份或经济实力。
（2）购买商品时，不进行挑选，大量盲目地选购商品。
（3）在商店开场或闭场时，频繁光顾贵重商品的区域。
（4）在门店中走动，不停地东张西望或到比较隐蔽的角落。
（5）拆商品的标签，往大包装的商品中放商品，撕掉防盗标签或破坏商品标签。
（6）往身上、衣兜、提包中放商品。
（7）几个人同时聚集在贵重商品柜台前，向同一售货员要求购买商品。
（8）顾客表情紧张、慌乱、异样等。
（9）穿着衣服较宽大的顾客。
（10）收银台顾客较多的时候趁机拿商品溜走的顾客。

2）事先制订各种防范措施

（1）通过以下措施有效减少顾客偷盗的发生。
（2）安装防盗安全系统和监视系统。
（3）设置便衣安全员。
（4）张贴的各种警示标语。
（5）为易失窃商品或贵重商品安装防盗标签。
（6）贵重商品的安全陈列。
（7）门店全民防盗意识的教育。

3. 顾客偷盗的处理

如发现有顾客偷盗，可按图 8.5 所示程序处理。

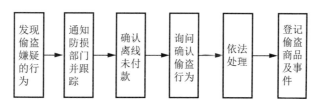

图 8.5　顾客偷盗处理程序

（1）发现可疑迹象。防损员现场发现可疑顾客和可疑动作，员工举报或监视系统发现可疑顾客。
（2）秘密跟踪。保安员秘密进行门店内跟踪。

（3）婉转确认是否结账。观看顾客是否将所有商品一一全部结账付款，若没结账或没完全结账的，可婉转拒绝结账。

（4）询问偷盗行为。将盗窃者比较平静地带到办公室，切忌用激烈的手段，必要时可多名店员协同作业。

（5）谈话对证。与盗窃者当面对证，进行谈话记录，并阐明盗窃的危害性，注意不能有对盗窃者进行罚款、搜身、人身伤害、拘留、扣押证件等行为。

（6）偷窃处理。根据公司和有关法律的规定，对盗窃者进行处理，并登记在案。

4. 顾客偷盗的处罚

（1）和解方式。对于盗窃情节轻、金额少或未成年人盗窃者，一般给予严厉的教育和警告，并记录在档，一般采取等价买回偷窃商品等方法进行处理。

（2）司法方式。对于盗窃情节严重、金额大，多次来本门店的惯偷或属于团伙盗窃的或认错态度不好的，送交派出所或司法机关处理。

（3）对于偷盗者，门店不能采取公开其照片、姓名等个人资料，或对其进行殴打、使其当众出丑等违反法律的行为。

（4）对于专业盗窃分子一般由多人组成盗窃，作案后难抓获，且气焰嚣张，危害较大，应当及时通知保安队进行定期或不定期治安巡逻或通知警方。

8.7 防供应商偷盗管理

1. 供应商偷盗的行为表现

（1）由供应商派驻门店的促销人员进行同内盗一样的偷盗行为。

（2）将已经收货完毕的商品，重新按未收货点数。

（3）利用收货员的疏忽，趁机偷窃商场的商品。

（4）在收货员称重时，进行作弊行为。

（5）私自丢弃应属于退货的生鲜食品等。

2. 供应商偷盗手段

（1）利用收货时进行偷盗门店的商品。

（2）利用收货时在商品的数量或重量上进行作弊。

3. 供应商偷盗防范

（1）安排防损员及时检查。防损员需要严格对供应商的进出进行控管，对进出携带物品进行检查核实；不允许供应商人员进入内仓。

（2）制订严格的管理制度。由收货人员将已经收货/未收货的商品按区域严格分开实行全过程收货操作。

（3）由店面操作人员同收货人员共同配合，做好每日生鲜食品的退换货工作。

4. 供应商偷盗处理程序

如发现供应商有偷盗行为，可按图8.6所示程序处理。

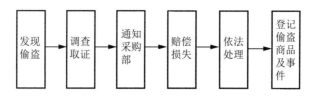

图 8.6　供应商偷盗处理程序

（1）发现偷盗。由收货人员、防损人员或店面人员发现供应商偷盗。

（2）调查取证。防损人员对事件进行调查取证，特别是供应商现场偷窃人员的书面对证。

（3）通知采购部。将与事件有关的证据提交到采购部。

（4）赔偿损失。由门店提出赔偿的数额的材料提交采购部，由采购部进行执行。

（5）处罚。凡是发生偷盗现象的供应商，可考虑与其中断合作关系，并要求因此而给门店造成的预计损失进行赔偿；对已经造成的损失要求进行赔偿。

任务三　消防管理

物美某门店发生特大火灾，火灾原因是无证电焊工在未采取任何安全措施的情况下施工，电焊熔渣掉入门店内一人多高的海绵床垫上引发起火。在场的营业员抱来一个灭火器，但是不会使用，附近的顾客也不会使用，火越来越大，营业员跑到相邻的单位借电话报警，可惜电话被锁住了。最后消防队出动消防车 24 部，消防员 164 人，经过 4 个小时的扑救，火终于灭了。此次火灾造成 80 人死亡，55 人受伤，门店商品全部烧毁，直接经济损失 400 万元。

那么，平时应该在门店日常营运中注意哪些问题、做哪些准备工作才能杜绝此类惨剧的发生，来保证顾客、员工以及门店自身的安全呢？

【工作流程】

【学习要求】

培养防损主管对门店消防隐患的防范及管理能力。

【相关知识】

8.8　消防管理的基础知识

1. 消防器材管理

门店配备的消防器材有灭火器、消火栓、自动喷淋系统、防排烟系统、防火卷闸门、烟感及温感探测器、安全出口指示灯、防火门、对讲机、联动控制柜等。为加强门店消防器材的日常管理，需要做到以下事项：

（1）各部门员工及主管每天必须检查自己所辖范围内的灭火器并填写检查记录（表8-6），发现异常情况必须立即向上一级领导报告。

表8-6 灭火器定期检查记录表

部门： 年 月 日

编号	检查结果	编号	检查结果	编号	检查结果	编号	检查结果	编号	检查结果
异常处理对策									
检查结果说明									

部门负责人： 检查员：

（2）防损部每天应巡视各自动喷淋头有无漏水、疏散通道是否畅通；每半月对消火栓、灭火器进行详细检查，并填写检查卡；对从未使用的消防门，每年至少要开启检查一次。用电安全检查表见表8-7。

表8-7 用电安全检查表

项次	检查项目	良好	不良	缺点事实	改善事项
1	电气设备及电动机外壳是否接地				
2	电气设备是否有淋水或淋化学液				
3	电气设备配管配线是否破损				
4	电气设备配管及电动机是否超载使用				
5	高压电动机短路环、电器是否良好				
6	配电箱处是否堆积材料、工具或其他杂物				
7	导体露出部分是否容易接近、是否挂"危险"标示牌				
8	D.S 及 Bus Bar 是否因接触不良而发红				
9	配电盘外壳及 P.T.C.T 二次线路是否接地				
10	转动部分是否有覆罩				
11	变电室灭火器是否完全				
12	临时线路的配置是否完全				
13	高压线路的绝缘支持物是否不洁或有脱落现象				
14	中间接线盒是否有积棉或其他物品				
15	现场配电盘是否确实关妥				
16	电器开关的保险丝是否符合规定				
17	避雷针是否有效				

部门主管： 检查人：

注：本表由安全部门填写一式二份，一份送机电部门，一份存安全卫生部门备查。

（3）每周一次对火灾探测报警系统（烟感和温感）、机械防排烟系统、自动喷淋灭火系统、分区防火卷闸系统、消防应急照明系统（应急灯、安全出口指示灯）、消防广播系统进行检查与维护，发现问题必须及时通知保养厂家进行维修。

（4）备用及待处理的消防器材，由门店防损部负责保管或以报告形式申请处理。

2. 动火作业管理

1）动火申请

（1）各部门和外来施工单位在门店禁止烟火部门内，需要动用明火作业时，须事先由动火单位向门店行政物料组提出申请，填写《门店动火作业申请表》（表8-8）。

表 8-8　门店动火作业申请表

动火申请部门	
门店行政物料组负责人签字	
动火原因	
动火地点范围及周边环境	
操作人员签名并附资格证明	
动火方式	动火起止时间

防护措施：

门店防损部责任人：

门店行政物料组负责人签字	门店经理签字、门店盖章
	（盖章）

现场作业记录（由门店防损部现场监护责任人填写）：

动火单位现场责任人：
门店防损部现场监护责任人：
门店行政物料组现场监护责任人：

（2）《门店动火作业申请表》必须包含动火原因、起止时间、动火方式、特种人员上岗证、责任人、防损部制订放火措施等内容。

（3）较大的动火由门店负责与消防单位联络办理相应手续。

2）动火审批

（1）《门店动火作业申请表》经门店行政负责人、门店防损部负责人、门店经理审核签字后，门店行政部门根据明火作业的范围，实施动火作业。

（2）原动火单位因未完成任务需要延长动火时间的，必须重新办理动火申请手续。

3）动火作业前

（1）动火作业者必须持有特种作业安全操作证才能上岗操作，并需严格按照操作程序和相关规定操作。

（2）动火前必须做到"五不"。防火、灭火措施不落实的，不动火；周围的易燃物品未清除的，不动火；附近难以移动的易燃结构未采取安全防火措施的，不动火；凡储存有易燃、易爆物品的仓库、场所，未经排除危险的，不动火；未配备相应灭火器材的，不动火。

4）动火作业时

（1）动火作业时门店防损部委派现场监护人员负责动火现场的消防安全。

（2）动火后必须做到"四要一清"。要指定现场安全负责人，进行安全监护；要严格按照技术规程进行操作；要严密注意动火情况，一有不安全苗头，立即停火；要及时扑灭作业中发生的火警和爆炸事故；动火完毕，必须立即清理现场火种，火种不清除不可撤离动火现场。

3. 灭火安全管理

根据《中华人民共和国消防法》及有关消防条例，门店都应建立各自的义务消防队，以防发生火灾事件时，能够确保顾客及员工的安全撤离、消防灭火工作迅速开展及时扑灭火灾。

1）建立义务消防队

门店应设三级防火组织，任命三级防火责任人：一级责任人由门店法人代表总经理担任（经市消防委员会批准任命）；二级防火责任人由各部门经理分别担任（经门店总经理批准任命）；三级防火责任人由各班组长担任（经部门经理任命）。

门店应按在职员工总数15%的比例成立义务消防队。全店编若干分队，各分队由部门防火责任人担任队长。其队员分布在各部门，每班次都有义务消防队员在岗位上班，发挥消防工作中的骨干作用，并完成规定的学习和训练。

2）建立消防预案

（1）制订消防预案的程序，如图8.7所示。

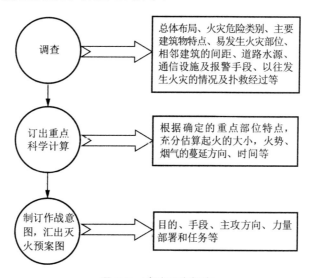

图8.7 消防预演程序

（2）消防预案的内容。

① 确定重点部位。选择一两处作为重点部位，选择的原则是那些发生火灾的、火灾发生影响全局的、耐火等级低的、经济损失高的、扑救难度高、人员集中的部门。

② 重点部位概况。包括位置及周边环境，建筑物的特点、耐火等级、面积、高度，物资数量、价值等。

③ 重点部位火灾特点。包括火势变化特点，蔓延方向及可能造成的后果；有无爆炸危险，可能波及的范围；无毒气及烟气产生。

④ 灭火力量的部署。包括消火栓位置，地下管网形状，其他可用于灭火的水源种类、数量和利用水源的方法；灭火所需的器材和灭火剂的种类及数量以及存放的位置；水带铺设线路，水枪及灭火器材设置的位置、方向和任务。

⑤ 扑救措施。包括针对起火原因及物资燃烧的特点，确定采用的灭火方式；针对建筑物特点采取的相应措施；针对火场不同阶段可能出现的情况；确定扑救及疏散人员、物资的方法和线路；灭火斗争中的注意事项。

（3）进行消防安全演习。演习的流程及内容如图 8.8 所示。

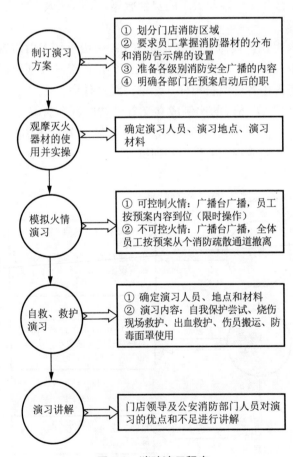

图 8.8 消防演习程序

知识拓展

一、消防设备、器材及标识

一、手提式 ABC 干粉灭火器

规格：2kg/4kg

配置要求：2 具 /100 平方米

使用说明：

(1) 当发生火灾时边跑边将筒身上下摇动数次。

(2) 拔出安全销，筒体与地面垂直手握胶管。

(3) 选择上风位置接近火点，将皮管朝向火苗根部。

(4) 用力压下握把，摇摆喷射，将干粉射入火焰根部。

(5) 熄灭后并以水冷却除烟。

注意：灭火时应顺风不宜逆风。

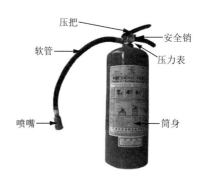

二、推车式灭火器

规格：35kg

配置要求：重点区域（熟食/仓库等）

使用说明：

(1) 当发生火灾时将灭火器推至现场。

(2) 拔出安全销，筒体与地面垂直手握胶管。

(3) 选择上风位置接近火点，将皮管朝向火苗根部。

(4) 用力压下握把，摇摆喷射，将干粉射入火焰根部。

(5) 熄灭后并以水冷却除烟。

注意：灭火时应顺风不宜逆风。

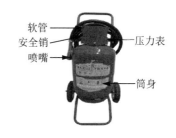

三、消防水带

规格：25 米 / 条

配置要求：1 条 / 消防栓

使用说明：

(1) 铺设时应避免骤然曲折，以防止降低耐水压能力，还应避免扭转，以防止充水后水带转动面使内扣式水带接口脱开。

(2) 充水后应避免在地面上强行拖拉，需要改变位置时要尽量抬起移动，以减少水带与地面磨损。

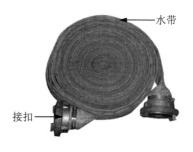

四、消防水枪

规格：19mm 密集直流

配置要求：1 个 / 消防栓

使用说明：

直接连接在水带接扣使用。

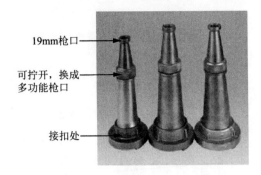

五、消防栓

规格：650cm×450cm

配置要求：水带 1 条、水枪 1 个

使用说明：

（1）取出消防栓内水带并展开，一头连接在出水接扣上，另一端接上水枪，缓慢开启球阀（严禁快速开启，防止造成水锤现象）。

（2）快速拉取橡胶水管至事故地点，同时缓慢开启球阀开关。

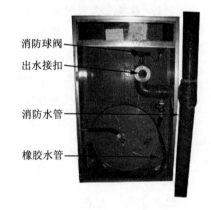

六、消防应急灯

规格：不详

配置要求：6 米 / 个

使用说明：

当发生火灾时通常会伴有停电等现象，消防应急灯是一种自动充电的照明灯，当发生火灾或停电时，消防应急灯会自动工作照明，指示人们安全通道和出口的位置，以免顾客找不到安全出口撞伤。

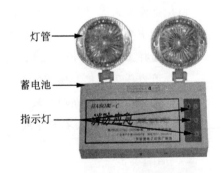

七、地面疏散标识

规格：15cm×30cm

配置要求：出入口、主通道，8～10 米 / 个

使用说明：

地面疏散标识是一种具有无限次在亮处吸光、暗处发光的消防指示牌，它可挂、可贴，主要用于在火灾发生时在黑暗场所自动发光，指示安全通道、安全门。

八、空中紧急疏散标示牌

规格：15cm×30cm

配置要求：出入口、主通道，8～10米/个

使用说明：

空中紧急疏散标示牌和消防应急灯一样是一种自动充电的照明灯，当发生火灾或停电时，紧急疏散标示牌会自动工作发光，指示人们安全通道和出口的位置。

九、消防安全门

规格：1.2m×2.4m

配置要求：1付/逃生楼梯出口

使用说明：

消防安全门是发生火灾时人们用来逃生用的紧急安全出口，平时严禁上锁和堵塞。

十、手动报警按钮

规格：圆形

使用说明：

遇突发火情时，按下紧急按钮，通过消防自动报警系统，自动启动消防警铃，发出警报。

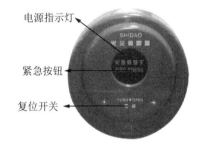

电源指示灯

紧急按钮

复位开关

十一、悬挂式干粉灭火装置

规格：4kg/6kg/8kg/10kg

配置要求：1个/煤气房

使用说明：

一般情况安装在易燃易爆的重点区域，如煤气房等，内装有一定重量的干粉灭火剂，当温度达到68℃时，感温探测的玻璃管就会自动爆裂，喷淋则会自动喷干粉灭火。

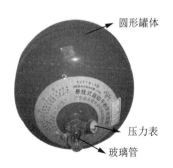

圆形罐体

压力表

玻璃管

十二、过滤式自救呼吸器

规格：不详

配置要求：2个/消防箱

使用说明：防毒时间≥35min

(1) 打开盒盖，取出真空包装。

(2) 撕开真空包装袋，拔掉前后两个罐盖。

(3) 戴上头罩、拉紧头带。

(4) 选择路径，果断逃生。

二、某超市消防安全制度

一、消防设施、消防器材管理规定

消防设施是指用于火灾报警、防火排烟和灭火的所有设备。消防器材是指用于扑救初起火灾的干粉和1211灭火器及其他灭火专用轻便器材。消防设施是人身安全的重要保证，因此，任何器材和消防设施必须保证灵敏可靠，保证良好状况。根据《中华人民共和国消防条例》特制订本规定。

(1) 保安部全面负责超市所属的消防报警设施、灭火器材的管理，负责定期检查、试验和维护修理，以确保完备，并建立档案登记。

(2) 超市保安部负责维护、管理超市公共场所内的消火栓。在重大节日前对器材、装备进行检查，春秋季进行试喷抽查。

(3) 各部门、班组对本岗位的消防器材由义务消防员进行兼管，定期进行维护，禁止无关人员挪动、损坏消防设施。防止消防器材丢失，发现问题及时上报保安部。

(4) 严禁非专业人员私自挪用消防器材，各部门、班组的消防器材因管理不善发生丢失、损坏，该部门、班组应承担一切责任和经济损失。

(5) 禁止无关人员动用消火栓内的设备，禁止将消火栓用于其他工作。动用消火栓必须向保安部报告。

(6) 严禁以任何理由阻挡、遮拦、装饰、侵占、利用、拆除消防设施及消防标志。

(7) 本规定未尽条款，均执行消防法规所规定的有关条款。

二、公寓防火制度

(1) 公寓内所有的装饰材料，应采用非燃材料，或难燃材料。

(2) 禁止将易燃易爆物品带入公寓，凡携带易燃易爆物品进入公寓，需立即交服务处专门储存，妥善保管。

(3) 禁止在公寓区燃放烟花爆竹。

(4) 公寓内应配有禁止吸烟标志、应急疏散指示图及内部消防安全指南。

(5) 楼层管理员需经常向住户宣传，不要躺在床上吸烟。烟头和火柴不要乱扔乱放，应放在烟灰缸中。入睡前应将音响、电视机关闭；人离开房间时，应将房内的电灯关掉。

（6）楼管员应保持高度警惕，平时应不断巡视查看，发现火险隐患应及时采取措施。

三、办公区防火制度

（1）办公区严禁吸烟，并在明显位置设置防火标志。

（2）办公区不得储存杂物，不得堆放易燃易爆物品。

（3）办公区不得使用电炉、酒精炉、热得快、电饭锅等电热工具。

（4）如发现违反此制度者，将对责任人处以 50～200 元罚款，给责任部门处于以 500～2 000 元的罚款，并给予通报批评。

（5）因违反此制度而造成火灾事故者，将依法追究当事人及主管领导的刑事责任。

四、小区消防安全制度

（1）经营单位必须遵守有关消防的法律、法规、条例以及华联制订的各项消防安全规定。

（2）经营场地的安全要有明确的负责人，本着"谁主管，谁负责"的原则，做好消防工作。

（3）经营单位必须无条件地接受公安消防部门和消防安全员工的消防安全检查，对检查出的违法、违章行为及火灾隐患，必须在限期内改正，如逾期不改，由此造成的一切后果，由经营单位负全部责任。

（4）经营单位在开业前必须对员工做好防火培训，经考核合格方可上岗。

（5）经营单位在华联超市区域内作业、施工，必须向超市保安部等有关部门申请，得到允许后，方可作业，如需动火作业，必须持有超市保安部签发的动火作业证，方可作业。

（6）文明经商、礼貌待客，在小吃经营中各项工作须严格按规范操作，严禁违章操作。

（7）经营单位必须按《中华人民共和国消防条例》配备有效的、足够的消防器材，以保证经营的安全。

（8）经营单位使用燃气用具，必须经有关部门检测合格，并保证其日常安全使用和维护、保养工作。

（9）经营单位应服从消防安全管理、监督、检查，对不承担责任书所规定的责任、违反消防条例或由于工作疏忽等原因，给超市造成损失或恶劣影响的，华联有权依情节轻重对经营单位进行警告并处以 100～1 000 元的经济处罚，限令停止整顿，直至追究法律责任。

五、燃气安全使用管理规定

为确保燃气的安全使用，维护保障超市的正常经营秩序和利益，防止因燃气使用不当发生火灾，特制订本规定：

（1）燃气使用部门定期对燃气管道及燃气具进行安全检查，杜绝因设施及设备的损坏、带故障运行造成的安全隐患，发现损坏、锈蚀立即采取有效防护措施，并及时上报有关部门。

（2）燃气操作人员上岗前应由所在部门对其进行燃气安全操作培训，做到"二知三会"。

一知：燃气安全使用规定，二知：燃气具构造。

一会：燃气安全操作使用，二会：保养维护燃气具；三会：发现隐患，处理意外险情。

（3）涉及使用燃气的部门，需设有专职安全员，负责燃气的日常管理。

(4) 燃气具必须由专职操作人员使用，任何与燃气操作无关或与之工作无关的人员，不得进入燃气操作间。

(5) 任何部门和个人，不得对燃气管道、阀门、开关、计量表、灶具私自拆改，使用燃气具严格按照先点火后开气的顺序进行操作。

(6) 定期清洗燃气操作间的排烟道，避免因排烟道积油、积污过多而引起的火灾事故。

(7) 燃气操作间要保持良好的通风，发现燃气外泄时，要采取应急措施，开窗、开排风扇，加大通风量，严禁吸烟、开灯、动火。

(8) 每日班前、班后燃气使用部门要对燃气操作间进行安全检查并要有文字记录。

(9) 对保安部门配置于燃气使用区域内的消防器材需妥善保管，不得挪作他用，对闲置燃气灶具要经常进行安全检查。

六、防火检查制度

(1) 营业小组及其他部门要设立一名防火检查员，每天进行防火检查，发现问题及时解决，并做好检查记录。

(2) 防火检查员要认真负责，检查中不留死角，确保不发生火情。

(3) 各部门要在经理（主管）带领下，每月要进行两次防火检查，发现问题及时解决，并把情况向保安部汇报（书面材料）。

(4) 保安部每月不定期的对各部门进行安全防火检查，主要检查放火制度措施是否落实，有无重大火险隐患，有无安全防火检查记录，以消防工作为依据，协同各部门做好安全防火工作。

职场指南

(1) 门店的防损工作不只是防损部门的责任，也是全体员工的责任和义务，即全员防损、全过程防损。

(2) 门店损耗直接危害经营的业绩和利润，对损耗的控制反应门店和主管的管理水平。

(3) 防损工作重点在于"防"字，防范于未然，而事后的防损主要在于尽量弥补损失，防范类似损耗的再次发生。

(4) 消防安全是营运工作的保障。

项目实训

假如你是一名防损主管，请对某超市防损工作的现状进行调查，并提出改进措施。

一、实训目的

通过实训，使学生回顾防损工作的基本知识，并能够用所学知识分析门店在防损方面的问题，提高对损耗的控制和管理能力。

二、实训任务

（1）分析某超市防损现状。

（2）提出可行性改进措施。

（3）编制消防安全制度。

三、方法步骤

（1）复习本项目中的相关知识，分组准备实训。

（2）选择某超市作为调查对象。

（3）对该超市的进行防损主题的调研，包括目前的损耗率、损耗最高的产品、损耗高的原因、是否存在消防安全隐患、在防损方面的优势等。

（4）根据所学知识提出改进措施。

（5）编制消防安全制度。

四、实训效果考评

考评表

考评内容	防损主题实训			
	考评要素	评价标准	分值/分	评分/分
考评标准	现状调研	调研内容是否全面 调研工作的组织与开展	30	
	改进措施	措施是否有针对性 措施是否有专业性 措施是否有可行性	40	
	消防安全制度编制	制度是否有针对性 制度内容是否完整 制度格式是否准确	30	
合　计			100	

注：评分满分 100 分，60～70 分为及格，71～80 分为中等，81～90 分为良好，91 分以上为优秀。

 项目小结

防损工作是否到位对降低门店经营成本、防范安全风险由很重要的作用。防损工作不仅仅是防损部门的责任，更是每个部门、每个员工的责任和义务，要做到全民防损、全过程防损。不管是哪个部门的主管都应该学习防损的知识，并结合各部门的工作责任或商品的特性，组织防损工作、查找安全隐患。

本项目主要从商品管理角度、肃窃管理角度和消防管理角度介绍了防损主管的工作重点、对偷盗的防范和处理流程、消防安全管理的相关流程。防损主管是门店防损工作的主导者，同时也需要整个门店自上而下的配合。

复习自测题

一、判断题

1. 为减少偷盗的发生，门店每件商品都需要安上硬标签。（   ）
2. 为减少内盗的发生，应该要制订内部员工购物规范。（   ）
3. 内部举报制度不利于门店的安定团结。（   ）
4. 对于偷盗者，在必要的时候可以采用激烈的手段。（   ）
5. 各部门和外来施工单位需要在门店动用明火作业时，须事先向门店行政物料组提出申请。（   ）

二、单选题

1. 对于 90 天 < 保质期 < 半年的产品，临保期应该是（   ）。
   A. 10 天　　　　　　B. 20 天　　　　　　C. 30 天　　　　　　D. 40 天
2. 对于偷盗行为不能采用的方式是（   ）。
   A. 和解方式　　　　B. 司法方式　　　　C. 赔偿方式　　　　D. 搜身方式
3. 下列不属于生鲜商品损耗主要途径的是（   ）。
   A. 错误配送运输导致影响商品的质量
   B. 储存环境不符合要求或操作失误导致商品变质
   C. 试吃过多导致损耗
   D. 陈列不当导致商品损伤或影响销售
4. 在为高价上衣打硬标签时，合适的位置是（   ）。
   A. 袖口　　　　　　B. 后领商标上　　　C. 后领线缝处　　　D. 衣角
5. 下列不属于偷盗行为的是（   ）。
   A. 顾客更换商品包装，用低价购买高价的商品
   B. 顾客在大包装商品中，藏匿其他小包装的商品
   C. 顾客将撕毁商品的标签或更换标签，达到少付款的目的
   D. 顾客试吃促销试用商品

三、多选题

1. 对容易被盗的商品，我们可以采用的陈列方式有（   ）。
   A. 视线陈列法　　　B. 集中陈列法　　　C. 专柜陈列法　　　D. 悬挂陈列法
2. 三级防火责任人分别是（   ）。
   A. 门店法人代表总经理　　　　　　　　B. 消防队队长
   C. 各部门经理　　　　　　　　　　　　D. 各课课长
3. 经营时间发生紧急停电，门店应该这样处理（   ）。
   A. 立即启用备用发电机，保证店内照明和收银区的作业
   B. 立即通知维修部人员，查清停电原因及停电时间长短
   C. 迅速给机动人员、便衣人员配置电筒、警械并派其入场巡逻，保障本店人、财、物的安全，防止意外事件发生

    D. 店长根据实际情况决定是否停止营业
    E. 详细记录停电时间、发生事项，上报店长及店值班，并由防损部存档
4. 有效防范内盗的方法有（　　）。
    A. 员工预防教育　　　　　　　　B. 内部举报制度
    C. 人盯人制度　　　　　　　　　D. 制订严格的管理和检查制度
5. 下列商品中，容易成为孤儿商品的是（　　）。
    A. 生鲜食品/冷冻、冷藏食品　　　B. 食品
    C. 破损商品　　　　　　　　　　D. 条码商品/无法结账商品
    E. 自用品（硬标签/衣架等）

参考文献

[1] 李永芬. 收银实务 [M]. 北京：中国财政经济出版社，2010.
[2] 朱专法. 商场（超市）店长成长同步指引 [M]. 广州：广东经济出版社，2012.
[3] 滕宝红. 商场（超市）店长 365 天管理笔记 [M]. 广州：广东经济出版社，2012.
[4] 华通咨询. 怎样当好客服主管 [M]. 北京：机械工业出版社，2013.
[5] 华通咨询. 怎样当好人力资源主管 [M]. 北京：机械工业出版社，2013.
[6] 李宪印. 部门主管培训手册 [M]. 北京：中国商业出版社，2010.
[7] 张倩. 零售业连锁超市管理与运作 [M]. 成都：西南财经大学出版社，2010.
[8] 赵涛. 连锁企业规范化管理全书 [M]. 北京：电子工业出版社，2008.

北京大学出版社第六事业部高职高专营销管理系列教材目录

书　名	书　号	主　编	定　价
市场营销学	978-7-301-22046-7	饶国霞，等	33.00
市场营销项目驱动教程	978-7-301-20750-5	肖　飞	34.00
市场调查与统计	978-7-301-22890-6	陈惠源	26.00
市场调查与预测	978-7-301-23505-8	王水清	34.00
市场调查与预测	978-7-301-19904-6	熊衍红	31.00
市场调查与预测情景教程	978-7-301-21510-4	王生云	36.00
市场营销策划	978-7-301-22384-0	冯志强	36.00
营销策划（第2版）	978-7-301-25682-4	许建民	36.00
营销渠道开发与管理	978-7-301-21214-1	王水清	34.00
现代推销技术	978-7-301-20088-9	尤凤翔，屠立峰	32.00
推销与洽谈	978-7-301-21278-3	岳贤平	25.00
消费心理与行为分析	978-7-301-19887-2	王水清，杨　扬	30.00
广告实务	978-7-301-21207-3	夏美英	29.00
网络营销理论与实务	978-7-301-26257-3	纪幼玲	35.00
电子商务实用教程	978-7-301 18513-1	卢忠敏，胡继承	33.00
电子商务项目式教程	978-7-301-20976-9	胡　雷	25.00
电子商务英语（第2版）	978-7-301-24585-9	陈晓鸣，叶海鹏	27.00
现代企业管理（第2版）	978-7-301-24054-0	刘　磊	35.00
中小企业管理（第3版）	978-7-301-25016-7	吕宏程，董仕华	38.00
企业管理实务	978-7-301-20657-7	关善勇	28.00
ERP沙盘模拟实训教程	978-7-301-22697-1	钮立新	25.00
企业经营ERP沙盘实训教程	978-7-301-21723-8	葛颖波，张海燕	29.00
企业经营管理模拟训练（含记录手册）	978-7-301-21033-8	叶　萍，宫恩田	29.00
商务礼仪	978-7-5655-0176-0	金丽娟	29.00
商务沟通实务（第2版）	978-7-301-25684-8	郑兰先	36.00
职场沟通实务	978-7-301-16175-3	吕宏程，程淑华	30.00
企业行政管理	978-7-301-23056-5	张秋	25.00
企业行政工作实训	978-7-301-23105-0	楼淑君	32.00
秘书与人力资源管理	978-7-301-21298-1	肖云林，周君明	25.00
连锁经营与管理（第2版）	978-7-301-26213-9	宋之苓	39.00
连锁门店管理实务	978-7-301-23347-4	姜义平，庞德义	36.00
连锁门店开发与设计	978-7-301-23770-0	马凤棋	34.00
连锁门店主管岗位操作实务	978-7-301-26640-3	吴　哲	35.00
连锁企业促销技巧	即将出版	李　英	35（估）
现代物流概论	978-7-301-20922-6	钮立新	39.00
现代物流管理（第2版）	978-7-301-26482-9	申纲领	38.00
现代物流基础	978-7-301-23501-0	张建奇	32.00
物流基础理论与技能	978-7-301-25697-8	周晓利	33.00
企业物流管理	978-7-81117-804-3	傅莉萍	32.00
供应链管理（第2版）	978-7-301-26290-0	李陶然，等	33.00
物流成本管理	978-7-301-20880-9	傅莉萍，罗春华	28.00
第三方物流综合运营（第2版）	即将出版	施学良	35（估）
电子商务物流基础与实训（第2版）	978-7-301-24034-2	邓之宏	33.00
物流案例与实训（第2版）	978-7-301-24372-5	申纲领	35.00
物流商品养护技术	978-7-301-22771-8	李燕东	25.00
物流设施与设备	978-7-301-22823-4	傅莉萍，涂华斌	28.00
物流专业英语（第2版）	即将出版	仲　颖，等	35（估）

书 名	书 号	主 编	定 价
采购管理实务（第 2 版）	978-7-301-25159-1	李方峻	30.00
采购实务	978-7-301-19314-3	罗振华，孙金丹	33.00
采购与仓储管理实务	978-7-301-23053-4	耿 波	34.00
采购与供应管理实务	978-7-301-19968-8	熊 伟，钮立新	36.00
采购作业与管理实务	978-7-301-22035-1	李陶然	30.00
仓储管理技术	978-7-301-17522-4	王 冬	26.00
仓储管理实务（第 2 版）	978-7-301-25328-1	李怀湘	37.00
仓储配送技术与实务	978-7-301-22673-5	张建奇	38.00
仓储与配送管理（第 2 版）	978-7-301-24598-9	吉 亮	36.00
仓储与配送管理实务（第 2 版）	978-7-301-24597-2	李陶然	37.00
仓储与配送管理实训教程（第 2 版）	978-7-301-24283-4	杨叶勇，姚建凤	24.00
仓储与配送管理项目式教程	978-7-301-20656-0	王 瑜	38.00
新编仓储与配送实务	978-7-301-23594-2	傅莉萍	32.00
物流运输管理（第 2 版）	978-7-301-24971-0	申纲领	35.00
物流运输实务（第 2 版）	978-7-301-26165-1	黄 河	38.00
运输管理实务	978-7-301-22824-1	黄友文	32.00
运输管理项目式教程（第 2 版）	978-7-301-24241-4	钮立新，党康林	30.00
运输组织与管理项目式教程	978-7-301-21946-1	苏玲利	26.00
物流信息系统	978-7-81117-827-2	傅莉萍	40.00
物流信息技术与应用（第 2 版）	978-7-301-24080-9	谢金龙，等	34.00
物流市场营销	978-7-301-21249-3	张 勤	36.00
物流营销管理	978-7-81117-949-1	李小叶	36.00
现代生产运作管理实务	978-7-301-17980-2	李陶然	39.00
生产型企业物流运营实务	978-7-301-24159-2	陈鸿雁	38.00
国际危险货物运输实务	978-7-301-24775-4	王 云	32.00
国际货运代理实务	978-7-301-25183-6	顾晓峰	32.00
国际货运代理实务	978-7-301-21968-3	张建奇	38.00
集装箱检验与维修	978-7-301-26006-7	王学锋，林赞明	38.00
进出口商品通关	978-7-301-23079-4	王 巾，佘雪锋	25.00
物流经济地理	978-7-301-21963-8	葛颖波，等	29.00
药品物流基础	978-7-301-22863-0	钟秀英	30.00
国际货运代理项目教程	978-7-301-26331-0	夏伟华	32.00
现代物流设备应用与管理	978-7-301-26355-6	赵 燕	38.00

如您需要更多教学资源如电子课件、电子样章、习题答案等，请登录北京大学出版社第六事业部官网www.pup6.cn搜索下载。

如您需要浏览更多专业教材，请扫下面的二维码，关注北京大学出版社第六事业部官方微信（微信号：pup6book），随时查询专业教材、浏览教材目录、内容简介等信息，并可在线申请纸质样书用于教学。

感谢您使用我们的教材，欢迎您随时与我们联系，我们将及时做好全方位的服务。联系方式：010-62750667，sywat716@126.com，pup_6@163.com，lihu80@163.com，欢迎来电来信。客户服务QQ号：1292552107，欢迎随时咨询。